필레보스

정암고전총서 플라톤 전집

필레보스

플라톤

이기백 옮김

아카넷

정암고전총서는 윤독의 과정을 거쳐 책을 펴냅니다.
아래의 정암학당 연구원들이 『필레보스』 원고를 함께 읽고
번역에 도움을 주셨습니다.
강성훈, 김인곤, 김유석, 김주일, 정준영, 한경자.

'정암고전총서'를 펴내며

그리스·로마 고전은 서양 지성사의 뿌리이며 지혜의 보고이다. 그러나 이를 한국어로 직접 읽고 검토할 수 있는 원전 번역은 여전히 드물다. 이런 탓에 우리는 서양 사람들의 해석을 수동적으로 수용하는 처지를 완전히 극복하지 못하고 있다. 사상의 수입은 있지만 우리 자신의 사유는 결여된 불균형의 문제를 안고 있는 것이다. 이런 상황은 우리의 삶과 현실을 서양의 문화유산과 연관 지어 사색하고자 할 때 특히 심각한 문제를 야기한다. 우리 자신이 부닥친 문제를 자기 사유 없이 남의 사유를 통해 이해하거나 해결하는 것은 거의 불가능하기 때문이다. 우리의 문제에 대한 인문학적 대안들이 때로는 현실을 적확하게 꼬집지 못하는 공허한 메아리로 들리는 것도 그런 이유 때문일 것이다.

한 공동체에서 살아가는 사람들이 자신들의 생각과 말을 나누며 함께 고민하는 문제와 만날 때 인문학은 진정한 울림이 있는 메아리가 될 수 있다. 이것은 우리가 우리의 현실을 함께 고민하는 문제의식을 공유함으로써 가능하겠지만, 그조차도 함께 사유할 수 있는 텍스트가 없다면 요원한 일일 것이다. 사유를 공유할 텍스트가 없을 때는 앎과 말과 함이 분열될 위험에 노출될 수 있기 때문이다. 이런 점에서 진정한 인문학적 탐색은 삶의 현실이라는 텍스트, 그리고 생각을 나눌 수 있는 문헌 텍스트와 만나는 이중의 노력에 의해 가능할 것이다.

현재 한국의 인문학적 상황은 기묘한 이중성을 보이고 있다. 대학 강단의 인문학은 시들어 가고 있는 반면 대중 사회의 인문학은 뜨거운 열풍이 불어 마치 중흥기를 맞이한 듯하다. 그러나 현재의 대중 인문학은 비판적으로 사유하는 인문학이 되지 못하고 자신의 삶을 합리화하는 도구로 전락하는 경향이 없지 않다. 사유 없는 인문학은 대중의 욕망을 충족시키기 위해 소비되는 상품에 지나지 않는다. '정암고전총서' 기획은 이와 같은 한계상황을 극복할 수 있는 기본적인 토대를 마련하고자 하는 절실한 문제의식에서 시작되었다.

정암학당은 철학과 문학을 아우르는 서양 고전 문헌의 연구와 번역을 목표로 2000년 임의 학술 단체로 출범하였다. 그리고 그 첫 열매로 서양 고전 철학의 시원이라 할 『소크라테스 이전 철학자들의 단편 선집』을 2005년도에 펴냈다. 2008년에는 비영리 공익법인의 자격을 갖는 공적인 학술 단체의 면모를 갖추고 플라톤 원전 번역을 완결할 목표 아래 지금까지 20여 종에 이르는 플라톤 번역서를 내놓고 있다. 이제 '플라톤 전집' 완간을 눈앞에 두고 있는 시점에 정암학당은 지금까지의 시행착오를 밑거름 삼아 그리스 · 로마의 문사철 고전 문헌을 한국어로 옮기는 고전 번역 운동을 본격적으로 펼치려 한다.

정암학당의 번역 작업은 철저한 연구에 기반한 번역이 되도록 하기 위해 처음부터 공동 독회와 토론을 통해 이루어진다. 번역 초고를 여러 번에 걸쳐 교열 · 비평하는 공동 독회 세미나를 수행하여 이를 기초로 옮긴이가 최종 수정하는 방식으로 진행된다.

이같이 공동 독회를 통해 번역서를 출간하는 방식은 서양에서도 유래를 찾기 어려운 번역 시스템이다. 공동 독회를 통한 번역은 매우 더디고 고통스러운 작업이지만, 우리는 이 같은 체계적인 비평의 과정을 거칠 때 믿고 읽을 수 있는 텍스트가 탄생할 수 있다고 확신한다. 이런 번역 시스템 때문에 모든 '정암고전총서'에는 공동 윤독자를 병기하기로 한다. 그러나 윤독자들의 비판을 수용할지 여부는 결국 옮긴이가 결정한다는 점에서 번역의 최종 책임은 어디까지나 옮긴이에게 있다. 따라서 공동 윤독에 의한 비판의 과정을 거치되 옮긴이들의 창조적 연구 역량이 자유롭게 발휘될 수 있도록 노력하였다.

정암학당은 앞으로 세부 전공 연구자들이 각각의 연구팀을 이루어 연구와 번역을 병행함으로써 아리스토텔레스 철학 원전, 키케로 전집, 헬레니즘 선집 등의 번역본을 출간할 계획이다. 그리고 이렇게 출간될 번역본에 대한 대중 강연을 마련하여 시민들과 함께 호흡할 수 있는 장을 열어 나갈 것이다. 공익법인인 정암학당은 전적으로 회원들의 후원으로 유지된다는 점에서 '정암고전총서'는 연구자들의 의지뿐만 아니라 시민들의 소중한 뜻이 모여 세상 밖에 나올 수 있는 셈이다. 이런 점에서 '정암고전총서'가 일종의 고전 번역 운동으로 자리매김되길 기대한다.

'정암고전총서'를 시작하는 이 시점에 두려운 마음이 없지 않으나, 이런 노력이 서양 고전 연구의 디딤돌이 될 것이라는 희망, 그리고 새로운 독자들과 만나 새로운 사유의 향연이 펼쳐질 수 있으리라는 기대감 또한 적지 않다. 어려운 출판 여건에도 '정암고전총서' 출간의 큰 결단을 내린 아카넷 김정호 대표에게 경의와 감사의 뜻을 전한다. 끝으로 정암학당의 기틀을 마련했을 뿐만 아니라 앎과 실천이 일치된 삶의 본을 보여 주신 이정호 선생님께 존경의 마음을 표한다. 그 큰 뜻이 이어질 수 있도록 앞으로도 치열한 연구와 좋은 번역을 내놓는 노력을 다할 것이다.

2018년 11월
정암학당 연구자 일동

'정암학당 플라톤 전집'을 새롭게 펴내며

플라톤의 사상과 철학은 서양 사상의 뿌리이자 서양 문화가 이루어 온 지적 성취들의 모태가 되었다는 점에서 큰 의미를 지니고 있다. 특히 그의 작품들 대부분은 풍성하고도 심오한 철학적 문제의식을 담고 있을 뿐만 아니라 생동감 넘치는 대화 형식으로 쓰여 있어서, 오늘날까지 많은 사람이 최고의 철학 고전이자 문학사에 길이 남을 걸작으로 손꼽고 있다. 화이트헤드는 '유럽철학의 전통은 플라톤에 대한 일련의 각주'라고까지 하지 않았던가.

정암학당은 플라톤의 작품 전체를 우리말로 공유할 수 있도록 하자는 취지에서 뜻있는 학자들이 모여 2000년에 문을 열었다. 그 이래로 플라톤의 작품들을 함께 읽고 번역하는 데 매달려 왔다. 정암학당의 연구자들은 애초부터 공동 탐구의 작업 방식을 취해 왔으며, 이에 따라 공동 독회와 토론을 통해 텍스트를 이해하는 노력을 기울여 왔고, 초고를 여러 번에 걸쳐 교열·비평하는 수고 또한 마다하지 않았다. 2007년에 『뤼시스』를 비롯한 3종의 번역서를 낸 이후 지금까지 출간된 정암학당 플라톤 번역서들은 모두 이 같은 작업 방식으로 이루어진 성과물들이다.

정암학당의 이러한 작업 방식 때문에 번역 텍스트를 출간하는 데 출판사 쪽의 애로가 없지 않았다. 그동안 출판을 맡아 준 이제이북스는 어려운 여건에서도 플라톤 전집 출간의 의미를 이해하고 전집 출간 사업에 동참하여 많은 노력을 기울여주었다. 그 결과 2007년부터 2018년까지 20여 종의 플라톤 전집 번역서가 출간되었다. 그러나 최근 이제이북스의 여러 사정으로 인해 전집 출간을 마무리하기가 어려워졌다. 정암학당은 플라톤 전집 출간을 이제이북스와 완결하지 못하게 된 것에 대해 아쉬움을 표하는 동시에 그동안의 노고에 고마움을 전한다.

정암학당은 이 기회에 플라톤 전집의 번역과 출간 체계를 전반적으로 정비하기로 했고, 이런 취지에서 '정암학당 플라톤 전집'을 '정암고전총서'에 포함시켜 아카넷 출판사를 통해 출간할 것이다. 아카넷은 정암학당이라는 학술 공간의 의미를 이해하고 '정암학당 플라톤 전집' 출간의 가치를 공감해주었다. 여러 가지 측면에서 많은 어려움이 있었음에도 어려운 결단을 내린 아카넷 출판사에 감사를 표한다.

정암학당은 기존에 출간한 20여 종의 번역 텍스트를 '정암고전총서'에 편입시켜 앞으로 2년 동안 순차적으로 이전 출간할 예정이다. 그러나 이런 작업이 짧은 시간에 추진되었기 때문에 번역자들에게 전면적인 수정을 할 시간적 여유가 주어지지는 않았다. 따라서 아카넷 출판사로 이전 출간하는 플라톤 전집은 일부의 내용을 보완하고 오식을 수정하는 선에서 새로운 판형과 조판으로 출간한다. 이 점에 대해서는 독자들께 양해를 구한다. 정암학당은 출판사를 옮겨 출간하는 작업을 진행하는 동시에, 플라톤 전집 중 남아 있는 텍스트들에 대한 번역본 출간 시기도 앞당길 수 있도록 노력할 것이다. 그리하여 오랜 공동 연구의 결실인 '정암학당 플라톤 전집' 전체를 독자들이 조만간 음미할 수 있도록 최선을 다할 것이다.

끝으로 정암학당의 기반을 마련해 주신 고 정암(鼎巖) 이종건(李鍾健) 선생을 추모하며, 새 출판사에서 플라톤 전집을 완간하는 일에 박차를 가할 것을 다짐한다.

2019년 6월
정암학당 연구자 일동

차례

'정암고전총서'를 펴내며 5

'정암학당 플라톤 전집'을 새롭게 펴내며 9

작품 내용 구분 14

등장인물 17

일러두기 19

본문 23

주석 165

작품 안내 221

참고 문헌 313

찾아보기

　한국어-그리스어 329

　그리스어-한국어 342

　고유명사 350

옮긴이의 말 351

작품 내용 구분

1. 즐거움이 좋은 것인가, 아니면 분별(지식)이 좋은 것인 가?(11a-12b)

2. 변증술(dialektikē) 관련 논의(12c-20c)

    1) 하나와 여럿의 문제(12c-16a)

    ⑴ 즐거움이나 지식의 단일성과 다수성(12c-14b)

    ⑵ 하나와 여럿의 문제(14c-15c)

    ① 생성소멸하는 것에서의 하나와 여럿 문제(14c-14e)

    ② 생성소멸하지 않는 것에서의 하나와 여럿 문제(14e-15c)

    ⑶ 진술 자체의 역설적 속성에 따른 혼란(15d-16a)

    2) 변증술(16a-18d)

    ⑴ 변증술의 두 절차: 모음과 나눔(16a-17a)

    ⑵ 변증술의 활용 예시: 문법과 음악(17a-18d)

    3) 좋은 것의 문제와 변증술의 연관성(18d-20c)

3. 좋은 것의 세 가지 요건에 따른 판정: 완전함, 충족함, 택함 직함(20c-23b)

    1) 즐거움과 분별이 혼합된 삶이 좋은 삶이다(20c-22c)

    2) 즐거움과 분별 중 어느 것이 혼합된 삶의 원인과 더 동류의 것이 고 더 닮았는가?: 어느 것이 이등상을 받을 자격이 있는가?(22c-23b)

4. 우주론적 논의(23b-31b)

1) 우주 속에 존재하는 네 부류(23b-27c)
  (1) 한정되지 않은 것(24a-25a)
  (2) 한정자(25a-b)
  (3) 혼합된 것(25b-26d)
  (4) 혼합의 원인(26e-27c)
2) 혼합된 삶이나 즐거움과 네 부류 사이의 관계(27c-28a)
3) 지성(분별)과 원인의 부류 사이의 관계(28a-31b)

5. 즐거움의 종류들의 분류(31b-55c)

1) 몸이나 혼의 상태와 관련해 생기는 세 종류의 즐거움과 괴로움
   (31b-36c)
  (1) 몸과 관련된 즐거움과 괴로움(31b-32b)
  (2) 혼과 관련된 즐거움과 괴로움(32b-35d)
  (3) 몸과 혼에 관련된 즐거움과 괴로움(35d-36c)
2) 세 종류의 거짓된 즐거움(36c-44a)
3) 괴로움과 혼합된 즐거움(44a-50e)
4) 세 가지 종류의 참된(순수한) 즐거움(50e-52b)
5) 즐거움에 대한 그 밖의 논의(52c-55c)
  (1) 한정되지 않은 부류에 속하는 즐거움과 그렇지 않은 즐거움(52c-
     d)
  (2) 즐거움의 진실성의 기준: 순수성(52d-53c)
  (3) 즐거움의 생성과 존재(53c-55c)

6. 지식의 종류들의 분류(55c–59d)

  1) 순수성과 정확성에 의한 지식의 분류(55c–57e)
  2) 변증술과 설득술의 비교(57e–58e)
  3) 변증술의 대상: 언제나 같은 상태로 동일하게 있는 것들
    (59a–59d)

7. 혼합된 삶으로서의 좋은 삶과 좋은 것들(59d–67b)

  1) 훌륭하게 혼합된 삶이 좋은 삶이며, 이런 삶 속에서 좋은 것을 찾
    을 수 있다(59d–61c)
  2) 지식들과 즐거움들을 선별하여 '혼합된 삶'을 구성함(61d–64b)
  3) 혼합된 삶 속에 있는 좋은 것(혼합의 원인)은 아름다움, 진실성, 적
    도(균형)이며, 분별(지성)이 즐거움보다 이것들과 더 동류의 것이
    다(64c–66a)
  4) 인간의 소유물인 좋은 것들의 서열(66a–67b)

등장인물

소크라테스(Sōkratēs)

기원전 469~399년. 이 대화편의 등장인물인 소크라테스는 초기 대화편의 소크라테스를 떠올리게 하는 측면이 있다. 문답법을 활용하고 논박을 시도하는 방식이나 그가 다루는 윤리적 주제가 그러하다. 그러나 플라톤은 말년의 작품인 이 대화편을 통해 소크라테스적 문제를 출발점으로 삼되, 이 문제와 관련해 자신의 사상을 본격적으로 펼친다.

사실상 그의 사상의 대변자인 소크라테스는 무엇이 좋은 것인가 하는 문제와 관련하여 즐거움이 아니라 지식이나 분별이 좋은 것이라는 견해를 제시하지만, 즐거움과 지식 외의 제삼의 것이 좋은 것일 가능성을 열어 둔다. 이후에 그는 제삼의 것이 좋은 것임을 밝히고(20c-23a), 대화편 말미에서 마침내 적도나 균형과 아름다움 및 진실성이야말로 가장 좋은 것이며 즐거움보다는 지성이나 분별이 이것들과 더 동류의 것이라는 결론에 이른다(64c-66a).

필레보스(Philēbos)

그는 청소년으로 등장하는데, 보통 가공인물로 간주된다. 그는 즐거움이 좋은 것이라는 견해를 갖고 있다. 좀 더 분명히 말하자면, 그는 즐거움과 좋은 것(좋음)이 같은 것이며, 즐거움이 유일하게 좋은 것이라고 보는 극단적인 쾌락주의자이다(60a-b). 그런가 하면, 그가 즐거움이 가장 좋은 것이라고 주장한 것으로 언급되기도 한다(19c). 그는 소크라테스의 견해에 동의하거나 반대할 권한을 프로타르코스한테 넘기고 어쩌다 한 번씩 자신의 견해를 제시한다.

프로타르코스(Prōtarchos)

그는 필레보스와 같은 또래의 친구이며, 소크라테스의 주된 대화 상대이다. 그는 필레보스의 주장을 넘겨받아 쾌락주의를 옹호해야 할 입장에 있지만, 초반부터 즐거움이나 분별 이외의 다른 어떤 것이 좋은 것일 가능성을 배제하지는 않는다. 그러다가 그는 즐거움과 좋은 것이 동일한 것이 아님을 인정하고(22c), 소크라테스와 함께 제삼의 것이 좋은 것이라는 점을 받아들이게 된다. 더욱이 대화편 말미에서 그는 가장 좋은 것을 기준으로 삼을 때 즐거움이 지성이나 분별보다 못함을 인정하기까지 한다(64c~66a). 다른 한편 그는 소피스트인 고르기아스(Gorgias)의 제자였던 것으로 보인다(58a).

그는 이 대화편에서 '칼리아스(Kallias)의 아들'로 불리는데(19b5), 실제로 칼리아스의 두 아들(『변명』 20a) 중 하나이다. 칼리아스(기원전 약 450~370)는 아테네의 큰 부자 가문에서 히포니코스의 아들로 태어나 막대한 유산을 물려받았지만, 소피스트들과 아첨꾼들 및 여인들에게 재산을 다 써버렸다고 한다. 그가 소피스트들에게 큰돈을 썼다는 것은 이 대화편뿐 아니라 『변명』 20a에서도 알 수 있다. 그는 특히 프로타고라스의 학설에 빠져 있었던 것 같다(『테아이테토스』 164e). 그리고 『프로타고라스』를 보면, 그의 집에는 프로타고라스를 비롯해 여러 소피스트들이 머물고 있었고, 소크라테스가 그곳을 찾아가서 논의를 한 것으로 묘사된다.

일러두기

- 번역의 기준 판본으로는 옥스퍼드 고전 텍스트(Oxford Classical Text) 『플라톤 전집 (*Platonis Opera*)』 2권(J. Burnet 편집, 1901)을 사용했다.
- 번역문 좌우측 여백에 있는 알파벳과 숫자(31b 등)는 플라톤 작품의 쪽수 인용 기준으로 널리 확립된 이른바 '스테파누스 판'(H. Stephanus, *Platonis Opera quae extant omina*, 1578)의 쪽수와 행수 표기이다.
- 그리스어의 우리말 표기는 고전 시대의 발음에 가깝게 표기했다. 단, 우리말로 굳어져 널리 쓰이는 것은 예외로 했다.
- 본문의 번역어 중에서 그리스어 표기가 필요한 것들은 주석에서 밝히거나 〈찾아보기〉에 포함시켰으며, 〈찾아보기〉에 있는 용어들은 본문에서만 뽑았다. 그리스어는 로마자로 표기했다.
- 그리스어로는 한 단어인데 우리말로는 여러 단어로 번역되는 경우도 있고, 그리스어로는 여러 단어인데 우리말로는 한 단어로 번역되는 경우도 있다. 이런 경우는 두 가지 찾아보기, 〈그리스어-한국어〉와 〈한국어-그리스어〉를 보면 알 수 있다.

필레보스

필레보스

소크라테스, 프로타르코스, 필레보스

1

소크라테스 그러면, 프로타르코스, 생각해 보게. 지금 자네는 필 11a
레보스한테서 무슨 주장을 넘겨받으려는 것인지, 그리고 우리[1]가
하는 이야기가 자네 마음에 들지 않는다면, 우리 쪽의 무슨 주장 b
에 반론을 펴려는 것인지 말이네. 우리가 그 양쪽 주장을 요약해
보았으면 하는가?[2]

프로타르코스 그렇고말고요.

소크라테스 필레보스는 기뻐함, 즐거움, 유쾌함, 그리고 이런 부
류에 해당하는 온갖 것이 살아 있는 모든 것에게 좋은 것이라고
주장하네.[3] 하지만 우리 쪽 반론은 그것들이 아니라, 분별함, 인
식함, 기억함, 그리고 또한 이런 것들과 동류의 것들인 옳은 판
단과 참된 헤아림[4]이, 이런 것들에 관여할 수 있는 모든 것에게
즐거움보다 더 좋고 더 바람직한 것들로 된다는 것이네. 그리고 c

23

현재나 미래에 이런 것들에 관여할 수 있는 모든 것에게 그러한 관여는 뭣보다도 가장 이롭다는 것이네.[5] 필레보스, 우리는 각기 어쨌든 이와 같이 주장하고 있는 게 아니겠는가?[6]

필레보스 그렇고말고요, 소크라테스 선생님.

소크라테스 그러면 자네는 지금 제시된 이 주장[7]을 넘겨받을 텐가, 프로타르코스?

프로타르코스 넘겨받을 수밖에요. 우리의 빼어난 필레보스가 논의에서 물러섰으니까요.

소크라테스 그러면 우리의 주장들과 관련해서 어떤 방식으로든 진실에 이르러야겠지?

d 프로타르코스 정말 그래야지요.

소크라테스 자, 그렇다면, 이것들에 더하여 다음과 같은 것도 합의를 보도록 하세.

프로타르코스 어떤 걸 말이죠?

소크라테스 이제 우리 각자는 모든 사람이 행복한 삶을 영위할 수 있게 해 주는 혼의 어떤 성향이나 상태[8]를 밝혀 보이려고 애쓸 것이라는 걸 말일세.[9] 그렇게 하지 않겠는가?

프로타르코스 물론 그렇게 할 겁니다.

소크라테스 자네들은 그것이 기뻐함의 상태임을 밝히려 하는 반면, 우리는 그것이 분별함의 상태임을 밝히려 할 것이 아닌가?

프로타르코스 그렇습니다.

소크라테스 그런데 다른 어떤 상태가 이들보다 더 좋은 것으로 드러나면 어떠하겠는가? 만일 그것이 즐거움과 더 동류인 것으로 드러나면, 그것을 확고하게 지닌 삶에 우리 양쪽 다 지겠지만, 즐거움의 삶[10]은 분별의 삶을 압도하겠지? e 12a

프로타르코스 네.

소크라테스 다른 한편 그 상태가 분별과 더 동류인 것으로 드러나면, 분별이 즐거움을 이기는 반면, 즐거움은 분별에게 지겠지? 자네들은 이것들이 이렇게 합의된 걸로 보는가? 아니면 어떤가?[11]

프로타르코스 저로선 그렇게 생각합니다.[12]

소크라테스 하지만 필레보스한테는 어떨까? 자네는 뭐라고 말하겠는가?

필레보스 저는 어떤 경우에도 즐거움이 이긴다고 생각하고 있고, 장차도 그렇게 생각할 겁니다.[13] 하지만, 프로타르코스, 자네는 스스로 판가름해야 해.

프로타르코스 필레보스, 자네는 우리에게 논의를 넘겨주었으니, 소크라테스 선생님께 동의하거나 반대할 권한이 자네에게는 더 이상은 없을 거야.

필레보스 맞는 말이야. 나는 사실상 논의에서 손을 떼고, 지금 여신 자신을 증언자로 내세우는 바이네. b

프로타르코스 우리도 또한 바로 그 점, 즉 자네가 지금 하는 말을 자네가 했다는 점에 대한 증언자들일 거야. 그렇지만 소크라테스 선생님, 필레보스가 자발적으로 나서는 경우에는 그와 더불어, 아니면 그가 원하는 대로[14] 이다음 것들을 계속해서 마무리하도록 해 봐야겠네요.

소크라테스 그러면, 아프로디테[15]라 불리지만 그 여신의 가장 참된 이름은 헤도네(Hēdonē, 즐거움)라고 이 친구[16]가 말하는 바로 그 여신을 논의의 출발점으로 삼아 그렇게 해 봐야겠네.

프로타르코스 정말 옳은 말씀입니다.

c 소크라테스 프로타르코스, 신들의 이름들에 대한 나의 두려움은 늘 인간적 차원의 것이 아니네. 가장 큰 무서움을 넘어선다네.[17] 그래서 지금 나는 아프로디테의 마음에 들도록 이 여신을 부르네.[18] 그런데 나는 즐거움이 다양한 것임을 알고 있네.[19] 내가 말했듯이, 우리는 그것을 논의의 출발점으로 삼아 그것이 어떤 본성을 지니는지를 숙고하며 고찰해야 하네. 왜냐하면 그것은 듣기에는 아주 단순하게 한 가지 것이지만, 분명 그것은 어떤 면에서는 서로 닮지조차 않은 온갖 형태를 갖고 있기 때문이네. 생각

d 해 보게나. 우리는 방탕한 사람이 즐거움을 누린다고 말하는가 하면, 절제 있는 사람도 바로 그 절제함에서 즐거움을 누린다고 말하네. 또한 어리석은 판단과 기대들을 잔뜩 갖고 있는 어리석은 사람도 즐거움을 누린다고 말하는가 하면,[20] 분별 있는 사람도 바로 그 분별함에서 즐거움을 누린다고 말하네. 누군가가 이

26

러한 양쪽의 즐거움들이 서로 닮았다고 말한다면, 그가 어리석
은 자로 보이는 게 어찌 당연하지 않겠는가?

프로타르코스 소크라테스 선생님, 사실 그 즐거움들은 상반된 것
들에서 생깁니다만, 적어도 그것들 자체는 서로 상반된 것들이
아닙니다. 어찌 즐거움이 즐거움과, 즉 바로 그것이 그 자신과   e
뭣보다도 가장 닮은 게 아닐 수 있겠습니까?

소크라테스 이보게, 그것만이 아니라[21] 빛깔도 빛깔과 가장 닮은
거지. 빛깔들은 바로 이 점에서는, 즉 그 모두가 빛깔이라는 점
에서는 아무런 차이도 없을 거야. 하지만 검은 빛깔은 흰 빛깔과
차이가 있을뿐더러 가장 상반된 것이기도 하다는 점을 우리 모
두는 알고 있네. 더 나아가 도형도 도형과 관련해서 마찬가지야.
도형은 유(類)의 측면에서는 모두 하나이지만, 그것의 부분들[22]의
측면에서 일부는 서로 가장 상반되고, 일부는 분명[23] 무수한 차
이성[24]을 갖고 있네.[25] 그 밖의 많은 것도 그와 같음을 우리는 발   13a
견할 것이네. 그러니 가장 상반된 모든 것을 하나로 보는 그러한
견해는 믿지 말게. 우리가 즐거움에 상반되는 어떤 즐거움을 발
견하게 되지나 않을까 나는 두렵네.

프로타르코스 아마도 발견하게 될 것 같네요. 하지만 왜 그 점이
저희의 주장을 손상시킬까요?

소크라테스 자네가 그 닮지 않은 것들을 다른 하나의 이름[26]으로
부르기 때문이라고 우리는 말할 것이네. 즐거운 것들 모두가 좋

은 것들이라고 자네가 말하고 있으니까. 물론 아무도 즐거운 것

b 들이 즐거운 것들이 아니라고는 주장하지 않네. 하지만 우리가 주장하듯이 즐거운 것들의 대부분은 나쁜 것들이고, 그것들의 일부가 좋은 것들이네.[27] 그럼에도 불구하고 자네는 그것들 모두를 좋은 것들이라고 부르고 있네. 누군가가 논의에 의해서 자네를 어쩔 수 없게 할 경우에는 그것들이 서로 닮지 않았다는 점을 인정하면서도 말이지. 그렇다면, 나쁜 즐거움들과 좋은 즐거움들 속에 똑같이 동일한 어떤 것이 있기에, 자네는 즐거움들 모두를 좋은 것이라고 부르는가?

프로타르코스 무슨 말씀을 하시는 겁니까, 소크라테스 선생님? 일단 즐거움을 좋은 것으로 상정한 사람이 그 점[28]에 동의하고,

c 선생님께서 어떤 즐거움들은 좋지만 그것들과 다른 어떤 즐거움들은 나쁘다고 주장하실 때, 묵과할 거라고 생각하시나요?

소크라테스 하지만 자네는 어쨌든 즐거움들이 서로 닮지 않은 것들이고 어떤 것들은 상반된 것들이기도 하다는 걸 수긍할 거야.

프로타르코스 그것들이 적어도 즐거움들인 한에서는 전혀 그렇지 않습니다.

소크라테스 우리는 다시 앞에서와 같은 견해로 되돌아가고 있군, 프로타르코스. 그리하여 즐거움들 사이에는 차이가 없고 즐거움들은 모두 닮았다고 우리는 주장할 것이고, 방금 든 예들은 우리에게 해될 게 전혀 없는 거지. 그러나 누구보다도 보잘것없고 논

의에 풋내기인 사람들이 겪고 말하는 바로 그런 것을 우리는 겪   d
고 말하게 될 것이네.

프로타르코스 정확히 어떤 걸 말씀하시는 건가요?

소크라테스 내가 자네를 흉내 내서 나 자신을 옹호하며, 가장 닮
지 않은 것이 가장 닮지 않은 것과 뭣보다도 가장 닮았다고 마구
주장하려 든다면,[29] 나는 자네가 한 말과 같은 말을 할 수 있다는
거야.[30] 이 경우 우리는 정도 이상으로 꽤나 풋내기인 사람들로
드러나고, 우리의 논의는 난파되어 사라질 테지. 그러니 다시 논
의를 되돌려 새로이 시작해 보세. 아마도 우리가 같은 입장에 처
하게 되면, 우리는 여하튼 서로 의견의 일치를 보게 될 것 같네.

프로타르코스 어떻게 말이죠?   e

소크라테스 이번에는 내가 자네한테 질문을 받았다고 해 보게, 프
로타르코스.

프로타르코스 무슨 질문 말인가요?

소크라테스 앞서 도대체 무엇이 좋은 것인가 하는 물음에 응답해
서, 분별과 지식과 지성을 비롯해 내가 처음에 좋은 것들로 상정
하여 제시했던 모든 것, 이것들이 자네의 주장이 겪은 것과 똑같
은 걸 겪지 않겠느냐는 거지.

프로타르코스 어째서 그렇죠?

소크라테스 전체적으로 여러 지식들이 있으며, 그것들 가운데 어
떤 것들은 서로 닮지 않은 것으로 여겨질 것이네. 그런데 그 일

14a 부가 어느 면에서 상반되기조차 한 것으로 드러나는 경우, 바로 이것이 두려운 나머지 지식들이 서로 닮지 않았다는 것을 부정하고, 그리하여 우리의 논의가 이야기처럼 사라져 없어져 버리는 반면 우리 자신은 어떤 불합리에 의지해 구조된다면,[31] 지금 내가 대화를 할 만한 자격이 있겠는가?

프로타르코스 물론 그런 일이 일어나서는 안 되지요. 우리가 구조되는 일을 빼고는 말입니다. 그런데 선생님의 주장과 저의 주장이 같은 처지에 있다는 점에 저는 만족합니다. 닮지 않은 여러 즐거움이 있고, 차이가 있는 여러 지식이 있다고 해 두죠.

b 소크라테스 그러면, 프로타르코스, 나의 좋은 것이 지닌 차이성과 자네의 좋은 것이 지닌 차이성[32]을 덮어 두지 말고, 그 차이성들을 논의의 한복판에 드러내 놓고서 다음과 같은 점을 대담하게 직시해 보세. 그것들이 어떻게든 검토될 때,[33] 그것들은 어떤 것이 좋은 것이라고 말해야 할지, 즉 즐거움인지, 분별인지, 아니면 제삼의 다른 어떤 것인지 알게 해 줄 것인가 하는 점을 말이네.[34] 분명 지금 우리는 내가 제시하는 것이 이기도록 하려고, 혹은 자네가 제시하는 것이 이기도록 하려고 승리욕에 논쟁을 하는 게 아니네. 오히려 우리 둘은 가장 참된 것을 위해 싸워야 하네.

프로타르코스 정말 그래야지요.

c 소크라테스 그러면 다음 문제를 합의를 통해 더욱더 확실하게 해

두세.

프로타르코스 어떤 걸 말이죠?

소크라테스 모든 사람에게 난처함을 안기는 문제를 말하는 것이네. 그 난처함은 기꺼이 받아들이는 이들이 있는가 하면, 때때로 마지못해 그러는 이들도 있다네.

프로타르코스 그 문제에 대해 더 분명히 말씀해 주시죠.

소크라테스 방금 우리에게 우연히 생긴, 여하간 본성상 놀라운 문제에 대해 말하는 것이네. 사실 여럿이 하나이고, 하나가 여럿이라는 것은 놀라운 언급이지.[35] 이 둘 가운데 어느 한쪽 입장을 제시하는 사람과 논쟁하는 것은 쉬운 일이고.

프로타르코스 그러면 선생님께서는 이런 경우를 말씀하시는 건가요? 누군가가 동일한 제가 크며 작고, 무거우며 가볍고, 그 밖에 무수한 것이라고 여겨, 프로타르코스인 제가 본성상 하나이지만, 또한 제가 여럿이며 서로 상반되기도 하다고 말하는 경우 말 입니다.[36]

d

소크라테스 프로타르코스, 자네가 말한 것은 하나와 여럿에 관련된 놀라운 문제들 가운데 널리 알려진 것이며, 이런 것은 붙들고 늘어질 필요가 없다는 데 이제는 거의 모두가 합의하네. 그것은 유치하고 쉬우며 논의에 몹시 방해가 된다고 생각해서지.[37] 그리고 이런 경우의 문제도 붙들고 늘어질 필요가 없다네. 어떤 사람이 각자의 사지와 부분들을 말로써 나누고 이것들 모두가 저 하

e

나라는 점에 누군가의 동의를 얻어 낸 후, 하나가 여럿이며 무한하고, 여럿이 하나일 뿐이라는 기이한 주장을 그가 인정하지 않을 수 없게 되었다고 조소하면서 논박할 경우 말이네.

프로타르코스 그러면, 소크라테스 선생님, 선생님께서는 이 동일한 주장과 관련하여 아직 합의되지도 널리 알려지지도 않은 다른 문제들로서 어떤 것들을 염두에 두고 계시는 건가요?

15a 소크라테스 얘야! 방금 우리가 말한 것처럼 누군가가 생성소멸하는 것들에 속하는 하나인 것을 상정하는 경우를 말하는 것은 아니야.[38] 이 경우에 우리가 방금 말한 그러한 하나인 것은 검토할 필요가 없다[39]고 합의되었기 때문이지. 하지만 누군가가 사람을 하나로, 소를 하나로, 아름다움을 하나로, 그리고 좋음을 하나로 상정하려 할 때,[40] 이들 하나인 것들[41]과 이런 유의 것들에 관해서는 그것들의 나눔에 쏟는 대단한 열의가 논쟁을 불러일으킨다네.[42]

프로타르코스 무슨 논쟁을 말씀하시는 것이죠?

b 소크라테스 첫째로 그와 같은 어떤 일자들[43]이 참으로 존재한다고 생각해야 하는지 어떤지이네. 그리고 또한 어떻게 이 일자들 하나하나가 언제나 동일한 것이며 생성도 파멸도 받아들이지 않음에도 불구하고, 이것이 가장 확고하게 하나라고 우리가 생각해야 하는지이네. 그다음으로 각각의 일자가 무수한 생성하는 것들 속에 흩어져 여럿으로 된다고 생각해야 하는지, 아니면 뭣보

다 불가능한 것으로 보이지만, 바로 그것 전체가 그 자신으로부터 분리되어 동시에 하나와 여럿 속에서 하나이며 동일한 것으로 된다고 생각해야 하는지이네.[44] 프로타르코스, 앞에서의 것들이 아니라, 이런 유의 하나와 여럿에 관련된 이 문제들은 합의가   c 제대로 안 되면 온갖 곤경에 처하게 만드는 원인이 되지만, 합의가 제대로 되면 곤경이 해소되는 계기가 된다네.

프로타르코스 그렇다면, 소크라테스 선생님, 우리는 지금 우선적으로 이걸 가지고 씨름해 보아야 하지 않겠습니까?

소크라테스 나로서는 그렇다고 말하겠네.

프로타르코스 그러면 여기에 있는 저희 모두가 그 점에 대해 선생님과 견해를 같이한다고 생각하십시오. 다만 필레보스는 가만히 있으니 질문을 함으로써 그를 건드리지 않는 것이[45] 지금으로서는 아마도 상책일 것 같습니다.

소크라테스 좋아. 그런데 이 논쟁거리들에 대한 많고도 다양한 논   d 쟁을 어디서부터 시작할까? 여기서부터 시작할까?

프로타르코스 어디서부터 말이죠?

소크라테스 우리는 아마도 이렇게 말할 것이네. 하나와 여럿이 진술들에 의해 같은 것으로 되어[46] 예나 지금이나 줄곧 언급되는 각각의 것들[47]과 관련하여 이곳저곳에서 나타난다고 말이네. 이는 결코 멈추지도 않을 것이며, 이제 시작된 것도 아니네. 내가 보기에 이런 것은 우리의 진술들 자체의 죽지도 늙지도 않는[48]

e 속성이네. 그것을 처음 맛본 젊은이는 누구든 지혜의 어떤 보고를 발견하기라도 한 듯이 즐거워하고, 즐거움에 신이 나서 어떤 진술이든 흔들어 대기를 즐긴다네. 어떤 때는 그것을 한쪽으로 굴려서 한 덩어리로 만들고, 어떤 때는 다시 펼쳐서 분할함으로써 말이네.[49] 그리하여 그는 제일 먼저 자신을 곤경에 빠뜨리고, 다음으로 곁에 있는 사람이 누구든 그를 곤경에 빠뜨린다네. 더

16a 젊었든 더 나이가 들었든 동년배이든 간에 말이네. 그는 아버지든, 어머니든, 그 밖에 듣는 이가 누구든 봐주지 않네. 어디서든 통역자를 구할 수만 있다면, 어떤 이민족 사람도 봐주지 않을 것이니, 사람은 물론이고 그 밖에 동물들조차도 거의 봐주지 않을 것이네.

프로타르코스 그런데, 소크라테스 선생님, 저희가 얼마나 있는지,[50] 그리고 저희 모두가 젊은이들인 게 안 보이시나요? 그리고 선생님께서 저희를 비난하시면, 필레보스와 함께 저희가 선생님을 공격하지나 않을까 두렵지도 않으신가요? 그렇지만 저희는 선생님께서 뭘 말씀하시는지 압니다. 만일 우리의 논의로부터 어떻게든 우호적인 자세로 그와 같은 혼란을 제거할 어떤 방

b 식이나 방안이 있다면, 혹은 논의를 위해 이보다 더 좋은 방법을 찾을 수 있다면,[51] 그것에 열의를 쏟아 주세요. 그러면 저희는 가능한 한 선생님을 바짝 뒤따를 것입니다. 현재의 논의는 사소한 것이 아니기 때문이지요, 소크라테스 선생님.

소크라테스 필레보스가 자네들을 부를 때 그렇게 하듯, 애들아! 정말 그것은 사소한 것이 아니야. 그런데 내가 늘 애호해 온 방법[52]보다 더 좋은 방법은 없으며 생기지도 않을 것이네. 그러나 그것은 이전에 종종 나를 피해 나를 외롭고 난감하게 했었다네.

프로타르코스 그 방법은 뭔가요? 계속 말씀해 주시죠.

소크라테스 그것에 대해서 설명하긴 그리 어렵지 않으나, 그걸 이   c
용하긴 아주 어렵다네. 실로 기술에 속하는 것들로서 이제까지 발견된 모든 것[53]은 이 방법을 통해 밝혀졌네. 그럼 내가 그 방법에 대해 말하는 것에 주의를 기울여 보게.

프로타르코스 계속 말씀해 주시죠.

소크라테스 적어도 내가 보기에는, 그 방법은 인간들에 대한 신들의 선물로서, 어딘가 신들의 거처로부터 프로메테우스라는 어떤 신[54]을 통해 지극히 밝은 어떤 불과 함께 던져졌네. 그리고 우리보다 더 훌륭하고 신들에 더 가까이 살았던 옛사람들이 이런 전설을 전해 주었네. '…이다'라고 줄곧 언급되는 것들[55]은 하나와 여럿으로 이루어져 있으며, 그 자신들 속에 본디 한정성과 무한성[56]을 갖고 있다는 전설을 말일세.[57] 이것들이 이와 같이 질서   d
지어져 있으므로, 우리는 그때그때마다 어떤 것과 관련해서든 늘 하나의 형상을 상정하고서 이걸 찾아야 하네.[58] 그것이 그 안에 있음을 발견할 것이기 때문이네.[59] 그리고 우리가 그것을 포착한다면, 그 하나 다음에는 둘을 찾아야 하네. 어쨌든 둘이 있

다면 말이야. 그렇지 않을 경우에는 셋이나 다른 어떤 수를 찾아
야 한다네.[60] 그리고 다시 이것들 하나하나를 같은 방식으로 고
찰해야 하네.[61] 애초의 하나인 것이 하나이며 여럿이고 무한하다
는 것을 알 뿐만 아니라, 그것이 얼마나 되는지도 누구나 알 수
있을 때까지 말일세.[62] 그리고 무한한 것과 하나인 것 사이에 있
는, 다수의 모든 수를 누구나 식별할 수 있을 때까지는, 우리가
e   그 다수에 무한한 것의 성격[63]을 귀속시켜서는 안 되네.[64] 그렇게
식별할 수 있을 때에야 비로소 모든 것들 하나하나를 무한한 것
에 보내고 그것들에서 손을 떼도 되네.[65] 그러니까 내가 말했듯
이, 신들은 우리가 이와 같이 고찰하며 서로서로 배우고 가르치
도록 그 전설을 우리에게 남겨 주었던 거네. 그러나 오늘날의 식
17a 자들[66]은 정도 이상으로 너무 빨리 또는 너무 더디게[67] 그리고 되
는대로 하나나 여럿을 만들고, 하나 다음에 곧바로 무한한 것으
로 나아가며, 그 중간의 것들을 놓치고 마네. 그런데 바로 이것
들에 의해 우리가 서로 변증적으로 논의하는지, 아니면 쟁론적
으로 논의하는지가 구별된다네.[68]

프로타르코스 소크라테스 선생님, 선생님이 말씀하신 것들 중 어
떤 것들은 제가 어느 정도 이해하고 있다고 생각합니다. 하지만
어떤 것에 대해서는 더욱더 분명하게 선생님의 말씀을 들어 보
아야 하겠네요.

소크라테스 프로타르코스, 내가 말하는 점은 문자들[69]의 경우를

보면 분명히 드러나네. 그러니 자네도 교육받은 바로 그 문자들   b
을 가지고 파악해 보게.[70]

프로타르코스 어떻게 말이죠?

소크라테스 우리의 입을 통해서 나오는 소리[71]는 분명 우리 모두
에게도 각자에게도 하나인가 하면 수적으로 무한하기도 하네.

프로타르코스 물론이지요.

소크라테스 하지만 이들 중 어느 한쪽에 의해서는, 즉 우리가 소
리의 무한함을 아는 것이나 그것이 하나임을 아는 것으로는, 아
직 우리가 전혀 식견 있는 자가 못 되네. 얼마만큼의 소리가 있
고 그것들이 어떤 성격의 것들인지를 아는 것이 우리들 각자를
문법에 능통한 자로 만드는 것이네.

프로타르코스 정말 맞는 말씀입니다.

소크라테스 그리고 음악에 능통한 자로 만드는 것 또한 같은 것
이네.

프로타르코스 어떻게 그렇죠?

소크라테스 소리는 분명 저 기술[72]의 경우처럼 이 기술에서도 하   c
나네.

프로타르코스 어찌 그렇지 않겠습니까?

소크라테스 다른 한편 우리는 낮은 음과 높은 음을 두 가지 종류
로 놓고, 그리고 고른 음[73]을 셋째 종류로 놓거나. 아니면 어떻게
할까?

프로타르코스 그렇게 놓아야지요.

소크라테스 그러나 단지 이것들만을 안다면 자네는 아직 음악에 식견 있는 자가 아닐 거야. 이것들을 모른다면 이 분야에서 거의 아무 쓸모없는 사람일 테지만 말이야.

프로타르코스 정말 그럴 겁니다.

소크라테스 그러나, 여보게! 소리의 높낮이 측면에서 음정들과 관련해서 그 수가 얼마만큼이나 있고 그것들이 어떤 성격의 것들인지를 자네가 파악할 때, 그리고 음정들의 경계들[74]과 관련해서도, ― 이것들로 구성된 모든 체계와 관련해서도, ― 선인들은 이 체계들을 식별하여 그들의 후손들인 우리에게 전해 주며 그것들을 선법들이라 부르게 했네 ― 또한 몸의 움직임들 속에서 생겨나 그 속에 있는 그런 유의 다른 상태들과 관련해서도, ― 그들은 수들로 측정되는 바로 이 상태들을 이번에는 리듬들과 박자들이라 불러야 한다고 말하네 ― 그러한 것들[75]을 파악할 때,[76] 그리고 그와 동시에 하나이며 여럿인 모든 것에 대해서도 그와 같이 고찰해야 한다는 걸 깨달을 때,[77] 다시 말해 앞에서의 것들과 관련해 그렇게 파악할 때, 그때서야 자네는 식견 있게 되며, 또한 자네가 하나인 것들 가운데 다른 어떤 것이든 그런 식으로 고찰하여 이해할 때, 자네는 그것에 대해 아주 분별 있게 된다네. 하지만 각각의 경우에 각 대상의 무한한 다수성은 매번 자네를 한없이 분별없게 만들고 뛰어나거나 존경받을 만한 인물이

d

e

38

못 되게 하네. 자네는 그 어떤 것에서도 아무런 수도 주시한 적
이 없는 것이니 말이야.

프로타르코스 필레보스, 내가 보기에는 소크라테스 선생님께서
지금 하신 말씀들은 아주 훌륭한 것 같아.

필레보스 내가 보기에도 어쨌든 그건 그래. 그런데 선생님께서는
도대체 왜 우리에게 지금 그런 말씀을 하신 걸까? 도대체 무슨   18a
취지로?

소크라테스 프로타르코스, 물론 필레보스는 우리에게 이런 질문
을 할 만했네.

프로타르코스 그렇고말고요. 그러니 선생님께서 그에게 대답을
해 주세요.

소크라테스 논의해 온 것에 대해 좀 더 살펴보고 그렇게 하겠네.
누군가 그 어떤 하나를 포착할 경우, 우리가 말하고 있듯이, 그
는 곧바로 무한한 것의 성질을 주시해선 안 되고 어떤 수를 주시
해야 하네. 이와 반대로 누군가 무한한 것을 먼저 포착할 수밖에   b
없게 될 때도 마찬가지네. 곧바로 하나를 주시해선 안 되고, 각
경우에 얼마쯤 다수성을 갖는 어떤 수를 주목해 보고, 이것들 모
두로부터[78] 하나에 이르러 끝을 맺도록 해야만 하네. 방금 언급
된 것을 문자들을 가지고 다시 파악해 보세.

프로타르코스 어떻게 말이죠?

소크라테스 어떤 신이나 혹은 신과도 같은 사람이 ― 이집트의 전

설에서는 이분을 테우트[79]라는 어떤 이라고 하지 — 말소리가 무
c 한함을 주목했다네. 그때 그는 그 무한한 것 속에 모음들이 하나
가 아니라 그 이상 있음을, 또한 모음에는 관여하지 않으나 어떤
탁한 음에는 관여하는 다른 음들[80]이 있으며 이것들도 어떤 수
를 가짐을 최초로 주목했네. 그리고 그는 셋째 종류의 문자로서
오늘날 우리가 자음들이라고 부르는 것들을 구분했다네.[81] 그러
고 나서 그는 탁한 음이 아닌 자음들을 하나하나에 이르기까지
나누고, 모음들과 중간 음들도 같은 방식으로 나누었네. 그리하
여 마침내 그는 그것들의 수를 포착하고 하나하나에 대해 그리
고 그 모두에 대해 자모[82]라는 이름을 붙여 주었네. 그리고 그는
우리 가운데 누구도 그것들 모두 없이는 그중 하나를 그 자체만
으로는 알 수 없음을 알아냈을 때, 이번에는 자모가 단일한 연결
d 끈으로서 그것들 모두를 어떻게든 하나로 만든다는 점을 고려하
고서, 그것들에 적용되는 하나의 기술을 문법이라 이름 지어 불
렀네.[83]

필레보스 프로타르코스, 앞에서의 예와 비교해 볼 때 나는 적어
도 바로 지금의 예를 한결 더 분명하게 이해했네. 하지만 내가
보기에는 조금 전이나 지금이나 똑같은 점이 논의에서 미흡한
상태로 있네.

소크라테스 필레보스, 이것들을 무슨 취지로 말했냐고 다시 물으
려는 것이지?

필레보스 네, 그것이 저와 프로타르코스가 아까부터 찾고 있던 것입니다.

소크라테스 정말이지 자네들은 그것을 이미 곁에 두고서, 자네가 말하듯 아까부터 찾고 있었군.

e

필레보스 무슨 말씀인가요?

소크라테스 우리는 애초부터 분별과 즐거움과 관련해서, 이 둘 중 어느 것을 우리가 택해야 하는지에 대해 논하지 않았나?

필레보스 어찌 아니겠습니까?

소크라테스 그리고 우리는 그 둘 각각이 어쨌든 하나라고 주장하고 있네.

필레보스 그렇고말고요.

소크라테스 그러니까 앞에서의 논의[84]는 우리에게 바로 이걸 요구하고 있네. 어떻게 그것들 각각이 하나이면서 여럿인지, 그리고 어떻게 곧바로 무한한 것이 아니고, 무한하게 되기에 앞서 어떻게 어떤 수를 갖는지를 밝히라고 말이네.

19a

프로타르코스 필레보스, 어떻게 하신 건지 모르겠는데, 소크라테스 선생님께서는 여하튼 우리를 빙빙 돌게 하여 정말 사소하지 않은 문제에 빠져들게 하셨네. 하지만 우리들 중 누가 지금 선생님이 물으신 것에 대답해야 할지 생각 좀 해 봐. 내가 논의를 이어받은 자로서 전적으로 책임을 지기로 하고서는 지금 질문 받은 것에 대답할 수 없어서 자네에게 다시 이 일을 시키는 것은 아마도 우스운 일일 것 같아. 하지만, 내가 생각하기에는, 우리들 중 아무도 대답할 수 없다면 훨씬 더 우스울 거야. 그러니 우

b 리가 무엇을 해야 할지를 생각해 봐. 지금 소크라테스 선생님께서는 즐거움의 종류들이 있는지 없는지, 그리고 얼마만큼 있으며 어떤 성격의 것들인지를 우리에게 물으시는 것으로 여겨지거든. 분별과 관련해서도 마찬가지고.

소크라테스 칼리아스의 아들이여![85] 정말 맞는 말이야. 사실 하나이고 닮고 같으며 그 반대이기도 한 모든 것과 관련해서[86] 이러한 물음에 답할 수 없다면, 앞에서의 논의가 밝혀 주듯이, 우리들 중 누구도 어떤 주제에 대해서도 결코 아무런 자격이 없게 될 거야.

c 프로타르코스 소크라테스 선생님, 아마 그럴 것 같습니다. 그러나 사려 깊은 자로서는 모든 것을 아는 것이 훌륭한 일이지만, 차선은 제 자신의 처지를 몰각하지 않는 것이라 여겨집니다.[87] 제가 지금 도대체 왜 이런 말을 했냐고요? 선생님께 말씀드리겠습니다. 소크라테스 선생님, 선생님께서는 무엇이 사람의 소유물들 중에 가장 좋은 것인지를 판별하기 위해서 저희 모두에게 이 모임을 마련해 주시고 선생님 자신을 내맡겨 주셨습니다. 필레보스가 즐거움과 유쾌함과 기쁨 그리고 이런 유의 모든 것이 가장 좋은 것이라 말했을 때, 선생님께서는 이것들이 아니라 다른 것

d 들이, 즉 우리가 기꺼이 거듭거듭 상기하고 있는 것들이 그것이

42

라고 응수하셨습니다. 이렇게 상기하는 것은 양쪽의 것들을 기억 속에 나란히 놓고 검토하기 위한 것이며 옳은 일이지요. 선생님은 지성, 지식, 이해, 기술 그리고 또한 이것들과 동류의 모든 것이 적어도 즐거움보다는 더 나은 것으로 언급되어 마땅한 좋은 것이며, 우리는 저것들이 아니라 이런 것들을 소유해야 한다고 주장하시는 것 같습니다. 이런 양쪽 주장이 논쟁적인 상황 속에서 제시되었을 때, 저희는 선생님께 장난스럽게 협박했지요. 이 논의가 결판이 나서 흡족한 어떤 결말에 이르기 전에는 선생   e 님을 댁으로 보내 드리지 않겠다고요. 선생님께서는 동의하시고, 이를 위해 저희에게 자신을 내맡겨 주셨습니다. 그러니 저희는, 어린이들과 같이, 정당하게 받은 것들을 빼앗아 가는 것은 있을 수 없는 일이라고 주장합니다. 지금의 논의에서 이런 식으로 저희를 대하지는 말아 주세요.

소크라테스 어떤 식으로 말인가?

프로타르코스 저희를 곤경에 빠뜨리고, 저희가 당장 선생님께 흡   20a 족한 대답을 할 수 없는 것들을 물으시는 방식 말입니다. 저희 모두의 곤경이 우리가 지금 하고 있는 논의의 목적[88]은 아니라고 생각하도록 하죠. 저희가 그런 대답을 할 수 없다면, 선생님께서 해 주셔야 합니다. 약속을 하셨으니까요. 그러니 선생님 자신이 결정을 해 주세요. 즉 논의를 위해 선생님께서 즐거움과 지식의 종류들을 나누셔야 할지, 혹은 지금 우리에게 논쟁거리가 되고 있는 것을 어떻게든 다른 어떤 방식으로 밝히실 수 있고 또한 그렇게 하길 원하신다면, 그 나누는 일을 그만두실 수도 있는 것인지 말입니다.

b **소크라테스** 자네가 그와 같이 말하니, 나와 같은 사람으로서도 더 이상 아무것도 미리 두려워할 필요가 없군. '원하신다면'이란 말은 모든 것과 관련하여 온갖 두려움을 없애 주거든. 게다가 어떤 신이 우리를 위해 내게 어떤 기억을 주신 것으로 여겨지네.

프로타르코스 어떻게요? 그리고 무엇에 대한 것이죠?

소크라테스 오래전 그 어느 때 꿈에선가 깨어선가 나는 즐거움과 분별에 관해 어떤 이야기를 들었고, 지금 나는 그것을 기억하고 있네. 그건 둘 가운데 어느 것도 좋은 것이 아니고, 이들과 다르

c 며 이들 둘보다 더 나은 제삼의 것이 좋은 것이라는 거네. 그런데 적어도 이 점이 지금 우리에게 분명해진다면, 즐거움은 우승권에서 벗어나고 마네. 좋은 것은 더 이상 즐거움과 동일한 것이 아님이 드러날 것이니까. 그렇겠지?

프로타르코스 그렇습니다.

소크라테스 그리고 내 생각에는 즐거움의 종류들을 나누는 일은 더 이상 우리에게 전혀 필요하지 않을 것이네.[89] 논의해 가다 보면 이 점이 한층 더 분명히 밝혀질 것이네.

프로타르코스 정말 훌륭하게 말씀하셨습니다. 바로 그처럼 결말을 맺어 주세요.

소크라테스 그렇다면 먼저 사소한 것 몇 가지를 더 합의해 보세.

프로타르코스 어떤 것들 말이죠?

소크라테스 좋은 것은 필연적으로 완전함을 몫으로 갖고 있는가,   d
아니면 불완전함을 몫으로 갖고 있는가?[90]

프로타르코스 소크라테스 선생님, 그것은 분명 모든 것들 가운데
가장 완전한 것입니다.

소크라테스 그럼 어떤가? 좋은 것은 충족적인 것인가?[91]

프로타르코스 어찌 그렇지 않겠습니까? 그 점에서 그것은 존재하
는 다른 모든 것과 구별됩니다.

소크라테스 그런데 내가 생각하기에는 좋은 것과 관련해서 무엇
보다도 꼭 이야기해야만 할 것이 있네. 즉 좋은 것을 아는 모든
것[92]은 그것을 택하여 제 소유로 하고 싶어서 그것을 추구하고
열망하며, 좋은 것들을 결과로 동반하는 것들 이외에 다른 것들
에는 전혀 신경을 쓰지 않는다는 것이네.

프로타르코스 그 점을 부정할 수는 없습니다.

소크라테스 그러면 즐거움의 삶과 분별의 삶을 따로따로 살펴보   e
면서 고찰하고 판정해 보세.[93]

프로타르코스 어떻게 말이죠?

소크라테스 즐거움의 삶 속에는 분별이 없고, 분별의 삶 속에는
즐거움이 없다고 해 보세. 왜냐하면 그것들 중 한쪽 것이 좋은
것이라면, 그것에는 더 이상 어떤 것도 전혀 더 필요하지 않아야

하고, 반면에 어느 한쪽에 어떤 것이 필요한 것으로 밝혀진다면,

21a 분명 그것은 더 이상 우리에게 '참으로 좋은 것'[94]이 아닐 것이기 때문이네.

프로타르코스 어찌 그런 것이겠습니까?

소크라테스 그러면 자네를 시험 대상으로 삼아 이것들을 검토해 볼까?[95]

프로타르코스 그렇게 하시죠.

소크라테스 그럼 대답해 보게.

프로타르코스 말씀하십시오.

소크라테스 프로타르코스, 자네는 최대의 즐거움을 누리면서 평생을 살고 싶어 하겠는가?

프로타르코스 왜 아니겠습니까?

소크라테스 만일 자네가 그것을 완벽하게 가지고 있다면 자네는 자신에게 그 밖의 어떤 것이 더 필요하다고 생각하겠는가?

프로타르코스 전혀 그렇지 않습니다.

소크라테스 생각해 보게. 분별함, 인식함, 필요한 것들을 헤아

b 림,[96] 그리고 이들과 같은 부류의 어떤 것도 자네에게는 전혀 필요하지 않겠군?

프로타르코스 도대체 왜 필요하겠습니까? 제가 기쁨을 갖고 있다면, 분명 모든 것을 갖고 있는 셈일 텐데요.

소크라테스 그렇다면 그와 같이 사는 경우, 자네는 평생 언제나

최대의 즐거움에 기뻐하겠군?

프로타르코스 어찌 그렇지 않겠습니까?

소크라테스 하지만 자네가 지성, 기억, 지식, 참된 판단을 갖고 있지 않다고 해 보세. 우선 자네는 바로 이것을, 즉 자신이 기쁜 지 기쁘지 않은지를 모를 수밖에 없음이 분명하겠지? 자네가 온 갖 분별을 결여하고 있다면은 말이네.

프로타르코스 그럴 수밖에 없습니다.

소크라테스 그리고 마찬가지로, 기억을 갖고 있지 않다면, 자네 는 자신이 한때 기뻐했다는 것을 기억하지도 못하고, 당장 자네 에게 생기는 즐거움에 대한 어떠한 기억도 남지 않으리라는 것 이 분명 필연적이네. 또한 참된 판단을 갖고 있지 않다면, 기쁠 때 기쁘다고 판단하지 못하고, 헤아림을 결여하고 있다면 장차 자네가 기쁘리라는 것을 헤아릴 수도 없다는 것이 필연적이네. 그러니 자네는 인간의 삶을 사는 것이 아니라 일종의 해파리나 조개류의 몸을 가진 바다 생물들의 삶을 사는 것이네. 이러한가, 아니면 이렇게 말고 우리가 달리 생각할 수 있을까?

프로타르코스 어떻게 그렇겠습니까?

소크라테스 그러면 그러한 삶은 우리가 택함 직할까?

프로타르코스 그 논변은 지금 저를 완전히 말문이 막히게 만들어 버리네요.[97]

소크라테스 자! 벌써부터 나약하게 굴지 말고, 이번에는 지성의 삶을 화제로 삼아 살펴보세.

프로타르코스 선생님께서는 어떤 성격의 삶을 말씀하시는 건가요?

소크라테스 우리 중 누군가가 이번에는 모든 것에 대한 온갖 분
e 별, 지성, 지식 및 기억을[98] 갖고 살되, 즐거움이나 괴로움에는
크게도 작게도 관여하지 않고 이런 모든 것을 전혀 느낌이 없이
살고 싶어 하는 경우 말일세.[99]

프로타르코스 소크라테스 선생님, 그 두 삶[100] 중 어느 쪽도 적어
도 제게는, 그리고 제 생각으론 다른 사람에게도 결코 택함 직한
것으로 보이지 않을 것 같습니다.

22a 소크라테스 프로타르코스, 양쪽을 다 겸비한 삶, 즉 양쪽 것이 혼
합되어 결합된 삶은 어떤가?

프로타르코스 선생님께서는 지성이나 분별과 즐거움이 결합된 삶
을 의미하시는 건가요?

소크라테스 그러하네. 그러한 것들이 결합된 삶을 나는 말하고 있
는 것이네.

프로타르코스 분명 모두가 그 두 가지 삶 중 어느 한쪽보다 이 삶
을 택할 것입니다. 더욱이 어떤 사람은 그리하고 어떤 사람은 그
리하지 않는 일은 없을 것입니다.[101]

소크라테스 그러면 우리의 현 논의에서 우리는 이제 결론이 무엇
인지 아는 셈이지?

48

프로타르코스 그렇고말고요. 세 가지의 삶들이 제시되었고, 두 가
지 삶들 중에선 어느 것도, 어떤 사람에게도 어떤 동물에게도 충   b
족적이지도 택함 직하지도 못하다는 것입니다.

소크라테스 그러니까 적어도 이 두 삶의 경우 어느 쪽 삶도 좋은
것을 지니고 있지 않음이 이제는 분명하지 않은가? 만일 그것을
지니고 있다면, 그 삶은 평생토록 언제나 그와 같이[102] 살 수 있는
모든 동식물에게 충족적이고 완전하며 택함 직한 삶일 것이기 때
문이네.[103] 그리고 만일 우리 중 누군가가 다른 것들을[104] 택한다
면, 그는 본성상 참으로 택함 직한 것에 반하여, 무지나 어떤 불
운한 필연성으로 인해 비자발적으로 그것들을 취하는 것일 거야.

프로타르코스 어쨌든 그것은 그런 것 같습니다.

소크라테스 그렇다면 적어도 필레보스의 여신[105]과 좋은 것이 동   c
일한 것이라고 생각해서는 안 된다는 점이 충분히 언급된 것으
로 여겨지네.

필레보스 소크라테스 선생님, 선생님이 내세우는 지성도 좋은 것
이 아닙니다.[106] 분명 그것도 똑같이 책잡힐 점들을 가지고 있을
겁니다.

소크라테스 필레보스, 아마도 내가 내세우는 지성은 그럴 것 같네
만, 참되고 신적인 지성은 그렇지 않고 사정이 다르다고 나는 생
각하네.[107] 하지만 이제 나는 결합된 삶에 맞서 지성을 위해 우승
상을 놓고 논쟁하지는 않네. 우리는 이등상과 관련해서 무엇을

d 할지 살펴보고 고찰해야 하네. 어쩌면 우리들 중 한쪽은 이 결합된 삶의 원인을 지성이라 주장하고, 다른 한쪽은 즐거움이라고 할지 모르네. 그리하여 이들 둘 중 어느 것도 좋은 것은 아니되, 그 둘 가운데 어느 한쪽의 것이 그 원인이라고 누군가가 생각할지도 모르네. 이 점과 관련해서 나는 필레보스에 맞서 한결 더 이렇게 주장할 것이네. 이 혼합된 삶이 택함 직하고 좋은 삶으로 되게 해 주는 요소로서, 그 삶 속에 있는 것이 도대체 무엇이

e 든,[108] 이것에 즐거움이 아니라 지성이 더 동류의 것이고 더 닮았으며,[109] 이러한 논변에 따르면 일등상이 즐거움의 몫이라는 것도, 또한 이등상이 그것의 몫이라는 것도 결코 맞는 말이 아니라는 거네. 실은 즐거움은 삼등상과도 아주 거리가 멀다네. 우리가 지금 어느 정도 나의 지성을 신뢰해야 한다면 말일세.

프로타르코스 소크라테스 선생님, 정말이지 제 생각에는 이제 즐거움은 선생님이 지금 펼치신 논변들에 의해 마치 두들겨 맞아

23a 나자빠져 버리기라도 한 것 같네요. 우승상을 위해 싸우다 쓰러졌으니까요. 하지만 지성은 분별 있게도 우승상의 권리를 주장하지 않았다고 말해야 할 것 같습니다. 그랬다간 지성도 같은 일을 겪었을 테니까요. 그런데 즐거움이 완전히 이등상을 빼앗긴다면, 그것은 자신을 사랑하는 이들 앞에서 체면이 서지 않을 것입니다. 그것이 그들에게조차 더 이상 전과 똑같이 아름답게 보이지는 않을 것이기 때문이죠.

소크라테스 그러면 어떤가? 즐거움은 이제 그만 놔두는 것이, 그리고 지극히 엄격한 시험을 받게 하고 논박함으로써 즐거움을 괴롭히는 일이 없도록 하는 것이 더 낫지 않은가?

프로타르코스 터무니없는 말씀이네요, 소크라테스 선생님.

소크라테스 즐거움을 괴롭힌다는 불가능한 일을 내가 말했기 때 b
문인가?

프로타르코스 그뿐 아니라, 선생님께서 이 문제들에 대한 논의를 끝까지 전개하시기 전에는 우리 중 누구도 결코 선생님을 놓아 드리지 않으리라는 것을 선생님께서 모르시기 때문입니다.

소크라테스 애고! 프로타르코스, 긴 논의가 남아 있다네. 그건 지금으로선 그다지 쉽지도 않을 것 같아. 지성을 위해 이등상을 획득하자면, 다른 방안을, 이를테면 앞의 논의에서[110] 사용한 것들과는 다른 무기들을 가질 필요가 있는 것으로 보이기 때문이네. 아마도 그중 일부는 같은 것들일 것 같지만 말일세.[111] 그러면 논의를 계속해야 하지 않을까?

프로타르코스 물론이지요.

소크라테스 논의의 출발점을 놓는 데 세심한 주의를 기울여 보세. c

프로타르코스 어떤 출발점 말이죠?

소크라테스 현재 우주 속에 있는 모든 것[112]을 둘로 나누어 보세. 아니 그보다는, 자네가 괜찮다면, 셋으로 나누어 보세.

프로타르코스 어떤 관점에서인지 말씀해 주시겠습니까?

소크라테스 좀 전의 논의에서 몇 가지를 취해 보세.

프로타르코스 어떤 것들 말씀이죠?

소크라테스 신이 존재하는 것들 중 한쪽 것은 한정되지 않은 것이고, 다른 한쪽 것은 한정자임을 밝혀 주었다고 분명 우리는 말했지?[113]

프로타르코스 그렇고말고요.

소크라테스 그러면 이것들을 두 종류로 놓고, 이들 두 종류가 혼합된 것을 셋째 종류로 놓도록 하세. 그런데 종류에 따라 나누고 열거함에 있어 나는 우스운 사람인 것 같네.

d

프로타르코스 무슨 말씀이시죠, 선생님?

소크라테스 내가 보기에는 넷째 부류가 더 필요하다네.

프로타르코스 그게 어떤 것인지 말씀해 주시죠.

소크라테스 이것들 서로 간의 혼합의 원인을 고려하게나. 그리고 앞의 세 가지 것에 더하여 이것을 넷째 부류로 놓아 주게나.

프로타르코스 선생님께서는 분리를 시킬 수 있는 다섯째의 어떤 부류[114]도 더 필요하지 않을까요?

소크라테스 아마 그럴 거야. 하지만 내 생각에는 적어도 지금은 필요하지 않네. 그러나 필요하게 되면, 내가 다섯째 부류를 추구하더라도 분명 자네는 양해해 줄 것이네.[115]

e

프로타르코스 물론이죠.

소크라테스 그러면 우선 네 가지 부류들 중 세 가지를 분리해 내고, 이 세 가지 중 두 가지 부류 각각이 여럿으로 쪼개지고 흩어져 있는 것을 보고, 다시 각각의 것을 하나로 모음으로써 그것들 각각이 도대체 어떻게 하나이며 여럿인지를 생각해 보도록 하세.[116]

프로타르코스 선생님께서 그것들에 대해서 더욱더 분명하게 제게 말씀해 주신다면, 아마도 저는 선생님을 따라갈 수 있을 겁니다.

소크라테스 그러니까 나는 두 가지를 앞세우고 있는데, 그 두 가지는 방금 말한 것들, 즉 한정되지 않은 것과 한정을 가진 것[117]이네. 한정되지 않은 것은 어떤 면에선 여럿임을 나는 설명해 볼 24a 것이네. 그러나 한정을 가진 것은 우리를 기다리게 하세.

프로타르코스 그것은 기다리고 있습니다.

소크라테스 그러면 고찰해 보게. 내가 자네에게 고찰하라고 요구하는 것은 어렵고 논쟁의 여지가 있는 문제이긴 하지만, 고찰해 보도록 하게. 먼저 더 뜨거움과 더 차가움에 관련하여 도대체 어떤 한도를 자네가 생각할 수 있는지, 아니면 바로 이 부류들 속에는 더함과 덜함이 깃들여 있어서, 이 한 쌍이 그 속에 깃들어 b 있는 동안에는 그 부류들에 끝이 생기는 것을 허용하지 않을 것인지 살펴보게. 일단 그것들에 끝이 생기면, 그 한 쌍도 끝을 보고 마니까.

프로타르코스 정말 맞는 말씀입니다.

소크라테스 그런데 더 뜨거움과 더 차가움 속에는 언제나 더함과 덜함이 있다고 우리는 주장하네.

프로타르코스 물론입니다.

소크라테스 그러니까 우리의 논의는 그 한 쌍[118]이 언제나 끝을 갖지 않음을 보여 주네. 그것은 끝이 없으므로, 분명 전적으로 한정되어 있지 않은 셈이네.

프로타르코스 강력하게 동의합니다.

c 소크라테스 여보게! 프로타르코스, 자네는 참 잘 이해했네. 그리고 자네는 다음과 같은 점을 상기시켜 주었네. 자네가 방금 언급한 '강력하게'와 아울러 '유약하게'란 것이 더함과 덜함과 같은 힘을 갖는다는 걸 말이네. 그 한 쌍[119]이 그 어떤 것 속에든 들어 있으면, 그 쌍은 각각의 것이 일정한 양의 상태로 있지 못하게 하고, 언제나 각각의 행위 속에 더 강력함에 비해 더 유약함을 그리고 그 반대의 것을 불어넣어 더 많음과 더 적음이 생기게 하는[120] 한편, 일정한 양은 없애네. 왜냐하면, 방금 말했듯이, 그 한 쌍이 일정한 양을 없애지 못하고 더함과 덜함이나 강력함과 유

d 약함의 자리에 일정한 양과 적도가 생기는 것을 허용한다면, 바로 이 쌍들은 자신들이 들어 있던 곳으로부터 사라지게 되기 때문이네. 사실 그 쌍이 일정한 양을 받아들인다면, 더 뜨거운 것도 더 차가운 것도 더 이상 존재하지 못할 것이네. 더 뜨거움은 언제나 진행하고 멈추어 서지 않으며 더 차가움의 경우도 마찬가지인데, 일정한 양은 정지하고 진행을 멈추기 때문이네. 그러

54

니 이러한 논변에 따르면, 더 뜨거움과 함께 그 반대의 것은 한 정되어 있지 않은 셈일 것이네.

프로타르코스 어쨌든 그런 것 같네요, 소크라테스 선생님. 하지만 선생님의 말씀대로 이 논의는 따라가기 쉽지 않네요.[121] 하지만 계속 거듭해서 논의되다 보면, 아마도 질문자와 응답자가 충분 히 의견의 일치를 보게 될 게 분명한 것 같습니다.

e

소크라테스 좋은 얘기야. 그렇게 해 봐야겠네. 하지만 우리가 모든 사례를 살펴보느라 길게 논하는 걸 피하기 위해서, 이제 한정되지 않은 것의 본성을 나타내는 징표로서 이걸 우리가 받아들일 것인지를 생각해 보게나.

프로타르코스 어떤 걸 말이죠?

소크라테스 더하고 덜하게 되거나 강력함과 유약함을 받아들이거나 혹은 지나침이나 이와 같은 모든 것을 받아들이는 것으로 우리에게 보이는 온갖 것, 이들 모두를 한 가지로 여겨 한정되지 않은 것의 부류에 속하는 것으로 생각해야 하네. 자네가 기억한다면, 흩어지고 쪼개져 있는 모든 것을 모아서 가능한 한 어떤 하나의 본성을 그것들의 징표로 정해야 한다고 우리가 말한 앞의 주장[122]에 따라서 말일세.

25a

프로타르코스 기억하고 있습니다.

소크라테스 그런데 이것들[123]을 받아들이지 않고 이것들과는 대립적인 모든 것[124]을 받아들이는 것들, 즉 우선 같음과 동등, 같

음 다음으로는 두 배, 그리고 수 대(對) 수 혹은 도량(度量) 대 도
량의 온갖 관계.[125] 이것들 모두가 한정자에 속한다고 생각한다

b   면, 우리가 잘 하는 걸로 여겨질 것이네. 자네는 어떻게 생각하
는가?

프로타르코스 아주 훌륭한 말씀입니다, 소크라테스 님.

소크라테스 좋아. 그런데 이 두 가지 것이 혼합된 셋째 부류는 어
떤 특성을 갖는다고 말할까?

프로타르코스 제 생각에는 이번에도 선생님께서 제게 말씀해 주
실 것 같네요.

소크라테스 아니, 오히려 신께서 말씀해 주실 거야. 정녕 어떤 신
이 나의 기도에 귀를 기울이시게 된다면 말이야.

프로타르코스 그러면 기도하시고 지켜보시지요.

소크라테스 지켜보고 있네. 프로타르코스, 어떤 신이 방금 우리
에게 우호적으로 된 걸로 내게 여겨지네.

c   프로타르코스 무슨 뜻으로, 그리고 무슨 증거로 그런 말씀을 하시
는 건가요?

소크라테스 명백하게 말해 주겠네. 자네는 나의 설명을 따라와 주
게나.

프로타르코스 계속 말씀해 주시죠.

소크라테스 분명 조금 전에 우리는 더 뜨거움과 더 차가움이란 것
에 대해 말했네. 그렇지 않은가?

프로타르코스 그랬습니다.

소크라테스 그것들에다 더 건조함과 더 습함, 더 많음과 더 적음, 더 빠름과 더 느림, 더 큼과 더 작음, 그리고 그 밖의 온갖 것, 즉 더함과 덜함을 받아들이는 본성을 갖는 것으로서, 한 가지 부류에 속한다고 앞서 우리가 생각했던 온갖 것을 추가하게나.[126]

프로타르코스 선생님께서는 한정되지 않은 것의 본성을 갖는 것 d 을 말씀하시는 것이죠?

소크라테스 그러하네. 다음으로 이것에다 한정자의 종자[127]를 혼합하게나.

프로타르코스 어떤 것을 말이죠?

소크라테스 우리가 한정되지 않은 것의 종자를 하나로 모았듯이, 방금 그와 같이 모아야 했으나 모으지 않은, 한정의 성격을 가진 종자를 말하는 거네. 하지만 이 양쪽 것[128]이 모아져서 그 종자도 분명히 드러나게 된다면, 아마도 이는 이제라도 같은 결과를 낳을 것 같네.[129]

프로타르코스 어떤 종자를 말씀하시는 것이며, 이것이 어떻게 작용한다는 건가요?[130]

소크라테스 같음과 두 배의 종자, 그리고 대립되는 것들이 서로 불화 상태에 있는 걸 멈추게 하고, 그것들에 수를 넣어 그것들이 e 균형과 조화를 이루게 하는 온갖 종자[131]를 말하는 것이네.

프로타르코스 이해가 됩니다. 이것들을 혼합함으로써[132] 각각의 경우에 어떤 생성들이 있게 된다고 말씀하시는 것으로 제게 보입니다.

소크라테스 분명 자네는 옳게 보았네.

프로타르코스 그럼 계속 말씀해 주시죠.

소크라테스 질병들의 경우에 이것들의 바른 결합[133]은 건강의 상태[134]를 생기게 하지 않겠는가?

26a 프로타르코스 전적으로 그러합니다.

소크라테스 그리고 한정되지 않은 높은 음과 낮은 음 및 빠른 음과 느린 음의 경우에 그 동일한 것들이 개입됨으로써[135] 한도 상태를 이루어 냄과 아울러 음악 전체를 아주 완전하게 구성해 내지 않겠는가?

프로타르코스 정말 더없이 훌륭한 말씀입니다.

소크라테스 또한 혹독한 추위나 숨 막힐 듯한 더위의 경우 그것들이 개입됨으로써[136] 과도한 지나침과 한정되지 않은 상태를 없애는 한편, 적도 상태와 동시에 균형 상태를 이루어 낸다네.[137]

프로타르코스 물론입니다.

b 소크라테스 그러니까 계절들을 비롯해 온갖 아름다운 것은 이것들이, 즉 한정되지 않은 것들과 한정을 가진 것들이 혼합될 때 우리에게 생기는 게 아니겠는가?

프로타르코스 어찌 그렇지 않겠습니까?

소크라테스 나는 그 밖에 무수한 것들을 말하지 않은 채 남겨 두고 있네. 이를테면 건강에 따른 아름다움과 체력, 그리고 또 혼에서의 다른 많은 아름다운 것을 말일세. 빼어난 필레보스, 아마도 이 여신[138]이, 모든 사람의 방자함과 사악함 전체를 보고서, 그러니까 그들에게 즐거움과 만족의 한도가 전혀 없음을 알고서,[139] 한도를 갖는 법과 질서를[140] 정해 준 것 같네. 자네는 그 여신이 그들을 파멸시켰다고 주장하지만, 나는 오히려 그들을 구제해 준 것이라고 주장하네. 프로타르코스, 자네에게는 어떻게 보이는가?   c

프로타르코스 소크라테스 선생님, 제 마음에 쏙 들게 말씀하고 계십니다.

소크라테스 그렇다면 나로선 이 세 가지 것들에 대해 다 이야기한 셈이네. 자네가 이해하고 있다면 말이야.

프로타르코스 저는 이해하고 있다고 생각합니다. 선생님께서는 한정되지 않은 것이 한 부류이고, 있는 것들[141] 속에서 또 하나의 것인 한정자가 둘째 부류라고 말씀하시는 것으로 제겐 여겨지거든요. 하지만 셋째 부류로 무엇을 가리키고자 하시는지는 제가 정확하게 파악하지 못하고 있습니다.

소크라테스 여보게! 그건 셋째 부류의 수많음이 자네를 당황하게 했기 때문이네. 하긴 한정되지 않은 것도 많은 유형을 보여 주었   d
네. 하지만 이것들이 더함과 그 반대되는 것의 부류로 표시됨으로써 하나로 보이게 되었네.

프로타르코스 맞는 말씀입니다.

소크라테스 또한 한정자가 여러 유형을 갖고 있다는 것도, 그리고 본성상 그것이 하나가 아니라는 것도 우리는 불만스러워하지 않았다네.[142]

프로타르코스 어찌 그럴 수 있었겠습니까?

소크라테스 결코 그럴 수 없었지. 하지만 그 두 부류의 산물, 즉 한정자에 의해 이루어지는 적도로 인해 존재로 생성되는 것 모두를 하나로 간주하여 그것을 셋째 부류라고 내가 말하고 있다고 생각하게나.[143]

프로타르코스 이해됐습니다.

e 소크라테스 그러면, 앞서 우리는 세 가지 것에 더하여 넷째 부류가 있다고 말했는데,[144] 이제 그것에 대해 고찰해 보아야 하네. 이 고찰은 공동의 일이네. 자네가 생각하기에 생성되는 것들은 모두 어떤 원인으로 인해서 생성되는 게 필연적인지[145] 살펴보게.

프로타르코스 저로선 그렇게 생각합니다. 어떻게 그것 없이 생성될 수 있겠습니까?

소크라테스 그런데 이름 이외에는 만드는 것의 본성은 원인의 본성과 전혀 다르지 않고, 만드는 것과 원인이 되는 것[146]은 하나라고 말하는 것이 옳겠지?

프로타르코스 옳지요.

27a 소크라테스 더 나아가 이번에는 만들어지는 것과 생성되는 것도

막 언급된 경우처럼 이름만 다름을 우리는 알게 될 것이네. 그렇지 않은가?

프로타르코스 예, 그렇습니다.

소크라테스 그런데 본성상 언제나, 만드는 것은 이끄는 한편, 만들어지는 것은 생성될 때 그것을 따르겠지?

프로타르코스 틀림없습니다.

소크라테스 그러니 원인과 생성 과정에서 원인에 예속되는 것은 다르지, 같지 않네.

프로타르코스 물론입니다.

소크라테스 그런데 생성되는 것들과 그것들의 구성 요소들은 우리에게 모두 세 가지 부류[147]를 제공하지 않았는가?

프로타르코스 그렇고말고요.

소크라테스 그러니까 우리는 이 모든 것[148]을 만드는 것,[149] 즉 원인을 넷째 부류라 말하겠지? 이것은 그것들과 다르다는 게 충분히 밝혀진 것으로 여겨지니 말일세.   b

프로타르코스 정말 다르니까요.

소크라테스 그럼 네 가지 것들을 다 나누었으니, 하나하나를 기억해 두기 위해 그것들을 순서대로 열거하는 것이 옳다네.

프로타르코스 물론입니다.

소크라테스 그러니까 나는 한정되지 않은 것이 첫째 것이고, 한정자가 둘째 것이고, 다음으로 이것들이 혼합되어 생성된 존재가

셋째 것이라고 말하는 것이네. 그리고 내가 혼합과 생성의 원인

c 을 넷째 것이라고 말해도 아무런 잘못도 범하는 것이 아니겠지?

프로타르코스 어찌 그렇겠습니까?

소크라테스 자! 그럼, 그다음 우리 논의는 무엇인가? 그리고 도 대체 무엇을 하고자 해서 우리가 여기에 이르게 되었는가? 그건 이게 아니었는가? 우리는 이등상이 즐거움의 것이 될 것인지 아니면 분별의 것이 될 것인지 알아내려 하고 있었네. 그렇지 않았나?

프로타르코스 물론 그랬지요.

소크라테스 우리가 이것들을 이렇게 나누었으니, 아마도 이제는, 애초에 우리가 논쟁을 벌인 바로 그 일등이냐, 이등이냐에 관한 판정도 더 잘 내릴 수 있겠지?

프로타르코스 아마도 그럴 것입니다.

d 소크라테스 자! 그러면 더 나아가 보세. 분명 우리는 즐거움과 분별로 혼합된 삶이 우승한 걸로 생각했네. 그렇지 않은가?

프로타르코스 그랬습니다.

소크라테스 그러면 이 삶이 어떤 삶이며 어떤 부류에 속하는지를 분명 살펴봐야겠지?

프로타르코스 어찌 그렇지 않겠습니까?

소크라테스 내가 생각하기에, 우리는 그 삶이 적어도 셋째 부류의 일부라고 주장할 것이네. 이 부류는 그저 두 가지 것이 혼합된

62

것이 아니고,[150] 한정되지 않은 것들이 전부 한정자에 의해 묶임으로써 혼합된 것이기 때문이네. 그러니 이 우승한 삶이 그 부류의 일부가 되는 건 당연할 것이네.[151]

프로타르코스 정말 당연합니다.

소크라테스 좋아. 그런데 필레보스, 즐겁고 혼합되지 않은 자네의 삶은 어떤가? 도대체 앞서 말한 것들 중 어느 부류에 속한다고 말해야 그 삶에 대해 옳게 말하는 걸까? 자네의 주장을 내세우기 전에 다음과 같은 점에 대해 내게 대답해 주게나.   e

필레보스 말씀만 해 주세요.

소크라테스 즐거움과 괴로움의 쌍은 한정을 갖는가, 아니면 더함과 덜함을 받아들이는 것들에 속하는가?

필레보스 그야 더함을 받아들이는 것들에 속합니다, 소크라테스 선생님. 즐거움이 본래 양에 있어서나 더함에 있어서나 본성상 한정되지 않은 것이 아니라면, 그것은 완전히 좋은 것이 아닐 테니까요.

소크라테스 필레보스, 다른 한편 괴로움이 완전히 나쁜 것도 아닐   28a
것이네.[152] 그러니 즐거움들에 좋음의 어떤 부분을 주는 것으로서, 무한정성과는 다른 어떤 것을 우리 둘은 찾아야 하네. 하지만 자네가 말하는 이 쌍[153]은 한정 없는 것들의 부류[154]에 속한다고 하세나. 그런데 프로타르코스, 필레보스, 지금 우리가 분별과 지식과 지성을 앞서 언급된 것들 가운데 도대체 어느 것에 속한다고 생각해야 우리가 불경을 저지르지 않게 될까? 내가 생각하기에는 지금 제기된 물음에 우리가 옳게 대답을 하느냐 못하느냐는 우리에게 작지 않은 모험인 것 같거든.

b　필레보스　소크라테스 선생님, 사실상 선생님께서는 자신의 신을 드높이고 계시는군요.

소크라테스　여보게! 자네도 자신의 여신을 드높이고 있다네. 어쨌거나 우리는 제기된 물음에 답해야 하네.

프로타르코스　필레보스, 실로 소크라테스 님께서 옳게 말씀하시는 거야. 선생님의 말씀을 따라야 해.

필레보스　프로타르코스, 나 대신 자네가 말을 하기로 하지 않았나?

프로타르코스　물론 그랬지. 하지만 지금 나는 거의 어찌할 바를 모르겠어. 소크라테스 선생님, 선생님 자신이 저희의 대변자가 되어 주시길 부탁드립니다. 저희가 선생님이 내세운 경쟁 후보[155]에 대해 실수를 하며 격조 없이 말하는 일이 없도록 말입니다.

c　소크라테스　프로타르코스, 자네 말을 따라야겠군. 자네가 어려운 일을 부탁하는 것도 아니니 말이야. 그런데 지성과 지식이 어느 부류에 속하느냐고 내가 물을 때, 필레보스가 말했듯이, 내가 장난스럽게 이것들을 드높임으로써 실로 자네를 혼란스럽게 한 건가?

프로타르코스　그렇고말고요, 소크라테스 선생님.

소크라테스 하지만 그 물음은 답하기 쉬운 것이네. 현자들은 모두
지성이 우리의 하늘과 땅에서 왕이라는 데 일치된 견해를 보이
기 때문이네. 그렇게 함으로써 그들은 스스로를 참으로 드높인
다네. 아마도 그들은 제대로 말하고 있는 것이네. 그런데 자네가
괜찮다면, 바로 이 부류에 대해 더 길게 고찰해 보도록 하세나.

프로타르코스 선생님께서 원하시는 대로 말씀해 주십시오. 저희   d
를 위해 논의의 길이에 신경 쓰실 건 없습니다, 소크라테스 선생
님. 저희의 반감을 사는 일은 없을 테니까요.

소크라테스 훌륭하게 말해 주었네. 이렇게 다시 질문을 하면서 시
작해 보세.

프로타르코스 어떻게 말입니까?

소크라테스 프로타르코스, 모든 것과 이른바 이 우주는 비이성적
이며 아무렇게나 되는대로 작용하는 힘과 우연적인 것이 지배한
다고 우리가 말해야 할까? 아니면 반대로, 우리의 선인들이 말
했듯이, 지성과 어떤 놀라운 분별이 규제하고 조종한다고 말해
야 할까?[156]

프로타르코스 놀라우신 소크라테스 선생님, 이것들은 같은 차원   e
의 물음들이 아닙니다.[157] 선생님께서 지금 말씀하시는 것[158]은
경건하지도 못한 것으로 제게 보입니다. 그러나 지성이 바로 그
모든 것을 질서 짓는다는 말씀은 우주, 태양, 달, 별들, 그리고
온갖 천체의 회전 운동의 광경에 들어맞는 설명이며, 따라서 그

것들에 대해서 저로서는 결코 달리 말할 수도 달리 생각할 수도 없군요.

소크라테스 그렇다면 자네는 그것들이 그러하다고 선인들이 합의한 것에 우리도 동의했으면 하는가? 그리하여 모험함이 없이 다른 사람들의 견해[159]를 우리가 언급하려 할뿐더러, 영악한 사람이 그것들이 그러하지 않고 무질서하다고 주장할 때는 그들과 함께 모험에 가담하고 비난도 함께 감당했으면 하는가?

프로타르코스 어찌 제가 그러길 바라지 않겠습니까?

소크라테스 자! 그러면 이것들과 관련해서 지금 우리에게 생긴 논의거리를 주목해 보게.

프로타르코스 계속 말씀해 주시죠.

소크라테스 모든 동물이 지닌 몸의 본성과 관련된 것들, 즉 불, 물, 공기, 그리고 폭풍우에 시달린 뱃사람들이 "육지다!"라고 말하는[160] 그 요소가 몸의 구조 속에 있음을 아마도 우리는 관찰할 것이네.

프로타르코스 그렇고말고요. 그런데 실상 우리는 지금의 논의에서 난제들에 의해 정말로 폭풍우에 시달리고 있습니다.

소크라테스 자! 그러면, 우리에게 있는 요소들 각각과 관련해서 이런 걸 살펴보게.

프로타르코스 어떤 걸 말입니까?

소크라테스 우리에게 있는 이 요소들 각각은 작고 보잘것없으며,

어떤 면에서도 전혀 순수하지 못하고 그 본성에 걸맞은 힘을 갖고 있지 못하다는 걸 말일세. 한 요소를 예로 들어 그 모두에 똑같이 적용되는 점을 생각해 보게. 이를테면 불은 우리에게 있는가 하면 우주에도 있음이 분명하네.[161]

프로타르코스 물론이지요.

소크라테스 우리에게 있는 불은 작고 약하며 보잘것없는 것이지만, 우주에 있는 불은 양과 아름다움 그리고 불에 있는 온갖 힘에 있어서 놀라운 것이라네.   c

프로타르코스 선생님의 말씀은 정말 맞습니다.

소크라테스 다음은 어떤가? 우주의 불은 우리에게 있는 불에 의해 자양분을 얻고 생성되며 키워지는가?[162] 아니면 반대로 우주의 불에 의해서 나와 자네 그리고 다른 동물의 불이 이 모든 걸 겪는가?

프로타르코스 이건 대답할 만한 가치조차 없는 것인데 물으시는군요.

소크라테스 옳은 말이네. 사실 자네는 여기 동물들에게 있는 흙과   d
우주에 있는 흙에 관해서도, 그리고 조금 전에 내가 물었던 그 밖의 모든 요소에 관해서도 같은 대답을 하리라고 나는 생각하네. 그렇게 대답하겠지?

프로타르코스 누군가가 달리 대답을 한다면, 그가 도대체 멀쩡한 사람으로 보이겠습니까?

소크라테스 거의 어느 누구도 그렇게 보이진 않을 것이네. 그럼 계속해서 다음 논의를 따라와 보게나. 방금 언급된 그 요소들 모두가 한 덩어리로 결합되어 있는 것을 볼 때, 우리는 그것을 몸이라 일컫지 않는가?

프로타르코스 물론입니다.

e 소크라테스 우리가 우주라고 부르는 것에 대해서도 같은 점을 살펴보게. 우주도 같은 요소들로 구성된 것이므로, 같은 의미에서 분명 그것은 몸일 것이네.[163]

프로타르코스 정말 옳은 말씀입니다.

소크라테스 그런데 일반적으로 우리에게 있는 몸이 이 몸에 의해 자양분을 얻고 우리가 방금 이것들에 대해 발한 모든 것을 얻어 갖게 되는가, 아니면 우리에게 있는 몸에 의해서 이 몸이 그리되는가?

프로타르코스 소크라테스 선생님, 그것도 또한 물으실 만한 가치가 없는 것입니다.

30a 소크라테스 다음은 어떤가? 이것은 물을 만한 가치가 있는가, 아니면 어떻게 말할 것인가?

프로타르코스 무슨 물음인지 말씀해 주시죠.

소크라테스 우리는 우리에게 있는 몸이 혼을 갖고 있다고 말하지 않겠는가?

프로타르코스 분명히 그렇게 말할 것입니다.

소크라테스 여보게! 프로타르코스, 그런데 우리의 몸과 똑같은 것들을 갖고 있을뿐더러 모든 면에서 한결 더 아름다운 것들을 갖고 있는 우주의 몸이 혼을 갖고 있지 않다면, 우리 몸은 어디로부터 혼을 얻어 가졌겠는가?

프로타르코스 분명 다른 어느 곳으로부터도 얻어 갖지 못했을 겁니다, 소크라테스 선생님.

소크라테스 프로타르코스, 사실 우리는 다음과 같이 생각하지는 않을 게 분명하네. 앞서 언급된 네 가지 부류, 즉 한정자, 한정되지 않은 것, 결합된 것, 그리고 넷째 것으로서 모든 것에 내재하는 원인의 부류가 있는데, 이 부류는 우리에게 있는 요소들에 혼을 부여하고 몸을 단련시키며, 몸에 탈이 났을 때 의술을 제공하고, 그 밖의 것들에는 다른 것들을 궁리해 내서 회복시켜 주므로 모든 것에 대한 완전한 지혜라 불리는 데 반해, 온 천구[164] 속에 대규모로 있고 게다가 아름답고 순수하기도 한 그 동일한 요소들[165]에는 가장 아름답고 가장 귀한 것들의 본성[166]을 고안해 놓지 않았다고 말일세.

프로타르코스 적어도 이것은 전혀 이치에 맞지 않을 겁니다.

소크라테스 그게 이치에 맞지 않는다면, 우리는 앞에서의 견해를 따라 이렇게 말하는 편이 더 나을 것이네. 우리가 여러 차례 말했듯이, 우주에는 많은 한정되지 않은 것과 충분한 한정자가 있으며, 그에 더하여 사소하지 않은 어떤 원인이 있는데, 이 원인은 계절들과 연과 월을 질서 짓고 배열하는 것으로서, 지혜와 지성이라고 불리는 것이 지극히 정당할 것이라고 말일세.

프로타르코스 지극히 정당하고말고요.

소크라테스 그렇지만 지혜와 지성은 혼 없이는 결코 생길 수 없을 것이네.[167]

프로타르코스 정말 그럴 수는 없지요.

d 소크라테스 그러니까 원인의 힘으로 인해 제우스의 본성[168] 속에 왕다운 혼과 왕다운 지성이 생기게 되었으며, 다른 신들 속에는 그 각각의 신들이 불리기를 바라는 이름에 따라 다른 훌륭한 것이 생기게 되었다고 자네는 말할 것이네.

프로타르코스 그렇고말고요.

소크라테스 우리가 이 논변을 공연히 펼쳤다고 생각하지 말게, 프로타르코스. 그것은 지성이 언제나 우주를 지배한다고 밝힌 저 옛사람들과 연대하는 것이네.

프로타르코스 실로 그렇습니다.

소크라테스 그리고 우리의 논변은 적어도 나의 탐구에 답을 준 셈

e 이네. 지성이 모든 것의 원인이라고 불리는 부류[169]에 속한다는 답 말이네. 이제 마침내 자네는 분명히 우리의 답을 갖는 것이네.

프로타르코스 저는 갖고 있고 아주 만족스럽습니다. 선생님께서 제가 눈치채지 못하게 답을 주시긴 했지만요.

소크라테스 프로타르코스, 놀이는 때때로 진지함으로부터의 휴식

70

이 되거든.

프로타르코스 훌륭한 말씀이네요.

소크라테스 여보게! 지성이 어떤 부류에 속하고, 도대체 어떤 힘 31a
을 갖는지는 이제 우리가 거의 알맞게 밝혔음이 분명하네.

프로타르코스 분명 그렇습니다.

소크라테스 게다가 즐거움이 속하는 부류도[170] 마찬가지로 진작
밝혀졌네.

프로타르코스 그렇고말고요.

소크라테스 그러면 그 둘에 대해서 이것도 기억해 두세. 지성[171]
은 원인과 동류의 것이며 거의 이 부류에 속하는 반면, 즐거움
자체는 한정되지 않은 것이며 자신 속에 그 자체로는 시작도, 중
간도, 끝도 갖고 있지 않으며 결코 갖지 못할 부류에 속한다는
걸 말일세.

프로타르코스 우리는 기억해 둘 것입니다. 어찌 그렇게 하지 않겠 b
습니까?

소크라테스 그러면 그다음으로 우리는, 그 둘[172] 각각이 어떤 것
속에서 발견되는지, 그리고 그것들이 생겨날 때는 어떤 상태로
인해 생겨나는지를 알아보아야 하네. 우선 즐거움에 대해 알아
보세. 우리가 즐거움이 속하는 부류를 먼저 검토했듯이, 그처럼
먼저 즐거움과 관련해 그 점들을 살펴보세. 그런데 이번에도 우
리는 괴로움과 분리해서는 즐거움을 결코 충분히 검토할 수 없

다네.

프로타르코스 논의를 그렇게 진행할 필요가 있다면, 그렇게 해야 합니다.

소크라테스 자네는 그것들의 생성에 관해 나와 같은 생각을 갖고 있는가?

c 프로타르코스 어떤 생각을 갖고 계신데요?

소크라테스 본성상 괴로움과 즐거움은 결합된 부류 속에서 함께 생겨나는 것으로 내게 보이네.

프로타르코스 소크라테스 선생님, 결합된 부류로 앞서 언급된 것들 중 도대체 어떤 것을 가리키고자 하시는지 저희에게 상기시켜 주십시오.

소크라테스 여보게! 가능한 한 그렇게 해 보겠네.

프로타르코스 좋은 말씀입니다.

소크라테스 그러니까 결합된 것이란 우리가 네 가지 것들 중 셋째 것으로 말한 것이라고 이해하세.

프로타르코스 선생님께서 한정되지 않은 것과 한정자 다음으로 말씀하신 것, 즉 건강과 아울러 제 생각에는 조화 상태도 포함시켰던 부류[173] 말인가요?

d 소크라테스 아주 훌륭하게 말했네. 그러나 이제 각별히 주의를 기울이게.

프로타르코스 계속 밀씀해 주시죠.

소크라테스 그러니까 동물들인 우리들에게 있는 조화 상태가 해체될 때, 바로 그때 자연 상태의 해체와 고통의 발생이 동시에 있게 된다고 나는 주장하네.

프로타르코스 아주 그럼직한 말씀입니다.

소크라테스 그러나 다시 조화가 이루어지고, 이것이 자신의 자연 상태로 되돌아갈 때, 즐거움이 생긴다고 말해야 하네. 만일 우리가 아주 중요한 문제들에 대해 되도록 빨리 몇 마디로 말해야 한다면 말일세.

프로타르코스 소크라테스 선생님, 선생님께서 옳게 말씀하셨다고 e
저는 생각합니다. 하지만 바로 그 점에 관해서는 한층 더 분명하게 해 둬야겠네요.

소크라테스 일상의 잘 알려진 사례들이 이해하기 가장 쉽지 않겠는가?

프로타르코스 어떤 것들을 말씀하시는 건가요?

소크라테스 배고픔은 분명 해체이며 괴로움이겠지?

프로타르코스 네.

소크라테스 하지만 다시 채움인 먹는 행위는 즐거움이겠지?

프로타르코스 네.

소크라테스 다른 한편 목마름은 와해이고 괴로움이지만, 바싹 마른 상태를 다시 수분으로 채우는 작용은 즐거움이네. 또한 자연 32a
상태에 어긋나는 분리와 해체는, 즉 숨 막힐 듯한 더위로 인한 상태는 괴로움이지만, 자연 상태에 따르는 회복과 냉각은 즐거움이네.

프로타르코스 그렇고말고요.

소크라테스 그리고 추위로 인해 동물에게 생기는 자연 상태에 어긋나는 수분 응고는 괴로움이지만, 수분들이 분리되어 이전과 같은 상태로 되돌아갈 때 자연스럽게 이루어지는 복귀 과정은 즐거움이네. 요컨대 다음과 같은 설명이 자네가 보기에 적절한지 고찰해 보게. 내가 앞서 말한 것처럼 본성상 한정되지 않은 것[174]과 한정자로 구성된 살아 있는 종류가 와해될 때, 그 와해는 괴로움이지만, 그것들[175]의 본질적 상태로 되돌아가는 과정, 즉 이 복귀는 그 모든 것에게 즐거움이라는 설명 말일세.

프로타르코스 적절한 설명이라 해야겠죠. 적어도 어떤 핵심 요지를 담고 있는 것으로 여겨지니까요.

소크라테스 우리는 그런 것을, 즉 그 상태들 각각[176]에서 생기는 것을 괴로움과 즐거움의 한 가지 종류로 생각해야 할까?

프로타르코스 그래야겠네요.

소크라테스 더 나아가 그 상태들에 대한 혼 자체의 예상과 관련하여 이렇게 생각하게나. 즐거운 것들에 대한 예상은 즐겁고 자신감을 주는 것이고, 괴로운 것들에 대한 예상은 무섭고 고통스러운 것이라고 말이야.

프로타르코스 그러니까 이것, 즉 몸 없이 혼 자체의 예측을 통해

74

생기는 것이 즐거움과 괴로움의 또 다른 종류이군요.

소크라테스 옳게 이해했네. 적어도 내 판단에는, 이것들[177] 각각이 즐거움과 괴로움이 섞이지 않은 상태로 순수하게 생기는 것으로 보인다면,[178] 이것들을 통해 즐거움과 관련된 다음 문제가 밝혀질 것이라고 생각하네. 즉 그 부류 전체가 반길 만한 것인지, 아니면 우리로서는 이런 일은 앞서 언급된 부류들 중 다른 어떤 것에는 허용해야 하는 반면, 온과 냉 그리고 그러한 모든 것의 경우처럼, 즐거움과 괴로움은 때로는 반겨야 하나 때로는 반겨서는 안 되는 것인지 말일세.[179] 이것들이 그 자체로는 좋은 것들이 아니지만, 때로 어떤 것들이 좋은 것들의 본성을 받아들이는 경우가 있는 것으로 여겨지니까.[180]

프로타르코스 정말 옳은 말씀입니다. 지금 탐구하고 있는 문제는 그런 방식으로 풀어 나가야 합니다.

소크라테스 그러면 우선 다음을 함께 살펴보세. 그것들[181]이 와해될 때 고통이 있고 회복될 때 즐거움이 있다는 주장이 정말 맞다면, 동물들이 와해되고 있지도 회복되고 있지도 않을 때, 그것들과 관련해서 이 점을 고찰해 보세. 그와 같을 때엔 각각의 동물들에게 도대체 어떤 상태가 있기 마련인지 말이야. 주의를 잘 기울여 대답해 보게. 그때는 모든 동물이 크게든 작게든 전혀 괴로워하지도 즐거워하지도 않는다는 것이 전적으로 필연적이지 않은가?

프로타르코스 지극히 필연적입니다.

33a 소크라테스 우리에게 그러한 상태는 기뻐하는 자의 상태나 괴로워하는 자의 상태와 구분되는 제삼의 어떤 상태[182]가 아니겠는가?

프로타르코스 물론입니다.

소크라테스 자! 그러면 신경 써서 이 상태를 기억해 두도록 하게나. 우리가 즐거움에 대해 판정하는 데 이것을 기억하느냐 못하느냐는 사소한 일이 아니기 때문이네.[183] 자네가 좋다면, 이 상태와 관련해서 짧게 마저 이야기해 보세.

프로타르코스 무엇을 말인가요? 말씀해 주십시오.

소크라테스 분별함의 삶이 그런 방식으로 영위되지 못할 이유는 전혀 없다는 것을 자네는 알고 있네.

b 프로타르코스 기뻐하지도 괴로워하지도 않는 방식을 말씀하시는 건가요?

소크라테스 그러하네. 사실 우리는 앞서 삶들을 비교하면서, 인식함과 분별함의 삶을 택한 사람은 크든 작든 전혀 기뻐하는 일이 없어야 한다고 분명히 이야기했네.[184]

프로타르코스 정말 그렇게 이야기했지요.

소크라테스 그러니까 그와 같이 사는 것이 적어도 그런 사람의 상태일 것이네. 그리고 이것이 모든 삶 중에서 가장 신적인 삶이라고 한다 해도 아마 전혀 이상하지 않을 거야.[185]

프로타르코스 신들이 기뻐한다는 것도 그 반대 상태를 겪는다는 것도 아무튼 있을 법하지 않습니다.

소크라테스 물론 있을 법하지 않네. 그 둘 중 어느 것이라도 생긴다는 건 신들에게는 어쨌든 어울리지 않네. 하지만 그 점[186]이 우리의 논의와 어느 정도 관계가 있으면, 나중에라도 우리는 그 것을 더 고찰할 것이네. 그리고 우리가 지성이 일등상을 획득하는 데 그것을 이용할 수 없다면, 이등상을 위해 그것을 이용할 것이네.

프로타르코스 정말 옳은 말씀입니다.

소크라테스 그건 그렇고. 어쨌든 또 다른 종류의 즐거움, 즉 혼 자체에 속한다고 우리가 말한 즐거움은 전적으로 기억을 통해 생긴다네.

프로타르코스 어떻게 그렇죠?

소크라테스 우리는 그 즐거움보다 앞서 기억이 도대체 무엇인가에 대해 다루어야 할 것 같고, 또 기억보다 더 앞서 지각에 대해 다루어야 할 것 같네. 우리가 이것들과 관련된 것들을 어떻게든 적절히 밝히려면 말이야.

프로타르코스 무슨 말씀을 하시는 것인지요?

소크라테스 그때그때 우리의 몸이 겪은 것들 중 어떤 것들은 혼에 까지 이르기 전에 몸에서 소멸하여 혼으로 하여금 느낌을 갖지 못하게 하는 데 반해, 다른 어떤 것들은 그 둘 다를 통과하여 각각에 고유할 뿐 아니라 그 둘에 공통되기도 한 진동과 같은 어떤 것을 일으킨다고 생각하게.

프로타르코스 그렇게 생각해야겠네요.

소크라테스 그 둘을 통과하지 못한 것들은 우리의 혼이 감지하지 못하는 반면 그 둘을 통과하는 것들은 감지한다고 우리가 말한다면, 우리는 아주 옳게 말하는 셈이겠지?

e 프로타르코스 어찌 그렇지 않겠습니까?

소크라테스 그런데 '감지하지 못함'이란 말로 아마도 내가 여기서 망각의 발생을 뜻할 것이라고, 결코 그렇게 이해하지는 말게나.[187] 망각은 기억의 상실인데, 지금의 논의에서는 아직 기억이 생기지 않았기 때문이네. 존재하지도 아직 생겨나지도 않은 것에 대해 망실과 같은 것이 발생한다고 말하는 것은 불합리한 것이네. 그렇지 않은가?

프로타르코스 물론 그렇지요.

소크라테스 그러니 이름들을 바꾸기나 하게.

프로타르코스 어떻게요?

소크라테스 혼이 몸의 진동들을 겪지 않았을 때, 혼이 '감지하지
34a 못함'이라고 말하는 대신에 자네가 방금 '망각'이라고 부른 것을 '무지각'이라 일컬게나.

프로타르코스 알겠습니다.

소크라테스 그리고 혼과 몸이 함께 하나의 느낌을 갖게 되고 함께

운동하는 것, 이런 운동을 '지각'이라 명명한다면, 자네는 부적절하게 말하는 것이 아닐 걸세.

프로타르코스 정말 맞는 말씀입니다.

소크라테스 그러면 우리가 무엇을 '지각'이라 일컫고자 하는 것인지 이제 우리는 이해하는 것이지?

프로타르코스 물론입니다.

소크라테스 그러니 누군가가 기억을 지각의 보존이라고 말한다면, 적어도 내 판단으로는 그가 옳게 말하는 셈일 거네.

프로타르코스 정말 옳은 말씀입니다.

b

소크라테스 그런데 상기는 기억과 다르다고 우리는 말하지 않는가?

프로타르코스 아마도 그렇습니다.

소크라테스 다음과 같은 점에서 다를 테지?

프로타르코스 어떤 점에서죠?

소크라테스 혼이 몸과 더불어 한때 겪었던 것을 몸 없이 혼 자신이 홀로 가능한 한 확실하게 되살릴 때, 이를 우리가 '상기함'이라고 부르는 게 분명하네. 그렇지 않은가?

프로타르코스 그렇고말고요.

소크라테스 더 나아가 지각이든 배운 것이든, 이것들에 대한 기억을 잃어버렸다가 다시 그 기억을 혼 자신이 그 자신 속에 되살렸을 때, 이 모든 것도 분명 우리는 '상기'라고 하네.

c

프로타르코스 옳은 말씀입니다.

소크라테스 이 모든 이야기를 한 것은 다음과 같은 것을 위해서 였네.

프로타르코스 어떤 것을 위해서죠?

소크라테스 지금 몸 없이 혼이 갖는 즐거움을, 그리고 그와 아울러 욕구를 가능한 한 확실하고 명확하게 파악하기 위해서였네. 이 두 가지 것이 그것들[188]을 통해 어떻게든 분명하게 될 것으로 보이기 때문이지.

프로타르코스 그러면, 소크라테스 선생님, 이제 다음 논의를 해보죠.

d 소크리데스 즐거움의 생성과 그것의 온갖 형태에 대해서는 고찰을 하면서 많은 논의를 해야 할 것 같네. 그러나 그보다 앞서 지금은 욕구란 도대체 무엇이며 어떤 경우에 생기게 되는지를 파악해야만 할 것으로 보이네.

프로타르코스 그러면 고찰해 보죠. 우리는 잃어버릴 게 없을 테니까요.

소크라테스 적어도 이것은 잃을 것이네. 프로타르코스. 우리가 지금 찾고 있는 것을 발견할 때, 우리는 바로 이것들과 관련한 난처함을 잃게 되리라는 거야.

프로타르코스 제대로 응수해 주셨네요. 그러면 다음 문제를 논의해 보도록 해야겠네요.

소크라테스 방금 우리는 배고픔과 목마름 그리고 그 밖에 그런 유의 많은 것을 일종의 욕구들이라고 말하지 않았나?[189]

프로타르코스 틀림없이 그랬습니다.

소크라테스 그런데 그것들은 꽤나 다른데도 불구하고, 우리는 도대체 어떤 공통점에 주목해서 그것들을 한 가지 이름으로 부르는 것인가?

프로타르코스 제우스께 맹세코, 그것은 대답하기 쉽지 않은 것 같습니다, 소크라테스 선생님. 하지만 대답을 해야겠죠.

소크라테스 그럼 앞에서의 예를 가지고 다시 논의해 보세.

프로타르코스 어떤 걸 말이죠?

소크라테스 우리가 누군가에 대해 "그는 목이 마르다"고 말할 때면, 분명 그의 어떤 상태를 말하는 것이겠지?

프로타르코스 어찌 그렇지 않겠습니까?

소크라테스 그것은 "그가 빈 상태에 있다"는 것이지?

프로타르코스 물론입니다.

소크라테스 그런데 목마름은 욕구겠지?

프로타르코스 네. 마실 것에 대한 욕구지요.

소크라테스 마실 것에 대한 욕구인가, 아니면 마실 것의 채워짐에 대한 욕구인가?

프로타르코스 채워짐에 대한 욕구라고 생각합니다.

소크라테스 그러니까 우리들 중 빈 상태에 있는 사람은 그가 겪고 있는 것과 반대되는 상태를 욕구할 것 같네. 그는 비어 있을 때 채워지길 욕망하기 때문이지.

프로타르코스 아주 명확하게 말씀해 주셨네요.

소크라테스 그러면 다음은 어떤가? 처음 빈 상태에 있는 사람은 지각에 의해서든 기억에 의해서든 채워짐 쪽에, 즉 현재 겪고 있지도 않고 전에 겪어 본 적도 없는 것 쪽에 이를 수 있겠는가?

프로타르코스 어찌 그럴 수 있겠습니까?

b 소크라테스 그러나 욕구하는 사람은 무언가를 욕구한다고 우리는 말하네.

프로타르코스 물론이지요.

소크라테스 그렇다면 그는 자신이 겪고 있는 상태를 욕구하는 게 아니네. 왜냐하면 그는 목마르고, 이는 비워짐인데, 그는 채워짐을 욕구하기 때문이네.

프로타르코스 네.

소크라테스 그러므로 목마른 사람에게 속한 것들 중 무언가가 어떻게든 채워짐 쪽에 다다를 것이네.

프로타르코스 필연적입니다.

소크라테스 그런데 그것은 그의 몸일 수는 없네. 분명 그의 몸은 빈 상태에 있는 것이니까.

프로타르코스 네.

소크라테스 그러니까 남은 가능성은 혼이 채워짐 쪽에 다다른다

는 것이네. 그리고 그것은 기억에 의해서 그렇게 한다는 게 분명   c
하네.[190] 또 다른 것에 의해서 그것에 다다를 수 있겠는가?

프로타르코스 그 밖에는 사실상 어떤 것에 의해서도 그럴 수는 없
지요.

소크라테스 그러면 이 논의를 통해 우리가 얻게 된 결론을 우리는
알고 있는 것일까?

프로타르코스 어떤 결론 말이죠?

소크라테스 욕구가 몸에 속하는 것이 아니라는 결론을, 이 논의가
우리에게 말해 주고 있다는 거야.

프로타르코스 어째서죠?

소크라테스 모든 동물의 노력은 언제나 그 자신의 상태들과 반대
되는 것을 대상으로 함을 이 논의가 알려 주고 있기 때문이지.

프로타르코스 정말 그렇습니다.

소크라테스 동물을 그것의 상태들과 반대되는 쪽으로 이끄는 충
동은 그 상태들과 반대되는 것들에 대한 기억이 동물에게 있음
을 분명히 드러내 주네.

프로타르코스 확실합니다.

소크라테스 그러니까 우리의 논의는 욕구의 대상들 쪽으로 이끄   d
는 것이 기억임을 밝혀 줌으로써, 모든 동물의 온갖 충동과 욕구
및 지배가 혼에 속하는 것임을 분명히 해 주었네.

프로타르코스 정말 옳은 말씀입니다.

소크라테스 그렇다면 논의가 증명해 주는 것은 우리의 몸이 목마름이나 배고픔이나 그런 종류의 어떤 것을 겪는 게 결코 아니라는 것이네.

프로타르코스 정말 맞는 말씀입니다.

소크라테스 이 동일한 상태들과 관련하여 다음과 같은 것도 더 살펴보세. 내가 보기에 우리의 논의는 바로 이 상태들에서 어떤 종류의 삶이 이루어지는지를 밝히려는 것이네.

e 프로타르코스 어떤 상태들에서 말인가요? 그리고 어떤 종류의 삶에 대해 말씀하시는 것인가요?

소크라테스 채워짐과 비워짐, 그리고 동물들의 보존과 소멸에 관련되는 모든 것에서 말이네. 그리고 우리 중 누군가가 이들 각각의 상태에 있게 되면, 그 변화에 따라 그는 고통스러워하기도 하고 때로는 기뻐하기도 한다는 것이네.

프로타르코스 그건 그렇지요.

소크라테스 그런데 어떤 사람이 이들의 중간 상태에 있게 될 때는 어떤가?

프로타르코스 중간 상태에 있다는 건 뭘 말씀하시는 것이죠?

소크라테스 그가 자신의 상태 때문에 고통스러워하는 한편, 즐거운 것들을, 즉 그것들이 생기면 고통이 멎게 할 그런 것들을 기억하지만 아직 채워지지는 않은 경우를 말하는 거네. 그런 때는

36a 어떤가? 우리는 그가 그 상태들의 중간에 있다고 말해야 할까,

아닐까?

프로타르코스 중간에 있다고 해야겠지요.

소크라테스 그는 전적으로 고통스러워하거나 기뻐한다고 말해야 할까?

프로타르코스 제우스께 맹세코, 그는 전적으로 기뻐하지는 않고, 오히려 이중의 어떤 괴로움을 겪는다고 말해야 할 겁니다. 몸에는 그의 상태에 의해서, 그리고 혼에는 예상으로 인한 열망에 의해서 말입니다.

소크라테스 프로타르코스, 자네는 어떻게 이중의 괴로움을 말하는 것인가? 우리들 가운데 누군가가 속이 빈 상태에 있으면서, 채워지리라는 분명한 기대감 속에 있을 때가 있는가 하면, 그 반 b 대로 기대감 없이 있을 때도 있지 않은가?

프로타르코스 그렇고말고요.

소크라테스 그러면 그가 기억에 의해 채워지리라고 기대하여 기뻐하지만, 동시에 그 순간에 비어 있음으로 인해 고통스러워할 것으로 자네는 생각하지 않는가?[191]

프로타르코스 그렇게 생각할 수밖에 없네요.

소크라테스 그렇다면, 그때 인간과 그 밖의 동물들은 괴로워하면서 동시에 기뻐하네.

프로타르코스 그런 것 같습니다.

소크라테스 그가 빈 상태에 있으면서 채워짐이 이루어지리란 기대감 없이 있을 때는 어떤가? 그때는, 자네가 방금 주시하며 단순히 이중적이라고 생각했던, 괴로움의 이중 상태가 생기지 않겠는가?

c 프로타르코스 정말 맞는 말씀입니다, 소크라테스 선생님.

소크라테스 이 상태들에 대한 우리의 고찰을 다음과 같은 것에 이용해 보세.

프로타르코스 어떤 것에요?

소크라테스 우리는 이들 괴로움들과 즐거움들이 참되다고 할 것인가, 거짓되다고 할 것인가? 아니면 어떤 것들은 참되지만 어떤 것들은 그렇지 않다고 할 것인가?

프로타르코스 그런데 소크라테스 선생님, 즐거움들이나 괴로움들이 어떻게 거짓될 수 있습니까?

소크라테스 프로타르코스, 그렇다면 어떻게 무서움들이 참되거나 거짓되다고, 혹은 예상들이 참되거나 거짓되다고, 혹은 판단들이 참되거나 거짓되다고 할 수 있겠는가?

d 프로타르코스 저로서는 분명 판단들의 경우는 그 점을 인정할 수 있으나, 다른 것들의 경우는 인정할 수 없습니다.

소크라테스 무슨 말을 하는 건가? 우리는 전혀 사소하지 않은 어떤 논의를 불러일으키는 것 같네.

프로타르코스 맞는 말씀입니다.

소크라테스 그분의 아들이여![192] 그것이 앞서 살펴본 것들과 관련이 있다면, 그것에 대해 고찰해야 하네.

프로타르코스 적어도 그것에 대해 고찰해야 할 것 같네요.

소크라테스 그 밖의 장황한 논의나, 혹은 관련이 없는 논의들은
어떤 것이든 제쳐 두어야 하네.

프로타르코스 옳은 말씀입니다.

소크라테스 그러면 내게 말해 주게나. 사실 방금 우리가 제기한   e
바로 그 문제와 관련해서 생기는 놀라움은 늘 줄기차게 나를 사
로잡고 있다네. 자네는 어떻게 말하겠는가? 참된 즐거움들이 있
는가 하면 거짓된 즐거움들도 있지 않은가?

프로타르코스 어찌 그럴 수 있겠습니까?

소크라테스 그러면 잠잘 때나 깨어 있을 때나, 미친 상태에서나
착란 상태에서나, 언젠가 기쁘다고 생각하지만 실제로는 결코
기쁘지 않고, 괴롭다고 생각하지만 실제로는 결코 괴롭지 않은
사람은 아무도 없다고 자네는 주장하는 것인가?[193]

프로타르코스 우리 모두는 그것이 다 사실이라고 여깁니다.

소크라테스 그런데 그게 옳은 것일까? 그게 옳은 얘기인지 아닌
지 우리는 고찰해야겠지?

프로타르코스 고찰해야 한다고 저는 주장할 겁니다.   37a

소크라테스 그러면 즐거움과 판단에 관해 방금 이야기된 것을 더
욱더 분명하게 분석해 보세. 우리에게는 판단함이란 게 분명 있
겠지?[194]

프로타르코스 네.

소크라테스 즐거워함이란 것도?

프로타르코스 그렇습니다.

소크라테스 그리고 판단되는 대상도 있겠지?

프로타르코스 어찌 아니겠습니까?

소크라테스 즐거워하는 쪽이 즐거워하게 되는 대상 또한 있겠지?

프로타르코스 확실합니다.

소크라테스 판단하는 쪽은, 옳게 판단하든 옳지 않게 판단하든, 어쨌든 '실제로 판단함' 자체를 결코 잃지 않네.

b 프로타르코스 어찌 잃겠습니까?

소크라테스 즐거워하는 쪽도, 옳게 즐거워하든 그렇지 않든, '실제로 즐거워함' 자체를 결코 잃지 않는다는 것이 분명하네.

프로타르코스 네, 그것 또한 그러합니다.

소크라테스 그러면 도대체 어떻게 해서 판단의 경우에는 우리에게 거짓된 것과 참된 것이 생기곤 하는 데 반해, 즐거움에는 오직 참만 귀속되는지를 고찰해 봐야 하네. 이 두 경우에 '실제로 생각함'과 '실제로 즐거워함'이 똑같은 몫을 갖고 있는데도 그러한지 말이네.

프로타르코스 고찰해 봐야겠군요.

c 소크라테스 판단에는 거짓과 참이 덧붙여지고, 이로 인해 그것은 판단일 뿐만 아니라 둘 중 어떤 성격을 갖는 판단으로도 된다는

것, 이 점을 고찰해야 한다고 자네는 말하는 것인가?

프로타르코스 네.

소크라테스 이 점에 더하여 일반적으로 우리에게 있어 어떤 것들은 어떤 성질을 갖는 것들인 반면에, 즐거움과 괴로움은 단지 있는 대로의 것일 뿐이고 어떤 성질을 갖는 것들로 되지 않는 것인지, 이 점 또한 우리는 합의를 봐야 하네.

프로타르코스 분명 그렇지요.

소크라테스 그런데 적어도 이 점, 즉 그것들이 어떤 성질을 갖는 것으로 되기도 한다는 점은 알기 어려운 것이 아니네. 왜냐하면 좀 전에[195] 우리는 괴로움과 즐거움 각각이 크거나 작게, 혹은 강렬하게 된다고 말했기 때문이네.

프로타르코스 전적으로 그렇습니다.

d

소크라테스 그리고, 프로타르코스, 나쁨이 이들 중 어떤 것에 덧붙여진다면, 판단은 그와 같이 나쁘게 되고, 즐거움 또한 나쁘게 된다고 우리는 말해야겠지?

프로타르코스 물론입니다, 소크라테스 선생님.

소크라테스 옳음이나 옳음에 반대되는 것이 이들 중 어떤 것에 덧붙여진다면, 어떻겠는가? 판단이 옳음을 갖는다면, 그것은 옳다고 하고, 즐거움의 경우도 마찬가지로 우리는 말해야 하지 않겠는가?

프로타르코스 그럴 수밖에요.

e 소크라테스 그리고 판단되는 대상에 대해 착오가 있을 경우, 그때 적어도 착오가 있는 판단은 옳은 것이 아니고 옳게 판단하는 것도 아니라고 우리는 합의해야겠지?

프로타르코스 물론입니다.

소크라테스 다음은 어떤가? 만일 괴로워하게 되는 대상[196]이나 그 반대의 대상에 대해 착오가 있는 어떤 괴로움이나 즐거움을 우리가 본다면, 우리는 그것에 '옳은'이나 '유용한'이나 그 밖에 훌륭한 이름들 중 어떤 것을 부여할 것인가?

프로타르코스 정말 즐거움에 착오가 있다면, 그렇게 할 수 없습니다.[197]

소크라테스 그런데 종종 즐거움은 옳은 판단이 아니라 거짓된 판단에 뒤따라 우리에게 생기는 것 같네.[198]

38a 프로타르코스 어찌 그렇지 않겠습니까? 그러나 소크라테스 선생님, 그러한 경우에 그리고 그때 우리는 판단이 거짓된 것이라고 말하되, 아무도 결코 즐거움 자체를 거짓된 것이라고 부르지 않을 것입니다.

소크라테스 프로타르코스, 지금 자네는 즐거움 쪽 주장을 열렬히 옹호하는군.

프로타르코스 전혀 그렇지 않습니다. 제가 들은 것[199]을 이야기할 뿐입니다.

소크라테스 여보게! 옳은 판단과 지식에 뒤따르는 즐거움이, 거짓과 무지에 뒤따라서 우리들 각자에게 종종 생기는 즐거움과 전혀 차이가 없을까?

프로타르코스 적잖이 차이가 날 법하네요.   b

소크라테스 그럼 그 둘 사이의 차이를 고찰해 나가세.

프로타르코스 선생님 좋으실 대로 이끄시지요.

소크라테스 나는 이렇게 이끌겠네.

프로타르코스 어떻게 말이죠?

소크라테스 우리에게는 거짓된 판단이 있는가 하면 참된 판단도 있다는 것이 우리의 주장이지?

프로타르코스 그렇습니다.

소크라테스 방금 우리가 이야기했듯이, 이 판단들에는 종종 즐거움과 괴로움이 뒤따른다네. 내 말은 이것들이 참된 판단과 거짓된 판단에 뒤따른다는 것이네.

프로타르코스 물론 그렇습니다.

소크라테스 그런데 기억과 지각으로부터, 판단이나 명확하게 판단하려는[200] 시도가 그때그때마다 우리에게 생기지 않는가?

프로타르코스 그렇고말고요.   c

소크라테스 그러면 이것들과 관련해서 우리가 다음과 같은 상태에 있을 수밖에 없다고 우리는 생각하고 있는 건가?

프로타르코스 어떤 상태 말인가요?

소크라테스 누군가가 멀리서 봐서 보이는 것들을 그다지 분명하

게 보지 못할 경우 그가 보는 것들을 식별해 보고 싶어 하는 일
이 종종 일어난다고 자네는 말하겠지?

프로타르코스 그렇습니다.

소크라테스 그다음 그는 스스로 자신에게 이런 걸 물을 수 있지
않을까?

프로타르코스 어떤 걸 말이죠?

소크라테스 "어떤 나무 밑 바위 곁에 서 있는 것으로 눈에 띄는
d 저것은 도대체 무엇일까?" 하는 걸 말이네. 누군가가 언젠가 그
의 눈에 띄는 그러한 어떤 것을 보았을 때 그가 제 자신에게 그
렇게 물을 수도 있다고 생각하는가?

프로타르코스 물론입니다.

소크라테스 그러면 다음으로 그 사람은 답변자로서 용케 맞혀,
"그건 사람이야"라고 자신에게 말할 수도 있겠지?

프로타르코스 그렇고말고요.

소크라테스 또는 그가 보이는 것을 어떤 양치기들의 제작물로 오
인하여, 그것을 조각상이라고 부를지도 모르네.

프로타르코스 틀림없습니다.

e 소크라테스 어떤 사람이 그의 곁에 있을 경우, 그는 자신에게 말
한 것을 곁에 있는 사람에게 목소리를 높여 다시 말할지도 모르
며, 그리하여 앞서 우리가 판단이라고 부른 것은 진술이 되겠
지?[201]

프로타르코스 물론입니다.

소크라테스 만일 그가 그 똑같은 것을 혼자 생각하면서 홀로 있다면, 경우에 따라서 그는 상당 기간 그것을 자신 속에 지닌 채로 지낼지도 모르네.

프로타르코스 확실합니다.

소크라테스 그러면 어떤가? 그것들과 관련하여 내가 보는 대로 자네도 보고 있는가?

프로타르코스 어떤 것을요?

소크라테스 내가 생각하기에는 그러한 때에 혼은 일종의 책과 닮았다네.

프로타르코스 어떻게 그렇지요?

소크라테스 지각들과 합치하는 기억이, 그리고 이것들[202]과 관련된 그 느낌들이 흡사 우리의 혼에 언젠가 말들을 기록하는 것처럼 내게 보인다네. 그리고 이 느낌[203]이 참된 것들을 기록할 때, 그로부터 참된 판단과 참된 진술들이 우리에게 생겨나게 되네. 그런가 하면 우리에게 있는 그와 같은 기록자가 거짓된 것들을 기록할 때는, 참된 것들과는 반대되는 것들이 생긴다네. 39a

프로타르코스 제게는 전적으로 그렇게 여겨지며, 저는 그와 같이 말씀하신 것들을 받아들입니다. b

소크라테스 그러면 그때에 우리의 혼에 생기는 또 다른 장인도 받아들이게.

프로타르코스 어떤 장인 말이죠?

소크라테스 기록자 다음으로 기록된 말들[204]의 상들을 혼 속에 그리는 화가 말이네.

프로타르코스 어떻게, 언제 이 화가가 그런 일을 한다고 말해야 할까요?

소크라테스 누군가가 시각이나 다른 어떤 지각으로부터 판단들과 진술들을 분리해 낸 후, 자신이 갖게 된 판단들과 진술들의 상들을 어떻게든 자신 속에서 볼 때라네. 이렇게 보는 게 우리에게 c 생기지 않을까?

프로타르코스 틀림없이 생깁니다.

소크라테스 참된 판단들과 진술들의 상들은 참되고, 거짓된 판단들과 진술들의 상들은 거짓되지 않겠는가?

프로타르코스 전적으로 그렇습니다.

소크라테스 만일 우리가 이러한 이야기들을 옳게 한 것이라면, 이러한 것들에 더하여 계속해서 다음과 같은 것도 고찰해 보세.

프로타르코스 어떤 것을요?

소크라테스 현재와 과거와 관련해서는 우리가 그 일을 그처럼 겪는다는 것이 필연적이지만, 미래와 관련해서는 그렇지 않은 것인지 말일세.

프로타르코스 그것은 모든 시간과 관련하여 마찬가지입니다.

d 소크라테스 혼 자체를 통한 즐거움들과 괴로움들의 경우, 이것들

은 몸을 통한 즐거움들과 괴로움들에 앞서 생길 수 있으며, 따라서 미래와 관련해서 미리 기뻐하고 미리 괴로워하는 일이 우리에게 있게 된다고 앞에서[205] 언급되지 않았는가?

프로타르코스 정말 맞는 말씀입니다.

소크라테스 그런데 조금 전에 우리에게 생긴다고 우리가 생각한 글들과 그림들은 과거 및 현재와는 관련이 있지만, 미래와는 관련이 없는 것일까?   e

프로타르코스 틀림없이 관련이 있습니다.

소크라테스 자네가 '틀림없이'라고 말한 까닭은 그것들 모두가 미래에 대한 기대들이며, 더욱이 우리가 전 생애에 걸쳐 언제나 기대들로 가득 차 있기 때문인가?

프로타르코스 전적으로 그렇습니다.

소크라테스 자! 그럼 방금 언급된 것들에 더하여 이것도 대답해주게.

프로타르코스 어떤 걸 말이죠?

소크라테스 정의롭고 경건하며 전적으로 좋은 사람은 신이 사랑하지 않겠는가?

프로타르코스 물론이지요.

소크라테스 어떤가? 정의롭지 못하고 전적으로 나쁜 사람은 그 반대가 아니겠는가?   40a

프로타르코스 어찌 그렇지 않겠습니까?

소크라테스 그런데 우리가 방금 말했듯이, 모든 사람은 많은 기대로 가득 차 있겠지?

프로타르코스 왜 아니겠습니까?

소크라테스 그리고 실로 우리 각자 안에는 우리가 '기대들'이라고 부르는 진술들이 있겠지?

프로타르코스 네.

소크라테스 더 나아가 그려진 상들도 있다네. 그리고 어떤 사람은 자신에게 엄청난 황금이 생기고, 이로 인해 많은 즐거움이 생기는 것을 종종 보네. 그뿐만 아니라 그는 이 그림 속에서 자신이 그 자신의 모습에 강렬하게 기뻐하고 있음을 본다네.

b 프로타르코스 왜 아니겠습니까?

소크라테스 그런데 좋은 사람들에게는 신의 사랑으로 인해서 그 것들[206] 가운데 대개 참된 진술들과 그림들[207]이 주어지는 반면, 나쁜 사람들에게는 대개 정반대의 것들이 주어진다고 우리가 말해야 할까, 아니면 그렇지 않다고 말해야 할까?

프로타르코스 그렇다고 말해야겠죠.

소크라테스 그러면 좋은 사람들에게 못지않게 나쁜 사람들에게도 어쨌든 그림으로 그려진 즐거움들이 있지만, 이 즐거움들은 거짓된 것들일 것 같네.

프로타르코스 물론이지요.

c 소크라테스 그러니까 못된 사람들은 대체로 거짓된 즐거움들을

향유하지만, 좋은 사람들은 참된 즐거움들을 향유한다네.

프로타르코스 지극히 필연적인 말씀입니다.

소크라테스 현재의 논의에 따르면, 사람들의 혼들에는 거짓된 즐거움들, 즉 실로 우스꽝스러운 쪽으로 참된 즐거움을 모방한 즐거움들이 있네. 괴로움들의 경우도 마찬가지네.

프로타르코스 그렇습니다.

소크라테스 그런데 '아무튼 판단하는 자'에게는 언제나 '실제로 판단함'이 있다고 했었네.[208] 때로는, 그것이 있는 것들이나 있었던 것들이나 있을 것들에 대한 것이 아닐지라도 말이네.

프로타르코스 확실히 그랬지요.

소크라테스 내가 생각하기에는, 그때 이런 조건들[209]이 거짓된 판단과 거짓되게 판단함을 생기게 하는 것들임이 밝혀졌네. 그렇지?

프로타르코스 네.

소크라테스 다음은 어떤가? 그런 조건들을 통해 이것들에 상응하는 상태[210]를 괴로움과 즐거움들에 귀속시켜야 하지 않겠는가?

프로타르코스 무슨 말씀이죠?

소크라테스 이렇게든 저렇게든 '아무튼 기뻐하는 자'에게는 언제나 '실제로 기뻐함'이 있다는 거야.[211] 때로는, 그것이 있는 것들이나 있었던 것들에 대한 것이 아니고, 혹은 종종, 아마도 가장 빈번히는, 있을 것들에 대한 것이 아닐지라도 말이네.

e 　프로타르코스 소크라테스 선생님, 그것도 필연적으로 그러합니다.

소크라테스 무서움과 노여움 그리고 이런 유의 모든 것들에 대해서도 이치는 같겠지? 그와 같은 모든 것이 때로 거짓이라는 것 말일세.

프로타르코스 그렇고말고요.

소크라테스 다음은 어떤가? 판단들의 거짓됨 말고 다른 것에 의해 나쁜 판단들과 좋은 판단들을 구별할 수 있는가?

프로타르코스 달리 없습니다.

소크라테스 즐거움들의 경우도, 내 생각에는, 그것들의 거짓됨 말고 다른 어떤 의미에서 그것들이 나쁘다고 우리는 보지 않네.

41a 　프로타르코스 소크라테스 선생님, 완전히 반대로 말씀하시는군요. 우리가 괴로움들이나 즐거움들이 나쁘다고 생각하는 것은 아마도 그것들이 거짓되기 때문이 전혀 아니고, 그것들이 그 밖의[212] 크고 많은 나쁨과 함께 발생하기 때문일 겁니다.

소크라테스 나쁨으로 인해 생기는 나쁜 즐거움이나 이런 성격의 즐거움들에 대해서는 잠시 후에 논할 것이네.[213] 그렇게 하는 것이 여전히 좋을 것으로 우리 둘에게 여겨진다면 말이네. 하지만 다른 방식으로 종종 우리들 안에 존재하고 생기는 많은 거짓된

b 즐거움들에 대해서는 논의를 해야 하네.[214] 우리는 아마도 이 논의를 우리의 판정[215]에 이용할 것이기 때문이네.

프로타르코스 물론 그렇게 해야겠지요. 정말 그런 즐거움들이 있

98

다면 말입니다.

소크라테스 프로타르코스, 내 판단으로는 그것들은 있다네. 그러나 이 확신이 우리 사이에서 확증될 때까지 검토되지 않은 채로 놔둘 수는 없을 것 같네.

프로타르코스 좋은 말씀입니다.

소크라테스 그러면 이번에는 운동선수처럼 이 논의거리를 상대로 싸울 태세를 취해 보세.

프로타르코스 그렇게 해야겠네요.

소크라테스 우리가 옳게 기억하고 있는 거라면, 좀 전에 우리는 이렇게 말했네. 우리들에게 이른바 욕구들이 있을 때, 몸은 느낌 c 들의 측면에서 혼과 따로 분리된다고 말이네.

프로타르코스 우리는 기억하고 있습니다. 앞서 그렇게 언급되었지요.

소크라테스 또한 혼은 몸의 상태와 반대되는 상태를 욕구하는 것이고, 몸은 그것의 어떤 겪음으로 인해 고통이나 즐거움을 가져다주는 것이라고 하지 않았나?

프로타르코스 물론 그랬지요.

소크라테스 그러면 이 경우에 무슨 일이 생길지 추론해 보게.

프로타르코스 말씀해 주시죠.

소크라테스 그럴 경우에는, 괴로움과 즐거움이 동시에 나란히 있 d 게 되고, 또한 이 반대되는 것들에 대한 지각들이 동시에 서로의

곁에 있게 된다네. 방금 밝혀졌듯이 말이네.[216]

프로타르코스 분명 그렇습니다.

소크라테스 또한 다음과 같은 것도 언급되었고, 앞서 우리가 합의를 보지 않았는가?

프로타르코스 어떤 것 말이죠?

소크라테스 이 둘, 즉 괴로움과 즐거움은 더함과 덜함을 받아들이며, 한정되지 않은 것들에 속한다는 것 말일세.[217]

프로타르코스 그 점도 언급되었죠. 그런데 뭘 말씀하시려는 것인가요?

소크라테스 그것들[218]에 대해 제대로 판정할 어떤 방도가 있을까?

e 프로타르코스 어떤 조건에서 어떤 경우를 두고 말씀하시는 건가요?

소크라테스 앞에서와 같은 어떤 조건[219]에서 그것들에 대한 우리의 판정 목적이, 그때그때마다 그것들을 서로 비교해서 어떤 것이 더 크고 어떤 것이 더 작고 어떤 것이 더하고 어떤 것이 더 강렬한지를, 즉 괴로움이 즐거움에 비해서, 괴로움이 괴로움에 비해서, 그리고 즐거움이 즐거움에 비해서 그러한지를 식별하는 데 있을 경우를 말하는 것이네.

프로타르코스 하긴 이것들이 그러한 것들이고, 이것이 판정의 목적이지요.[220]

소크라테스 그러면 다음은 어떤가? 시각의 경우, 멀리서나 가까

이서 보면 크기와 관련해 진실이 사라지고 거짓된 판단이 생기는
데, 괴로움과 즐거움의 경우에는 이와 똑같은 일이 안 일어날까?   42a

프로타르코스 훨씬 더 잘 일어납니다, 소크라테스 선생님.

소크라테스 그러면 이제는 조금 전과는 반대되는 결론에 이른 셈
이네.

프로타르코스 무슨 말씀을 하시는 거죠?

소크라테스 앞에서는[221] 이 판단들이 거짓되거나 참되게 됨과 아
울러 자신들의 이런 상태[222]로 괴로움들과 즐거움들을 감염시켰
다네.[223]

프로타르코스 정말 맞는 말씀입니다.   b

소크라테스 그러나 지금은, 즐거움들과 괴로움들 자체들이 그때
그때 멀리서나 가까이서 번갈아 관찰되고 동시에 서로 대비됨으
로 인해서, 즐거움들이 괴로운 것에 비해 더 크게 혹은 더 강렬
하게 보이는 반면에, 역으로 괴로움들은 즐거움들에 비교되어
그렇게 보이네.[224]

프로타르코스 그로 인해 그것들이 그와 같이 되는 건 필연적입
니다.

소크라테스 그러니 각각의 것들이 실제 크기보다 더 크거나 더 작
게 보이는 그만큼의 부분을, 즉 실재하는 듯이 보이지만 실재하
지 않는 부분을 각각의 것들에서 떼어 낸다면, 바로 그 부분이
옳게 보이는 것이라고 자네는 주장하지도 않을 것이고, 또한 이   c

것에 해당되는 즐거움과 괴로움의 부분이 옳고 참되다고 말하려 들지도 않을 것이네.

프로타르코스 정말 그렇게 하지는 않을 겁니다.

소크라테스 그럼, 그다음으로 우리가 그것들을 다음과 같은 방식으로 다룬다면,[225] 방금 살펴본 것들보다 한층 더 거짓된 것으로 보이고 실제로 거짓되기도 한 즐거움들과 괴로움들이 동물들에게 있음을 볼 것이네.[226]

프로타르코스 어떤 방식으로 그것들을 다루고, 어떤 즐거움과 괴로움을 말씀하시는 건가요?

소크라테스 분명 여러 차례 다음과 같이 말했네.[227] 즉 각각의 것

d 들의 자연 상태가 결합과 분리, 채움과 비움, 그리고 어떤 증가와 감소에 의해서 와해될 때, 괴로움과 고통과 아픔을 비롯해 이런 유의 이름을 갖는 온갖 것이 생겨나게 된다고 말일세.

프로타르코스 네, 여러 차례 말했습니다.

소크라테스 다른 한편 각각의 것들이 그 자신의 자연 상태로 회복될 때, 이 회복이 즐거움이라고 우리들 사이에 동의가 이루어졌네.

프로타르코스 옳은 말씀입니다.

소크라테스 그런데 우리 몸에 이들 중 어느 쪽도 생기지 않는 경우는 어떤가?

프로타르코스 언제 그런 경우가 있을 수 있나요, 소크라테스 선생님?

소크라테스 프로타르코스, 자네가 지금 한 질문은 전혀 적절하지   e
못하네.

프로타르코스 왜 그렇죠?

소크라테스 내가 자네에게 다시 질문을 하는 걸 자네가 막지 못하
니까.

프로타르코스 무슨 질문을 말입니까?

소크라테스 프로타르코스, 나는 물을 것이네. 그러한 상태[228]가
생기지 않는다면, 그로부터 필연적으로 우리에게 도대체 어떤
결론이 나오겠는가?

프로타르코스 몸이 어느 쪽으로도 운동하지 않는 경우를 말씀하
시는 것인가요?

소크라테스 그러하네.

프로타르코스 소크라테스 선생님, 그러한 경우에는 분명 즐거움
도 어떤 괴로움도 결코 생기지 않을 겁니다.

소크라테스 아주 훌륭하게 말했네. 그런데 내가 생각하기에 자네   43a
는 이런 견해를 갖고 있네. 현자들이 말하듯이, 필연적으로 그런
상태들 중 어느 쪽이 언제나 우리에게 일어난다는 거지. 모든 것
은 늘 위아래로 흐르니까.[229]

프로타르코스 실로 현자들은 그렇게 말합니다. 그리고 그들이 하
찮은 말을 하는 것으로는 생각되지 않는군요.

소크라테스 어찌 그렇게 생각될 수 있겠는가? 그들은 적어도 하

찮은 사람들이 아니니 말이야. 그러나 나는 우리를 공격하는 그 논변을 피하고 싶네. 나는 이렇게 달아날 생각이네, 자네도 나와 함께 달아나게.

프로타르코스 어떻게 달아날지 말씀해 주십시오.

소크라테스 그들에게 "그것들은 그렇다고 합시다"라고 말하세.
b 하지만 자네는 내게 대답해 보게. 살아 있는 것들은 모두 자신이 겪는 모든 것을 언제나 지각하는지, 그래서 우리는 우리 자신이 성장하거나 그런 유의 어떤 것을 겪는 걸 감지하고 있는지, 아니면 정반대인지 말이네.

프로타르코스 확실히 정반대입니다. 우리는 그러한 일들 거의 모두를 감지하지 못하니까요.

소크라테스 그렇다면 우리가 방금 동의한 것, 즉 위아래로 일어나는 변화들이 괴로움들과 즐거움들을 만들어 낸다는 말은 훌륭하게 언급된 것이 아니네.

프로타르코스 무슨 말씀이죠?

c 소크라테스 다음과 같이 말하는 것이 더 훌륭하고 덜 공격을 받을 것이네.

프로타르코스 어떻게 말이죠?

소크라테스 큰 변화들은 괴로움들과 즐거움들을 우리에게 생기게 하지만, 적절하고 작은 변화들은 이들 중 어떤 것도 전혀 생기게 하지 않는다고 말이네.

프로타르코스 앞서 말한 것보다는 이것이 더 옳겠네요, 소크라테스 선생님.

소크라테스 그것들이 그러하다면, 방금 언급된 삶[230]이 다시 나타나네.

프로타르코스 어떤 삶 말인가요?

소크라테스 괴로움도 기쁨도 없다고 우리가 말한 삶 말일세.

프로타르코스 정말 맞는 말씀입니다.

소크라테스 이러한 것들에 근거하여 우리에게 세 가지 삶이, 즉 즐거운 삶, 괴로운 삶, 어느 쪽도 아닌 삶이 있다고 상정해 보세. 아니면 자네는 이것들과 관련해서 어떻게 말하겠는가?

프로타르코스 세 가지 삶들이 있다는 것 말고 달리 말할 수는 없습니다.

소크라테스 그런데 괴로워하지 않는다는 것은 즐거워한다는 것과 결코 같지 않겠지?

프로타르코스 어찌 같을 수 있겠습니까?

소크라테스 괴로움 없이 평생을 지내는 것이 무엇보다도 가장 즐거운 일이라고 누군가가 말하는 것을 듣게 될 경우, 그 사람이 무슨 말을 하는 것인지 이해하는가?

프로타르코스 그는 괴롭지 않은 것으로 즐거운 것을 뜻하는 것으로 제게 보입니다.

소크라테스 무엇이든 자네가 원하는 것들로 세 가지 것들이 우리에게 있다고 하고, 더 아름다운 이름들을 사용하기 위해, 그 하나는 금이고, 또 하나는 은이고, 셋째 것은 이들 중 어느 쪽도 아닌 것이라고 상정하게.

프로타르코스 그렇게 해 보죠.

소크라테스 둘 중 어느 쪽도 아닌 것이 어느 한쪽 것, 즉 금이나 은이 될 수 있겠는가?

프로타르코스 어찌 그렇겠습니까?

소크라테스 그러니까, 중간적인 삶이 즐거운 삶이나 괴로운 삶이라고 언급되기도 하는데, 누군가가 그렇게 생각하는 경우도 결코 옳게 생각하는 게 아닐 테고, 그렇게 말하는 경우도 결코 옳게 말하는 것이 아닐 거네. 적어도 옳은 추론에 따르면 말이네.

프로타르코스 물론이지요.

44a 소크라테스 하지만, 여보게, 우리는 그렇게 말하고 생각하는 사람들을 접하게 되네.

프로타르코스 그렇고말고요.

소크라테스 그들은 괴롭지 않을 때 기쁘다고 생각하는가?

프로타르코스 그들은 어쨌든 그렇게 말합니다.

소크라테스 그렇다면 그들은 그런 때에 기쁘다고 생각하는 것이지. 그렇지 않다면 분명 그렇게 말하지 않았을 테니까.

프로타르코스 그런 것 같습니다.

소크라테스 그런데 괴로워하지 않음과 기뻐함, 그 각각의 본성이 정말로 구분된다면, 그들은 기뻐함과 관련해서 적어도 거짓된 판단을 하고 있는 것이네.

프로타르코스 그런데 그렇게 구분된다는 점은 이미 언급되었습니다.[231]

소크라테스 그러면, 방금 말했듯이, 우리에게는 이들 세 가지 것이 있다는 쪽을 우리가 택할 것인가? 아니면 단지 두 가지 것만 있다는 쪽을, 즉 인간들에게는 한편 나쁜 것으로서 괴로움이 있 b 고, 다른 한편 그 자체로 좋은 것으로서 즐거운 것이라 불리는, 괴로움에서 벗어남이 있다는 쪽을 택할 것인지?[232]

프로타르코스 그런데, 소크라테스 선생님, 지금 어째서 우리 스스로 우리 자신에게 이런 질문을 하는 건가요? 저는 모르겠네요.

소크라테스 프로타르코스, 자네는 여기 있는 필레보스의 진정한 적들을 모르는가?

프로타르코스 어떤 사람들이 그런 적들이라고 말씀하시는 건가요?

소크라테스 자연에 관한 것들에 아주 대단하다고 언급되는 사람들인데, 이들은 즐거움이란 전혀 존재하지 않는다고 주장한다네.[233]

프로타르코스 그게 무슨 말인가요?

소크라테스 현재 필레보스 쪽의 무리가 즐거움이라고 하는 그 모 c 든 것을 괴로움에서의 탈피라고 그들은 말하지.

프로타르코스 선생님께서는 저희가 이런 주장을 따르라고 조언하시는 건가요? 아니면 어떻게 하라는 건가요, 소크라테스 선생님?

소크라테스 그런 조언을 하는 게 아니네. 마치 그들이 기술에 의해서가 아니라 비천하지 않은 성품으로 인한 엄격성[234]에 의해서 예언을 하는 어떤 예언가들인 것처럼 그들을 이용하라고 조언하는 것이네. 그들은 즐거움의 힘을 지나치게 혐오하고 전혀 건전하지 못한 것으로 생각하네. 즐거움의 매혹적인 요소 자체도 마

d 력이지 즐거움은 아니라고 여길 만큼 말이네. 자네는 그들의 엄격성에 따른 그 밖의 귀결들도 더 고찰함으로써 그들을 우리의 논의에 이용할 수 있을 것이네.[235] 그다음으로는 내게 참된 것으로 여겨지는 즐거움들에 대해 자네는 들을 것이네. 이는 우리가 양편의 논변을 통해 즐거움의 힘을 고찰함으로써 이를 우리의 판정[236]에 활용하기 위한 것이네.

프로타르코스 논의 절차를 옳게 말씀해 주셨네요.

소크라테스 그러면 그들의 엄격성의 흔적을 따라서, 동맹군을 쫓아가듯 그들을 쫓아가 보세. 내가 생각하기에, 그들은 근본적인 어떤 것으로부터 시작하여 다음과 같은 것을 묻고 있네. 우리가

e 그 어떤 종류의 본성을, 이를테면 단단함의 본성을 알고자 한다면, 가장 단단한 것들에 주목함으로써 우리는 그것을 더 잘 이해할 것인가, 아니면 강도가 가장 낮은 것들을 주시함으로써 그럴 것인가를 말이네. 그러니, 프로타르코스, 자네는 내게 하듯이 이

엄격한 사람들에게도 대답을 해야 하네.

프로타르코스 물론 그렇게 해야지요. 저는 그들에게 강도에서 으뜸인 것들에 주목함으로써 그럴 것이라고 대답하겠습니다.

소크라테스 그렇다면 즐거움의 부류도 도대체 무슨 본성을 갖는지 알고자 한다면, 우리는 강도가 가장 낮은 즐거움이 아니라 가 45a 장 극단적이며 가장 강렬한 것으로 이야기되는 즐거움들에 주목해야 하네.

프로타르코스 이제 누구라도 그 점에서 선생님께 동의할 것입니다.

소크라테스 그런데 우리[237]가 종종 이야기하듯이, 즐거움들 가운데 쉽게 접할 수 있고 가장 큰 즐거움은 몸과 관련된 즐거움들이겠지?

프로타르코스 어찌 그렇지 않겠습니까?

소크라테스 그러면 질병에 걸려 앓고 있는 자들의 경우에 즐거움들이 더 크거나 더 커지게 되는가, 아니면 건강한 사람들의 경우에 그렇게 되는가? 서둘러 대답하느라 어떤 식으로든 발을 헛디디지 않도록 주의를 기울이세. 아마도 우리는 건강한 사람의 경 b 우라고 말할지 모르네.

프로타르코스 정말 그럴 것 같습니다.

소크라테스 다음은 어떤가? 먼저 가장 큰 욕구들이 생길 경우에, 그것들에 뒤따르는 즐거움들이 다른 즐거움들보다 월등하지 않겠는가?

프로타르코스 그건 맞는 말씀입니다.

소크라테스 그런데 열병에 걸린 사람들과 그런 유의 질병에 걸린 사람들은 더 목말라하고 더 추워하며, 몸을 통해 사람들이 겪곤 하는 온갖 것을 더 겪지 않겠는가? 또한 그들은 더 크게 결핍을 느끼며, 채워질 때는 더 큰 즐거움을 갖지 않겠는가? 아니면 우리는 그것이 맞는 말이 아니라고 주장할 것인가?

c 프로타르코스 지금 그렇게 말씀해 주시니, 확실히 그런 것 같습니다.

소크라테스 그러면 어떤가? 누군가가 가장 큰 즐거움들에 대해 알아보고자 할 경우 건강이 아니라 질병 쪽으로 향해서 살펴봐야 한다고 우리가 말한다면, 분명 옳게 말하는 것인가? 자! 내가 자네에게 물어보려는 것이 건강한 사람들보다 심하게 아픈 사람들이 더 많이 기뻐하는가 하는 것이라고 생각하지는 말게. 오히려 내가 탐색하는 것은 즐거움의 크기에 대한 것이며, 이런 유의 것과 관련한 강렬함이 그때그때마다 도대체 어느 쪽에서 생기는가 하는 것이라고 여기게나. 왜냐하면 즐거움이란 어떤 본성을 갖는지, 그리고 즐거움이 전혀 존재하지 않는다고 주장하는 사람들은 즐거움이 무엇이라고 하는지 생각해 보아야 한다고 우리가 말하고 있는 것이기 때문이네.

d 프로타르코스 저는 선생님의 말씀을 얼추 좇아가고 있습니다.

소크라테스 프로타르코스, 곧 자네는 그 못지않게 날 이끌고 갈
것이네. 대답해 보게, 자네는 방자함에서 더 큰 즐거움을 보는
가, 아니면 절제 있는 삶에서 그런가? 나는 더 많은 즐거움[238]을
보는가를 묻는 게 아니라, 강렬함이나 정도에 있어서 월등한 즐
거움을 보는가를 묻는 것이네. 주의를 기울여 대답하게.

프로타르코스 무슨 말씀인지 알았습니다. 저는 그 둘 사이엔 차
이가 크다고 봅니다. 왜냐하면 분명 절제 있는 사람들의 경우는,
격언조의 말이, 즉 "무엇이나 지나치지 않게 하라"고 권하는 말
이 그때그때마다 그들을 억제하고 그들은 그것에 따르는 데 반
해, 어리석고 방자한 사람들의 경우는, 강렬한 즐거움이 그들을   e
광기 상태에 이를 정도로 사로잡아 그들이 광적으로 소리를 질
러 대게[239] 만들기 때문입니다.

소크라테스 훌륭하게 말했네. 그게 그러하다면, 혼과 몸의 좋은
상태가 아니라 어떤 나쁜 상태에서 가장 큰 즐거움들과 아울러
가장 큰 괴로움들도 생긴다는 것이 분명하네.

프로타르코스 그렇고말고요.

소크라테스 그러면 이것들 중 일부를 선택해서, 도대체 그것들이
무슨 성격을 지니고 있기에 우리가 그것들을 가장 큰 것들이라
고 했는지를 고찰해야 하네.

프로타르코스 그렇게 할 수밖에요.   46a

소크라테스 다음과 같은 질병들의 즐거움들은 도대체 무슨 성격

을 지니는지를 고찰해 보게.

프로타르코스 어떤 질병들의 경우를 말씀하시는 것인가요?

소크라테스 우리가 말한 그 엄격한 사람들이 전적으로 싫어하는 볼썽사나운 질병들의 즐거움들을 말하는 것이네.

프로타르코스 어떤 종류의 즐거움들을 말씀하시는 거죠?

소크라테스 이를테면, 문지름에 의한 가려움의 해소,[240] 그리고 다른 처방을 요하지 않는, 그런 유의 모든 것의 해소를 말하는 것이네. 신께 맹세코, 이런 경우에 우리에게 생기는 느낌을 도대체 무엇이라고 말해야 할까? 즐거움인가, 괴로움인가?

프로타르코스 어쨌든 그것은 뒤섞여 있는 나쁜 것인 듯하네요.[241]

b 소크라테스 나는 필레보스 때문에[242] 이 논의거리를 내놓은 것은 아니라네. 프로타르코스, 이 즐거움들과 이것들에 뒤따르는 즐거움들 없이는, 즉 이런 즐거움들을 살펴보지 않고서는, 지금 탐구하고 있는 문제[243]에 대해 우리는 결코 판정을 내릴 수 없을 법하네.

프로타르코스 그렇다면 우리는 이것들과 동류의 것들 쪽으로 나아가야겠군요.

소크라테스 자네는 섞임의 성격을 갖는 즐거움들을 말하는가?

프로타르코스 그렇고말고요.

소크라테스 그런데 어떤 섞임들은 몸과 관련된 것들로서 몸 자체에 있으며, 어떤 섞임들은 혼 자체에 속하는 것들로서 혼에 있

네. 또한 우리는 혼과 몸에 속하는 것들로서 즐거움과 섞인 괴로 　c
움들을 발견할 것이네. 이 둘이 함께 있는 것은 때론 '즐거움'이
라고 불리고 때론 '괴로움'이라고 불리네.[244]

프로타르코스 어떻게요?

소크라테스 회복이나 와해 과정에서 누군가가 상반된 상태들을
동시에 겪을 때, 즉 때로는 추운 가운데 따뜻해지고, 때로는 더
운 가운데 시원해질 때, 내가 생각하기에 그는 한쪽 상태를 유지
하려 애쓰고, 다른 쪽 상태에서 벗어나려 애쓰는데, 달고 쓴 맛
이라고 불리는 섞인 상태가 좀처럼 벗어나기 힘든 상태로 있을
경우에, 그것은 짜증이 나게 하고 나중에는 거친 긴장 상태를 조 　d
성한다는 것이네.

프로타르코스 지금 하신 말씀은 아주 옳습니다.

소크라테스 그런데 그러한 섞임들 중 어떤 것들은 괴로움과 즐거
움이 똑같이 섞인 것들이고, 어떤 것들은 한쪽 것이 더 많이 섞
인 것들이 아니겠는가?

프로타르코스 어찌 그렇지 않겠습니까?

소크라테스 그럼 괴로움들이 즐거움들보다 더 많이 생기는 섞임
의 경우에 대해 말해 보게. 가려움이나 근질거림과 관련해서 방
금 말한 섞임의 경우에 대해서 말이네. 누군가가 속에 끓는 상태
나 염증을 갖고 있는데, 문지름이나 긁음으로는 거기에 미치지
못하고 표피의 증상만을 해소시킬 때, 사람들은 환부 쪽을 불이 　e

나 그 반대 것에 노출시켜 상태를 반전시켜 환자에게 때로는 꿍
장한 즐거움들이 생기게 하는가 하면, 때로는 바깥 부분과 내부
가 상반된 상태로서, 즐거움들과 괴로움들이 어느 한쪽이 우세
한 방식으로 섞인 상태가 생기게 한다네. 혼합된 것들을 강제로

47a 분산시키고 분산된 것들을 강제로 혼합시켜서 괴로움들과 즐거
움들을 함께 나란히 놓음으로써 말이네.

프로타르코스 정말 맞는 말씀입니다.

소크라테스 다른 한편 그런 유의 모든 혼합의 경우에 즐거움이 더
많이 섞여 있을 때는, 곁들여 섞여 있는 괴로움 쪽 부분은 간지
럽게 하고 가볍게 안달하게 만드는 반면, 훨씬 더 많이 포함되어
있는 즐거움 쪽 부분은 긴장을 유발시키고 때로 기뻐 날뛰게 하
며, 온갖 혈색과 모습 그리고 온갖 숨결이 생기게 하고 몹시 혼
미해져서 분별없이 소리를 지르게도 하겠지?

b 프로타르코스 그렇고말고요.

소크라테스 여보게! 그 부분은 또한 그 사람이나 다른 사람으로
하여금 자신이 이런 즐거움들에 의해 좋아 죽을 지경이라고 말
하게끔 한다네. 그리고 그가 더 방탕하고 더 어리석을수록, 그만
큼 더 그 즐거움들을 전적으로 늘 추구하네. 그리고 그는 그것들
이야말로 가장 큰 즐거움들이라고 부르고, 늘 그것들을 최대한
으로 누리며 사는 사람이 가장 행복한 사람이라고 생각하네.

프로타르코스 소크라테스 선생님, 선생님께서는 많은 사람이 동

의하는 모든 것을 자세히 말씀해 주셨네요.   c

소크라테스 프로타르코스, 몸 자체에서 안팎의 느낌들이 혼합될 때 결합된 느낌들에 있는 즐거움들에 관한 한 그러하네. 다른 한편 혼이 몸이 가져다주는 것과는 반대되는 것들을 가져다주어서, 즉 즐거움에 대비되게 괴로움을, 혹은 괴로움에 대비되게 즐거움을 가져다주어서, 양쪽 것이 하나의 섞임으로 되는 경우들에 대해서는, 앞에서 다음과 같이 말했네. 누군가가 비워진 상태에 있을 때, 그는 채워짐을 욕구하며, 그것을 기대하여 기뻐하지만 비어 있음으로 인해서 고통스러워한다고 말이야. 그러나 그때 우리가 확언하지 않은 게 있었는데, 이제 이야기하네. 무수히   d
많은 이런 온갖 경우에 혼이 몸과 다른 상태에 있지만, 괴로움과 즐거움으로 이루어진 하나의 섞임이 생긴다고 말이네.

프로타르코스 정말 옳은 말씀인 것 같습니다.

소크라테스 더 나아가 우리에게는 괴로움과 즐거움으로 이루어진 또 하나의 섞임이 남아 있네.

프로타르코스 어떤 걸 말씀하시는 건가요?

소크라테스 종종 혼 자체가 홀로 갖는다고 우리가 말한 혼합 말이네.

프로타르코스 그런데 바로 그것으로 우리는 뭘 말하는 건가요?

소크라테스 분노, 무서움, 그리움, 비탄, 사랑, 질투, 악의, 그리   e
고 이런 유의 온갖 것, 이것들을 자네는 혼 자체가 갖는 괴로움들의 일종이라고 생각하지 않는가?

프로타르코스 저로선 그렇게 생각합니다.

소크라테스 그런데 우리는 이것들이 굉장한 즐거움들로 가득 차 있음을 발견하지 않겠는가? 아니면 우리는 이런 것들을 상기할 필요가 있을까? 즉,

아주 사려 깊은 이조차도 화내도록 자극하고,

방울져 떨어지는 꿀보다도 한결 더 달콤한 것[245]

48a 그리고 비탄과 그리움 속에 있는, 괴로움들과 섞인 즐거움들을 말이네.

프로타르코스 그럴 필요는 없습니다. 그것들은 다름 아니라 선생님 말씀대로 생길 것입니다.

소크라테스 비극 관람을 통해 사람들이 즐기면서 동시에 슬퍼하는 경우를 자네는 기억하는가?

프로타르코스 어찌 그렇지 않겠습니까?

소크라테스 다른 한편으로 희극의 경우에 우리의 혼이 겪는 상태를 알고 있는가? 그런 상태의 경우들에도 괴로움과 즐거움의 섞임이 있다는 것을 말이네.[246]

프로타르코스 이해가 잘 안 가네요.

b 소크라테스 프로타르코스, 희극의 경우에 매번 그러한 느낌이 생

116

긴다는 것을 이해하는 건 전혀 쉬운 일이 아니지.

프로타르코스 여하튼 제가 보기에는 그런 것 같습니다.

소크라테스 그것이 불분명하면 할수록 그만큼 더 그것을 파악해 보도록 하세. 다른 경우들에서도 괴로움과 즐거움의 섞임을 더 쉽게 이해할 수 있도록 말일세.

프로타르코스 말씀 좀 해 주시지요.

소크라테스 자네는 방금 언급된 '악의'란 낱말[247]이 혼이 갖는 괴로움의 일종을 뜻하는 것으로 생각할 것인가, 아니면 어떻게 생각할 것인가?

프로타르코스 그렇게 생각할 겁니다.

소크라테스 그런데 악의적인 사람은 이웃의 나쁜 처지에 즐거워하는 것으로 드러날 것이네.

프로타르코스 틀림없습니다.

소크라테스 게다가 무지와 우리가 어리석다고 말하는 상태는 나쁜 것이네.

프로타르코스 물론입니다.

소크라테스 이것들에 근거해서 우스운 것[248]이란 어떤 성격을 갖는지를 살펴보게.

프로타르코스 계속 말씀해 주십시오.

소크라테스 요컨대 그것은 특정 상태에서 이름을 딴 일종의 나쁨이네. 또한 그것은 온갖 나쁨 가운데서, 델피 신전에 새겨진 문구가 뜻하는 것과는 반대되는 상태를 갖는 것이네.

프로타르코스 "너 자신을 알라"는 문구를 뜻하시는 건가요, 소크라테스 선생님?

d 소크라테스 그렇다네. 분명 그 반대는, 그 문구로 표현하자면, "전혀 자신을 알지 못하는 것"일 거야.

프로타르코스 물론입니다.

소크라테스 프로타르코스, 바로 이것을 세 가지로 나누어 보도록 하게.

프로타르코스 어떻게 말인가요? 저는 그렇게 할 수 없을 것 같네요.

소크라테스 그럼 지금 내가 그것을 나누어야 한다고 말하는 것인가?

프로타르코스 그렇게 말씀드리는 겁니다. 그뿐만 아니라 그렇게 해 주시길 간청하는 것이기도 하구요.

소크라테스 자기 자신을 모르는 사람들은 각기 세 가지 것들과 관련해서 이러한 상태를 겪는 것이 필연적이지 않겠는가?

프로타르코스 어떻게 말이죠?

e 소크라테스 첫째로 재물과 관련해서 그들이 스스로를 자신들의 실제 재산 상태보다 더 부유하다고 생각하는 것은 필연적이라는 것이네.

프로타르코스 정말 많은 사람이 이런 상태에 있습니다.

소크라테스 하지만 더 많은 사람이 스스로를 자신들의 실제 모습보다 더 크고 더 잘생겼으며, 몸과 관련한 온갖 것에서 월등하다고 생각하네.

프로타르코스 확실합니다.

소크라테스 그런데 내가 생각하기에는, 정말로 절대다수의 사람들이 혼 속에 있는 것인 셋째 종류의 것과 관련해서 잘못을 범하고 있네. 그들은 덕의 측면에서 스스로를 자신들의 실제 상태보다 더 훌륭하다고 생각한다는 것이네. 사실은 그렇지 않은데도 말이네.

프로타르코스 틀림없이 그렇습니다.

소크라테스 덕들 중에 지혜와 관련해서는 다수의 사람이 그것을 49a
가지고 있다고 줄곧 자처하여 분란에 휩싸이고 지혜에 대한 거짓된 자만으로 가득 차 있지 않겠는가?[249]

프로타르코스 물론입니다.

소크라테스 이와 같은 모든 상태를 누군가가 나쁜 상태라고 말한다면, 그는 옳게 말하는 것이네.

프로타르코스 틀림없습니다.

소크라테스 프로타르코스, 그런데 우리가 장난스러운 악의를 보고서 즐거움과 괴로움의 이상스러운 섞임을 알아보고자 한다면, 우리는 무지의 상태를 다시 또 둘로 나누어야 하네. 어떻게 둘로 나누냐고 자네는 묻겠지? 내가 생각하기에는, 자신과 관련해

서 어리석게도 이러한 거짓된 판단을 하는 모든 사람 가운데는,

b   그 밖의 모든 사람의 경우처럼, 자신들의 힘과 능력을 동반한 사람들이 있는가 하면, 그 반대의 것을 동반한 사람들도 있다는 게 지극히 필연적이네.

프로타르코스 필연적입니다.

소크라테스 그러면 이와 같이 나누어 보게나. 그들 가운데, 그런 유의 사람[250]이되 허약함을 지니고 있어서, 조소를 받을 때 보복할 수도 없는 모든 사람은 우스운 사람들이라고 말할 경우, 자네는 맞는 말을 하는 것이네. 다른 한편 보복할 수 있고 강한 사람

c   들은 두렵고 혐오스러운 사람들이라고 일컬을 경우, 자네는 스스로 이들에 대해 가장 옳은 말을 하는 것일세. 강자들의 무지는 혐오스럽고 추한 것이니까. 그것이나 그것을 닮은 모든 것은 이웃 사람들에게 해로우니 말이야. 반면에 우리가 보기에 약자들의 무지는 우스운 것의 위상과 성격을 갖게 되네.

프로타르코스 정말 옳은 말씀입니다. 그러나 이러한 것들의 경우 즐거움들과 괴로움들의 섞임이 아직도 제게는 명확하지 않습니다.

소크라테스 그러면 악의의 성질을 먼저 살펴보게.

프로타르코스 계속 말씀해 주시죠.

d   소크라테스 분명 그것은 부당한 괴로움과 즐거움의 일종일 테지?

프로타르코스 그것은 필연적입니다.

소크라테스 그러나 적들의 나쁜 처지를 기뻐하는 것은 부당한 것
도 악의적인 것도 아니겠지?

프로타르코스 물론입니다.

소크라테스 다른 한편 친구들의 나쁜 처지를 보면서 때로는 괴로
워하지 않고 즐거워하는데, 이는 부당한 것이 아니겠는가?

프로타르코스 물론입니다.

소크라테스 그런데 무지는 모든 사람에게 나쁜 것이라고 우리가
말하지 않았는가?

프로타르코스 그렇게 말했지요.

소크라테스 그리고 우리는 친구들의 무지가 세 가지 종류에서 생
긴다고 하면서, 지혜에 대한 자만, 아름다움에 대한 자만, 그리 e
고 우리가 앞서 살펴본 모든 것에 대해 말했고, 이것들 중 허약
한 것들은 우스운 것들이고 강력한 것들은 증오스러운[251] 것들이
라고 했네. 그러면 우리가 방금 전 이야기했듯, 친구들 중 누군
가가 그 무지 상태를 다른 사람들에게 해롭지 않은 상태로 갖고
있을 경우, 이 상태를 우스운 것이라고 말해야 할까, 아니면 그
렇게 해선 안 될까?

프로타르코스 확실히 그렇게 해야지요.

소크라테스 그리고 그 상태는 어쨌든 무지이므로 나쁘다고 우리
는 동의하지 않겠는가?

프로타르코스 틀림없습니다.

소크라테스 그리고 우리가 그 상태를 보고 우스워할 때 우리는 기쁜가, 아니면 괴로운가?

50a 프로타르코스 분명히 기쁩니다.

소크라테스 그런데 친구들의 나쁜 처지에 대한 즐거움, 이것을 생기게 하는 게 악의라고 우리는 말하지 않았는가?

프로타르코스 필연적입니다.

소크라테스 그러니 논의에 따르면, 우리가 친구들의 우스운 일들을 우스워할 때, 우리는 즐거움을 악의와 혼합함으로써 즐거움을 괴로움과 혼합하고 있는 것이네. 악의는 혼의 괴로움인 반면, 웃는 것은 즐거움이라고 이전에 우리는 합의했는데, 이 두 가지 것이 이 경우들에서는 동시에 생기기 때문이네.

프로타르코스 맞는 말씀입니다.

b 소크라테스 이제 논의가 우리에게 밝혀 주는 바는 비탄들과 비극들과 희극들 속에나, 무대에서뿐만 아니라 실제 삶의 온갖 희비극들 속에는 괴로움들이 즐거움들과 동시에 혼합되어 있으며, 그 밖의 무수한 것들 속에도 그러하다는 것이네.

프로타르코스 소크라테스 선생님, 누군가가 반대 견해를 옹호하기 위해 승리욕에 논쟁을 하더라도, 이러한 사실들에 동의하지 않을 수는 없을 것입니다.

소크라테스 우리는 분노와 그리움, 비탄, 무서움, 사랑, 질투, 악
c 의, 그리고 이런 유의 모든 것을 제시했고, 이것들 속에는 우리

가 앞서 여러 차례 언급한 것들[252]이 섞여 있음을 발견할 것이라고 말한 바 있네. 그렇지 않은가?

프로타르코스 그렇습니다.

소크라테스 그런데 방금 자세히 살펴본 것은 모두 비탄과 악의와 분노에 관한 것임을 우리는 알고 있겠지?

프로타르코스 어찌 알지 못하겠습니까?

소크라테스 그러면 아직 논의할 것이 많이 남아 있지 않겠는가?

프로타르코스 물론이지요.

소크라테스 정확히 무엇 때문에 내가 자네에게 희극에서의 섞임을 보여 주었다고 생각하는가? 그건 적어도 무서움과 사랑, 그리고 그 밖의 것들에서의 혼합은 밝혀내기 쉽다는 확신 때문이 d 아니었겠는가? 또한 자네 자신이 그것[253]을 파악할 경우 나를 놓아주어서 내가 더 이상 다른 것들로 나아가 길게 논의할 필요가 없고, 자네는 혼과 따로 몸이, 몸과 따로 혼이, 그리고 서로 함께 그 둘이 느낌들에 있어서 괴로움들과 혼합된 즐거움으로 채워져 있다는 것을 단적으로 파악할 수 있다는 확신 때문이 아니겠는가? 이제 말해 보게. 나를 놓아줄 것인가, 아니면 한밤중까지 계속할 것인가? 내가 몇 마디를 할 경우, 자네가 나를 놓아주게 하는 데 성공할 것이라 나는 생각하네. 그 모든 것에 대해서는 내일 자네에게 설명해 줄 용의가 있네. 하지만 지금으로서는 필레 e 보스가 종용하는 판정과 관련이 있는 나머지 문제들에 손을 대고 싶네.

프로타르코스 좋은 말씀입니다, 소크라테스 선생님. 선생님 좋으실 대로 우리에게 남아 있는 문제들에 대해 살펴보시죠.

소크라테스 섞여진 즐거움들 다음으로는 일종의 필연에 의해 순서상 섞이지 않은 즐거움으로 나아가는 것이 자연스러운 일이네.[254]

51a 프로타르코스 아주 훌륭한 말씀입니다.

소크라테스 그럼 그것들로 바꾸어서 그것들에 대해 설명해 볼 것이네. 모든 즐거움은 괴로움의 멈춤이라고 주장하는 사람들의 견해에 나는 전혀 동의하지 않네. 그러나 내가 이미 말했듯이, 나는 그들을 다음과 같은 것에 대한 증인들로서 이용하네.[255] 어떤 즐거움들은 즐거움들인 듯이 보이지만 실제로는 전혀 즐거움들이 아니라는 사실에 대한 증인들로서, 그리고 다른 어떤 즐거움들은 크고 수많은 것으로 보이지만, 그것들은 사실상 몸과 혼이 처한 곤경과 관련된 가장 큰 아픔들로부터의 안식들과 괴로움들이 뒤범벅된 것들이라는 사실에 대한 증인들로서 그들을 이용한다는 거네.

b 프로타르코스 그런데, 소크라테스 선생님, 누군가가 어떤 즐거움들을 참된 것들이라고 여길 때 그가 옳게 생각하는 것일까요?

소크라테스 이른바 아름다운 빛깔들과 모양들, 대부분의 냄새들 및 소리들과 관련한 즐거움들, 그리고 결핍될 때 지각도 괴로움도 주지 않지만 채워질 땐 지각과 즐거움을 제공하는 모든 것과

관련된 즐거움들이라네.[256]

프로타르코스 소크라테스 선생님, 어떻게 그 대상들과 관련해 그와 같이 말씀하시는 건가요?

소크라테스 물론 내 말이 당장은 분명하지 않네. 그걸 분명히 해 보려 시도해야겠지. 모양들의 아름다움으로 내가 지금 말하려는 것은 많은 사람이 생각할지도 모르는 것, 이를테면 동물들이나 어떤 그림들의 아름다움이 아니네. 논의상, 내가 말하는 것은 곧은 것과 둥근 것 및 이것들로부터 선반(旋盤)에 의해 형성되는 평면들과 입체들, 그리고 곧은 자나 곱자에 의해서 형성되는 것들이라네. 자네가 내 말을 이해하는지 모르겠군. 이것들은 다른 것들처럼 어떤 것에 비해서 아름다운 것이 아니고, 그 자체로 언제나 본디 아름다운 것이며, 긁는 것에서 생기는 즐거움들과는 전혀 유사하지 않은 고유한 어떤 즐거움들을 준다고 나는 주장하네. 그리고 이러한 유형의 빛깔들도 있네. 우리는 이를 이해하고 있는 것인가, 아니면 어떤가?

프로타르코스 소크라테스 선생님, 저는 이해해 보려고 합니다. 선생님께서도 한층 더 분명하게 말씀해 주십시오.

소크라테스 내가 말하는 바는, 소리들 가운데, 단일하고 맑은 어떤 가락을 전해 주는 부드럽고 낭랑한 소리들이 있는데, 이것들은 다른 것에 비해서가 아니라 그 자체로 아름답고, 그것들에 고유한 즐거움들을 동반한다는 거야.

프로타르코스 확실히 그건 그렇습니다.

e 소크라테스 그런데 냄새들과 관련하여, 앞의 것들보다 덜 신적인 부류의 즐거움들도 있다네. 그러나 이 즐거움들 속에 불가피한 괴로움들이 섞여 있지 않다는 점에서는, 이 부류가 어떻게 그리고 우리에게서 어떤 것 속에 생기든 간에, 이것을 앞서의 것들과 전적으로 대등한 것으로 나는 생각하네. 내 말을 이해한다면, 이러한 것들을 우리의 논의 대상인 즐거움들의 두 종류로 여기게나.[257]

프로타르코스 이해하고 있습니다.

52a 소크라테스 그러면 더 나아가 이것들에다 배움들과 관련된 즐거움들을 보태 보세. 만일 이 즐거움들이 배우는 것에 대한 굶주림과 관계가 없고, 배움들에 대한 굶주림에서 비롯된 고통들과도 관계가 없는 것으로 우리에게 여겨진다면 말이네.

프로타르코스 선생님께처럼 제게도 그렇게 여겨집니다.

소크라테스 다음은 어떤가? 배움들로 충만되어 있는 사람들에게 나중에 망각을 통해 그것들의 망실이 있게 되는 경우, 자네는 그 상실에서 그들에게 무슨 고통이라도 생기는 것으로 보는가?

프로타르코스 적어도 자연적으로는 아무런 고통도 생기지 않습니다.[258] 그러나 누군가가 그것들을 상실한 후 그것들이 필요해서 괴로워하는 때는, 자신이 겪은 일[259]에 대한 헤아림에서 그에게 어떤 고통이 생기는 것이지요.

소크라테스 하지만, 여보게! 적어도 지금 우리는 자연적으로 겪은 일들 자체에 대해서만 논하고 있는 것이네. 그런 일들에 대한 헤아림은 제쳐 두고서 말이네.

프로타르코스 그렇다면 배움들의 경우, 그때그때마다 괴로움 없이 그것들에 대한 망각이 우리에게 생긴다고 하신 것은 맞는 말씀입니다.

소크라테스 그러니까 배움들에 대한 이런 즐거움들은 괴로움들과 섞이지 않은 것들이며, 다수의 사람에 속하는 것들이 아니라 아주 소수의 사람들에 속하는 것들이라고 말해야 하네.

프로타르코스 어찌 그리 말하지 않을 수 있겠습니까?

소크라테스 이제 순수한 즐거움들과 거의 순수하지 않다고[260] 옳 c 게 언급될 수 있는 즐거움들을 따로 적절하게 구분하였으니, 우리의 설명에다 이 점을 보태 두세. 강렬한 즐거움들에는 적도에 맞지 않음이 있는 데 반해, 강렬하지 않은 즐거움들에는 적도에 맞음이 있다는 걸 말이네. 더 나아가 큼과 강렬함을 받아들이는 즐거움들은, 그것들이 빈번히 생기든 거의 안 생기든, 몸이나 혼에서 작용하는, 앞서 언급된 한정되지 않은 것의 부류,[261] 즉 덜함과 더함의 부류에 속하는 것으로 생각하고, 그렇지 않은 것들 d 은 적도에 맞는 것들의 부류에 속하는 것으로 생각하게.[262]

프로타르코스 정말 옳은 말씀입니다, 소크라테스 선생님.

소크라테스 다음으로 이에 더하여 그것들에 대해 다음과 같은 점을 더 고찰해야 하네.

프로타르코스 어떤 점 말인가요?

소크라테스 도대체 무엇이 진실성과 관련이 있다고 말해야 할까? 순수하고 뒤섞이지 않고 충분한 것인가,[263] 아니면 강렬하고 많고 큰 것인가?

프로타르코스 소크라테스 선생님, 도대체 무슨 의도로 질문을 하시는 건가요?

소크라테스 프로타르코스, 즐거움과 지식, 이것들 각각의 것의

e 일부는 순수하고 일부는 순수하지 않은지를 검토함에 있어서 나는 어떤 점에서도 논의를 미진한 채로 남기지 않으려는 거네. 각각이 순수한 상태에서 판정을 받음으로써 나와 자네, 그리고 이곳에 있는 모두가 더 쉽게 판정을 할 수 있도록 하기 위해서 말이야.

프로타르코스 정말 옳은 판단이십니다.

소크라테스 자! 그럼 우리가 순수한 것들이라고 말하는 모든 부류를 다루는 방식에 대해 살펴보되, 먼저 그것들 중 한 가지를 선택해서 고찰해 보세.

53a 프로타르코스 무엇을 선택해야 할까요?

소크라테스 자네가 좋다면 그것들 중 흰색의 부류를 먼저 살펴보세.

프로타르코스 그렇게 해 보죠.

소크라테스 우리에게 흰색의 순수성은 어떤 식으로 있을 수 있으며, 그것은 어떠한 것인가? 가장 크고 가장 많은 것인가, 아니면 가장 혼합되지 않은 것, 즉 그 속에 다른[264] 어떤 빛깔의 요소도 전혀 들어 있지 않은 것인가?

프로타르코스 그것은 분명히 가장 뒤섞이지 않은 것입니다.

소크라테스 옳은 대답이네. 그러니, 프로타르코스, 우리는 이것이 흰색들 가운데 무엇보다 가장 참되면서 가장 아름답다고 여기는 반면, 가장 많은 것이나 가장 큰 것은 그렇지 못하다고 여기겠지?   b

프로타르코스 정말 옳은 말씀입니다.

소크라테스 그러니까 적고 순수한 흰색이, 섞임 상태의 많은 흰색보다 더 흰 것일뿐더러 더 아름답고 더 참되기도 하다고 우리가 말한다면, 우리는 전적으로 옳게 말하는 것일 거야.

프로타르코스 옳고말고요.

소크라테스 그러면 어떤가? 분명 즐거움과 관련된 논의를 위해서는 이런 유의 예들이 많이 필요하지는 않고, 그 예만으로도 우리가 다음과 같은 걸 인식하는 데는 충분하네. 결국 괴로움이 없는   c
순수한 상태의 작고 적은 모든 즐거움이, 섞여 있는 상태의[265] 크고 많은 즐거움보다 더 즐겁고 더 참되며[266] 더 훌륭하다는 걸 말이네.

프로타르코스 물론이지요. 적어도 그 예로 충분합니다.

소크라테스 그런데 다음은 어떤가? 즐거움은 언제나 생성이지, 전혀 존재가 아니라고[267] 우리는 듣지 않았는가? 어떤 기발한 사람들[268]이 우리에게 이런 견해를 알려 주려 하는데, 우리는 그들에게 감사해야 하네.

프로타르코스 그게 무슨 말인가요?

소크라테스 나는 자네에게 다시 질문을 하면서 바로 그 점에 대하여 철저히 살펴볼 것이네, 친애하는 프로타르코스.

d

프로타르코스 그럼 질문하시며 말씀해 주시죠.

소크라테스 한 쌍을 이루는 두 가지 것이 있다네. 하나는 그 자체로 있는 것이고, 다른 하나는 언제나 다른 것을 열망하는 것이라네.

프로타르코스 그것들은 뭐고, 뭘 말씀하시는 건가요?

소크라테스 하나는 본성상 언제나 지극히 존엄성이 있는 것이지만, 다른 하나는 그게 부족한 것이네.

프로타르코스 한층 더 명확히 말씀해 주십시오.

소크라테스 분명 우리는 아름답고 훌륭한 소년 애인과 함께 이들을 사랑하는 남자다운 사람들을 보아 왔네.

프로타르코스 틀림없습니다.

소크라테스 자! 그러면 우리가 있다고 말하는 모든 영역에서 이 쌍과 닮은 다른 쌍을 찾아보게.

e

프로타르코스 제가 세 번씩이나 말씀드려야 할까요? 소크라테스 선생님, 무슨 말씀인지 좀 더 명확히 해 주시죠.

소크라테스 복잡할 게 전혀 없다네, 프로타르코스. 논의가 우리 둘을 애태우긴 하지만, 그것이 말해 주는 바는 이러하네. 있는 것들 가운데 한쪽 것은 언제나 무언가를 위해서 있는 것인 반면, 다른 쪽 것은 무언가를 위해 생성되는 것이 그때마다 늘 목적으로 삼는 대상이라는 것이네.

프로타르코스 거듭 말씀해 주셔서 가까스로 알아들었습니다.

소크라테스 여보게! 아마도 논의가 계속되면 우리는 더 잘 알게 54a 될 거야.

프로타르코스 어찌 그렇지 않겠습니까?

소크라테스 그럼 다음과 같은 또 다른 쌍을 택해 보세.

프로타르코스 어떤 쌍 말씀이죠?

소크라테스 한쪽은 모든 것의 생성이고, 다른 한쪽은 그것들의 존재인 쌍 말이네.

프로타르코스 저는 선생님한테서 이 둘, 즉 존재와 생성을 받아들입니다.

소크라테스 아주 옳은 일이네. 그러면 이것들 중 어떤 것이 어떤 것을 위해 있다고 말해야 할까? 생성이 존재를 위해 있는 것인가, 아니면 존재가 생성을 위해 있는 것인가?

프로타르코스 지금 선생님께서는 존재라 일컬어지는 것이 생성을 위해 있는 것인지 물으시는 건가요?

소크라테스 분명 그러하네.

b 프로타르코스 그러면, 단연코, 선생님께서 물으시는 것은 이런 건 가요? "프로타르코스, 내게 대답해 보게. 배들이 배 만드는 일을 위해 있다기보다는 배 만드는 일이 배들을 위해 있다고 자네는 주장할 것인가? 그리고 이런 유의 모든 것이 그러한가?"

소크라테스 바로 그게 내가 묻는 것이네, 프로타르코스.

프로타르코스 그런데 선생님께서는 왜 자신의 물음에 스스로 대답하지 않으셨나요, 소크라테스 선생님?

소크라테스 내가 그렇게 하지 못할 이유는 전혀 없지. 하지만 자네는 논의에 동참하게나.

프로타르코스 물론 그렇게 해야죠.

c 소크라테스 온갖 수단과 온갖 도구와 온갖 재료는 모든 일에서 생성을 위해 쓰이는데, 각각의 특정 생성은 각각의 특정 존재를 위해 생기므로 생성 일반은 존재 일반을 위해 생긴다고 나는 주장하네.

프로타르코스 아주 명확하게 말씀해 주셨네요.

소크라테스 그럼 정말 즐거움이 생성이라면, 그것은 필연적으로 어떤 존재를 위해 생성될 것이네.

프로타르코스 물론입니다.

소크라테스 무언가를 위해 생성되는 쪽이 생성 과정에서 언제나 지향하는 목적은 좋은 것의 부류에 속하네. 하지만 여보게! 무언

가를 위해 생성되는 쪽은 다른 부류에 속하는 것으로 생각해야
하네.

프로타르코스 지극히 필연적입니다.

소크라테스 그러니 정말 즐거움이 생성이라면, 그것을 좋은 것의　　　d
부류와는 다른 부류에 속하는 것으로 생각할 때, 우리가 옳게 생
각하는 것이겠지?[269]

프로타르코스 정말 옳은 말씀입니다.

소크라테스 내가 이 논의를 시작하면서 말했듯이, 즐거움은 생성
이고 존재가 아님을 알려 준 사람에게 우리는 감사해야 하네. 이
사람은 즐거움이 좋은 것이라고 주장하는 사람들을 비웃을 게
분명하기 때문이지.[270]

프로타르코스 틀림없이 그럴 겁니다.

소크라테스 그리고 바로 그 사람은 생성에서 목적을 성취하는 사　　e
람들도 늘 비웃을 것이네.

프로타르코스 선생님께서는 무슨 말씀을 하시는 것이며, 어떤 사
람들에 대해 말씀하시는 건가요?

소크라테스 생성에 의해 해소되는 배고픔이나 목마름 혹은 그
런 유의 것들 중 어떤 것을 해소시킬 때, 생성 자체가 즐거움이
니까, 생성으로 인해 기뻐하는 사람들에 대해 나는 말하는 것이
네.[271] 이들은 목말라함과 배고파함이 없이는, 또한 누군가가 그
런 유의 상태에 뒤따르는 것이라고 말할 수 있는 다른 모든 것을

겪음이 없이는, 살길 바라지 않을 것이라고 말한다네.[272]

55a 프로타르코스 어쨌든 그들은 그럴 것 같네요.

소크라테스 그런데 생성됨에 반대되는 것은 소멸됨이라고 우리 모두는 주장할 것이네.

프로타르코스 그럴 수밖에요.

소크라테스 그러니까 누군가가 그렇게 사는 쪽을 택한다면, 그는 생성과 소멸을 택하는 것이지,[273] 앞서 언급한 제삼의 삶을 택하는 건 아닐 것이네. 즉 기뻐함도 괴로워함도 없고 가능한 한 가장 순수하게 분별함이 있는 삶 말이네.[274]

프로타르코스 소크라테스 선생님, 누군가가 즐거움을 우리에게 좋은 것으로 상정한다면, 뭔가 크게 불합리한 결과가 생길 것 같습니다.[275]

소크라테스 크게 불합리한 점이 드러날 것이네. 우리가 다음과 같이 더 이야기해 볼 경우에는 말이야.

프로타르코스 어떻게 말이죠?

b 소크라테스 좋은 것이나 아름다운 것이 혼에만 있고, 그런 것이 몸에나 그 밖의 수많은 것에는 없다는 것이, 그리고 혼에서 즐거움이 유일하게 좋고 아름다운 것이며, 용기나 절제나 지성이나 그 밖에 혼이 획득하는 좋은 것들 중 어떤 것도 그러한 게 아니라는 것이 어찌 불합리하지 않겠는가? 게다가 기뻐하지 않고 고통스러워하는 사람은, 그가 모든 사람 중 가장 좋은 사람이라고

해도, 고통스러워할 때는 나쁜 사람이라고 말하고, 또한 기뻐하는 사람은 기뻐할 때는 그가 더 많이 기뻐하는 그만큼 덕의 측면에서 더 빼어나다고 말할 수밖에 없다는 것이 이 어찌 불합리하지 않겠는가?[276]

c

프로타르코스 소크라테스 선생님, 이 모든 것은 있을 수 있는 가장 불합리한 것입니다.

소크라테스 그럼 이제, 즐거움에 대해서는 아주 철저하게 검토하려고 하는 반면, 지성과 지식에 대해서는 지나치게 봐주는 것처럼 보이는 일이 없도록 하세나. 이것들이 어딘가 결함을 갖고 있는지 진중하게 이곳저곳을 두들겨 보세. 그것들 중에서 본성상 가장 순수한 것이 어떤 것인지를 알아내어 그것들과 즐거움의 가장 참된 부분들을 공동 판정에 이용할 수 있도록 말일세.[277]

프로타르코스 좋습니다.

소크라테스 내가 생각하기에는, 우리에게 배움과 관련된 지식 분야의 한 부분은 제작적인 것이고, 다른 한 부분은 교육이나 보육과 관련된 것이네. 그렇지 않은가?[278]

d

프로타르코스 그렇습니다.

소크라테스 그러면 수공 기술들의 경우, 우선 그것들의 한 부분은 더 긴밀하게 지식과 관계가 있지만, 다른 한 부분은 덜 그런지[279] 생각해 보세. 그리고 앞의 것은 아주 순수한 것이라고 여기고, 뒤의 것은 덜 순수한 것이라고 여겨야 하네.

프로타르코스 그래야겠군요.

소크라테스 그러면 우리는 그 각각의 것들 가운데서 주도적인 것들을 따로 구분해야만 할까?

프로타르코스 어떤 것들을, 그리고 어떻게 말씀인가요?

e 소크라테스 이를테면, 누군가가 모든 기술에서 산술과 측정술 및 중량 계량술을 분리해 낼 경우에, 각각의 기술에서 남는 것은 거의 보잘것없을 게 분명하네.

프로타르코스 물론 보잘것없을 겁니다.

소크라테스 그런 분리 후에는 짐작하는 일과 아울러 경험과 일종의 연습에 의해서 감각들을 단련하는 일이 남게 될 것이네. 우리는 이런 일을 많은 사람이 기술들이라고 일컫는 어림잡음의 능

56a 력들 — 이것들은 연마와 노고에 의해 그 힘을 습득하지 — 을 이용해서 하게 되는 것이네.

프로타르코스 지극히 필연적인 말씀입니다.

소크라테스 우선 아울로스 연주법은 분명 그 어림잡음으로 가득 차 있네.[280] 그것은 척도에 의해서가 아니라 연마로 인한 어림잡음에 의해 협화음을 조성하네. 그리고 일체의 음악이 그러하네. 음악은 각 현의 적정 지점을 어림잡아 포착하므로, 그 속에 명확하지 않은 요소가 많이 섞이고 확실한 것은 적게 섞이게 되네.

프로타르코스 정말 맞는 말씀입니다.

b 소크라테스 그리고 우리는 의술, 농사술, 조타술, 지휘술의 경우

136

도 사정이 같음을 발견할 것이네.

프로타르코스 확실합니다.

소크라테스 하지만, 내가 생각하기에, 목공술은 자들과 도구들을 가장 많이 이용하는데, 이것들은 목공술에 큰 정확성을 주어서 그것을 다른 많은 기술들보다 더 기술답게 만든다네.

프로타르코스 무슨 말씀인가요?

소크라테스 목공에 속하는 조선과 건축 및 그 밖의 많은 분야에서 그 점을 알 수 있네. 내가 생각하기에 이런 것들은 직선자, 선반, 컴퍼스, 먹줄, 그리고 정교한 어떤 직각자[281]를 이용하기 때문이네.   c

프로타르코스 소크라테스 선생님, 확실히 옳은 말씀입니다.

소크라테스 그러면 '이른바 기술들'을 둘로 나누어 보세. 작업에 있어서 정확성을 덜 지니는 것들로서 음악을 위시한 기술들 및 정확성을 더 지니는 것들로서 목공술을 위시한 기술들로 말일세.

프로타르코스 그렇게 하죠.

소크라테스 그리고 이런 것들 중 가장 정확한 기술들은 방금 내가 으뜸가는 것들이라고 말한 것들이네.[282]

프로타르코스 산술 및 그것과 함께 방금 언급한 기술들을 뜻하시는 것으로 보이네요.

소크라테스 물론 그러하네. 그런데 프로타르코스, 이것들도 다시   d 두 가지라고 말해야 하지 않을까? 아니면 어떻게 말해야 할까?

프로타르코스 어떤 것들을 말씀하시는 건가요?

소크라테스 먼저 산술에는 다수의 사람의 것이 있는가 하면, 이와 다른 것으로서 철학하는 사람들의 것도 있다고 말해야 하지 않 겠는가?

프로타르코스 그런데 도대체 어떻게 이 두 산술을 구분하여 그것 들이 서로 다르다고 생각할 수 있을까요?

소크라테스 그 구분 기준은 사소한 게 아니네, 프로타르코스. 수 에 관계하는 사람들 가운데 한쪽 사람들은 똑같지 않은 단위들 을 대상으로 해서 계산을 한다네. 이를테면 군부대들을 둘로, 소 들을 둘로, 그리고 뭣보다 작은 것들이든 뭣보다 큰 것들이든 둘 로 계산한다네. 반면에 다른 쪽 사람들은 결코 그들을 따르지 않 을 것이네. 그들 중 누구든 무수한 단위들 가운데 어떤 것도 다 른 각각의 것과 전혀 다르지 않다고 상정하지 않는 한 말이네.[283]

프로타르코스 수에 관계하는 사람들의 사소하지 않은 차이를 선 생님께서는 매우 잘 말씀해 주셨습니다. 그러니 산술이 두 가지 라는 것은 합당합니다.

소크라테스 다음은 어떤가? 목공술이나 상업술에서 활용되는 계 산술과 측정술은 철학과 관련해서 익히게 되는 기하학 및 계산 법과는 다른 것인가? 즉 이 각각의 것들이 한 가지라고 말해야 할까, 아니면 두 가지라고 여겨야 할까?

프로타르코스 앞의 논의를 좇아서 그것들 각각이 두 가지라고 여기는 데 저는 찬성표를 던질 것입니다.

소크라테스 옳은 얘기네. 그런데 무엇 때문에 우리가 이러한 문제를 논의의 한복판에 내놓았는지 자네는 이해하고 있는가?

프로타르코스 아마도 이해할 것 같습니다. 그러나 지금 물으신 것에 대해 선생님의 견해를 밝혀 주셨으면 합니다.

소크라테스 자! 우리의 논의가 여기서 그 문제를 제기한 것은, 논의를 시작했을 때 못지않게, 즐거움에 상응하는 것을 찾아서 어떤 즐거움이 다른 즐거움보다 더 순수하듯이, 어떤 지식이 다른 지식보다 더 순수한지를 고찰하기 위한 것이라고 나는 생각하네. b

프로타르코스 이걸 위해 그 문제에 손을 댄 게 아주 분명합니다.

소크라테스 다음은 어떤가? 앞서 우리의 논의는 각각의 기술이 각기 다른 대상에 관계하며 어떤 기술은 다른 기술보다 더 명확하거나 덜 명확하다는 것을 이미 발견하지 않았는가?

프로타르코스 그렇고말고요.

소크라테스 그리고 이런 조건 속에서, 우리의 논의는 어떤 기술을 한 가지 이름으로 부름으로써 그것이 하나인 것처럼 생각하게 하고서는, 다시 그것을 한 쌍의 것으로 여겨 바로 그 쌍의 명확 c
성 및 순수성과 관련하여 묻는 게 아니겠는가? 철학을 하는 사람들의 기술이 더 정확한지, 아니면 철학을 하지 않는 사람들의 기술이 더 정확한지를 말이네.

프로타르코스 확실히 그걸 묻는 것으로 여겨집니다.

소크라테스 그렇다면, 프로타르코스, 그 물음에 우리는 어떤 대답을 할까?

프로타르코스 소크라테스 선생님, 우리는 명확성의 측면에서 지식들 사이에 놀랄 만한 큰 차이가 있다는 데까지 진전을 보았습니다.[284]

소크라테스 그러니 우리는 더 쉽게 대답하지 않겠는가?

프로타르코스 물론입니다. 그럼 다음과 같은 것이 우리의 대답이라고 해 보죠. 이 기술들[285]은 다른 기술들보다 훨씬 월등하며,

d 바로 이 기술들 중에서도 참되게 철학하는 사람들이 열의를 보이는 기술들이 척도들이나 수들과 관련하여 정확성과 진실성의 측면에서 다른 기술들보다 엄청나게 월등하다고 말입니다.

소크라테스 자네의 말대로라고 해 두세. 그리고 자네를 믿고 자신 있게, 논의의 왜곡에 능란한 자들에게 우리는 대답할 것이네.

프로타르코스 어떤 대답 말이죠?

소크라테스 두 가지의 산술과 두 가지의 측정술이 있고, 그 밖에 그것들을 위시한 그런 유의 것들로서, 한 가지 이름을 공유하면서도 그런 짝을 이루는 많은 것이 있다는 대답 말일세.

e 프로타르코스 선생님께서 말씀하신 능란한 자들의 행운을 빌며 그들에게 그렇게 대답해 보죠, 소크라테스 선생님.

소크라테스 그런데 그것들이 특히 정확한 지식들이라고 우리는 주장하는 건가?

<u>프로타르코스</u> 그렇고말고요.

<u>소크라테스</u> 하지만, 프로타르코스, 만일 우리가 변증적 능력[286]보다 다른 어떤 것을 더 선호할 경우, 이 능력은 우리를 외면할 것이네.

<u>프로타르코스</u> 그런데 그것은 무엇이라고 말해야 할까요?

<u>소크라테스</u> 적어도 방금 말한 능력에 대해서는 누구나 알 것이 분   58a
명하네. 왜냐하면 내가 생각하기에는, 지성이 조금이라도 있는 사람이라면 누구든 존재하는 것, 즉 참으로 있으며 본디 언제나 같은 상태로 있는 것[287]에 대한 지식이 단연 가장 참된 앎이라고 여김이 틀림없기 때문이네.[288] 자네 생각은 어떤가? 프로타르코스, 자네는 이에 대해 어떻게 판정할 것인가?

<u>프로타르코스</u> 소크라테스 선생님, 제가 고르기아스 선생님한테서 그때그때마다 그리고 여러 차례 들은 바로는, 설득술이 다른 온갖 기술들보다 훨씬 월등하다고 합니다. 왜냐하면 설득술은 억지로가 아니라 자발적으로 모든 것이 자신에게 예속되게 하고, 그리하여 모든 기술 가운데 단연 가장 좋은 것이기 때문이라는   b
겁니다.[289] 그러나 저는 지금 선생님께나 그분께나 반대하는 입장을 취하고 싶지는 않습니다.

<u>소크라테스</u> 자네는 "무기를 들라"고 말하고 싶으면서도 부끄러운 나머지 무기를 내려놓은 것으로 여겨지는군.

<u>프로타르코스</u> 지금으로선 선생님께서 생각하시는 그대로라고 해

두죠.

소크라테스 그런데 자네가 잘못 이해한 건 내 탓일까?

프로타르코스 뭘 말씀하시는 거죠?

소크라테스 여보게! 프로타르코스, 내가 탐구하고 있었던 것은 전혀 이런 게 아니네. 즉 가장 중대하고 가장 좋으며 가장 많이 우리를 이롭게 한다는 점에서 무슨 기술 혹은 무슨 지식이 무엇보다 월등한가 하는 것이 전혀 아니네. 오히려 도대체 무엇이, 비록 사소하고 적게 유익하더라도, 명확성과 정확성 그리고 최고의 진실성을 주시하는가 하는 것이네. 바로 이것을 지금 우리는 탐구하고 있네. 자, 보게나! 자네가 다음과 같이 한다면 고르기아스 님께 미움을 사는 일도 없을 것이네. 그분의 기술은 사람들을 위한 유용성에서 우월하다는 걸 인정하되, 내가 방금 언급한 탐구 방법[290]은, 이를테면 흰색의 경우 그것이 적지만 순수하다면, 많고 순수하지 못한 흰색보다 바로 이 최고의 진실성에서 월등하다고 내가 앞서 이야기했던 것과 같이, 그처럼 월등하다는 걸 인정한다면 말이네.[291] 그러니 이제 지식들의 어떤 이로움이나 어떤 좋은 평판이 아니라, 진실을 사랑하고 진실을 위해서 모든 걸 행하는 어떤 능력이 본래 우리의 혼에 있는지 주의를 기울여 열심히 생각하고 충분히 헤아려 철저히 검토한 후에 다음 물음에 대답해 보세나. 그 능력이 지성과 분별의 순수성을 지니고 있다고 최대한 그럼 직하게 우리가 말할 수 있는지, 아니면

c

d

그것보다 더 권위 있는 다른 어떤 걸 찾아야 할지 말일세.

프로타르코스 생각해 보고 있는데, 다른 어떤 지식이나 기술도 그 e
것보다 더 진실성과 긴밀한 관계에 있다고 인정하기는 힘들어
보입니다.

소크라테스 그런데 자네가 지금 하는 그 말은 다음과 같은 걸 알
고서 한 건가? 많은 기술은 그리고 그런 분야들에 전념해 온 사
람들은 우선 의견들을 이용하고 의견의 대상들을 열심히 탐구한 59a
다는 걸 말일세. 그리고 어떤 이는 자신이 자연에 관해 탐구한다
고 생각하고 있지만, 그가 평생에 걸쳐 탐구하는 건 여기 이 우
주와 관련해서 그것이 어떻게 생성되었고, 어떻게 뭔가를 겪고
어떻게 작용하는가 하는 것임을 자네는 알고 있는가?[292] 그렇다
고 우리가 말할까, 아니면 어떻게 말할까?

프로타르코스 그렇다고 할 것입니다.

소크라테스 그러니까 우리들 가운데 그런 사람은 '언제나 있는 것
들'이 아니라, 생성되는 것들이나 생성될 것들이나 생성된 것들
을 대상으로 하는 일을 떠맡지 않겠는가?

프로타르코스 정말 맞는 말씀입니다.

소크라테스 그런데 같은 상태로 있은 적도 없고, 그렇게 있지도
않을 것이며, 현재 그렇게 있지도 않은 그런 것들 가운데 어떤 b
것이 가장 정확한 진실성의 측면에서 명확하다고 말할 수 있을
까?

프로타르코스 어떻게 그럴 수 있겠습니까?

소크라테스 그러면 그 어떤 확실성도 갖고 있지 못한 것들과 관련해서, 도대체 어떻게 그 어떤 확실한 것이 우리에게 생길 수 있겠는가?

프로타르코스 결코 그럴 수는 없다고 생각합니다.

소크라테스 그러므로 그것들과 관련해서는, 최고의 진실성을 갖는 지성도 어떤 지식도 없네.

프로타르코스 어쨌든 없을 것 같군요.

소크라테스 그러니까 자네, 나, 고르기아스, 그리고 필레보스는 전혀 개의치 말고, 다음과 같은 점을 논의에 의해 단언하도록 해야 하네.

c **프로타르코스** 어떤 점을 말씀하시는 거죠?

소크라테스 확실한 것, 순수한 것, 진실된 것, 그리고 우리가 뒤섞이지 않은 것이라고 말하는 것을 우리가 갖게 되는 것은 다음과 같은 것들과 관련해서네. 언제나 같은 상태로 동일하게 있고 전혀 섞임이 없는 것들, 혹은 이것들과 최대한 동류인 것들과 관련해서 말이네. 그 밖의 모든 것[293]은 둘째가는 것들이며 뒤처지는 것들이라고 말해야 하네.

프로타르코스 정말 맞는 말씀입니다.

소크라테스 그러면 그러한 것들[294]에 대한 이름에 관한 한, 가장 훌륭한 이름들을 가장 훌륭한 것들에 부여하는 것이 더없이 마땅하겠지?

프로타르코스 그럴 것 같네요.

소크라테스 그런데 지성과 분별은 누구라도 가장 존귀하게 여길 d
이름들이 아니겠는가?

프로타르코스 그렇습니다.

소크라테스 그러니 참으로 있는 것에 대한 사유를 그 이름들로 일컫는 것이 정확하고 옳은 일이네.

프로타르코스 그렇고말고요.

소크라테스 앞서 내가 판정을 위해 내세웠던 것들은 이 이름들 이외의 다른 것들이 아니라네.

프로타르코스 물론입니다, 소크라테스 선생님.

소크라테스 좋아. 분별과 즐거움과 관련해서는, 이제 그것들이 e
우리가 뭔가를 만드는 데 이용해야 할, 혼합을 위한 재료나 도구로서, 마치 장인(匠人)들에게처럼 우리에게 주어져 있다고 누군가가 말한다면, 그는 논의상 훌륭하게 비유를 하는 셈일 것이네.[295]

프로타르코스 물론 그럴 것입니다.

소크라테스 그러면 다음으로 우리는 그것들을 혼합하는 일에 착수해야 하지 않겠는가?

프로타르코스 물론입니다.

소크라테스 그런데 다음과 같은 것을 미리 말함으로써 우리 자신이 그걸 상기하게끔 하는 것이 더 옳지 않겠는가?

프로타르코스 어떤 걸 말이죠?

소크라테스 앞서도 우리가 말했던 거네. "아름다운 것은 두 번이
든 세 번이든 되풀이해서 말해야 한다"는 속담[296]은 실로 좋은 말
이라고 여겨지네.

프로타르코스 물론입니다.

소크라테스 자! 그럼, 제우스께 맹세코, 말해 보도록 하세. 내가
생각하기에, 그때 우리가 말한 것은 이런 것이네.[297]

프로타르코스 어떤 것이죠?

소크라테스 필레보스는 즐거움이 모든 살아 있는 것한테 옳은 목
표이며, 모든 것은 이것을 겨냥해야 하고, 게다가 바로 이것이
모두에게 좋은 것이며, '좋다'와 '즐겁다'는 두 낱말은 한 가지 것
혹은 하나의 본성에 적용되는 게 옳다고 주장하는 거고. 반면에
소크라테스는 그것들이 하나가 아니고, 그 이름들처럼 둘이며
좋은 것과 즐거운 것은 서로 다른 본성을 갖는 한편, 즐거움보다
분별이 좋은 것의 몫에 더 관여한다고 주장하는 거네.[298] 이것은
이전에도 지금도 우리가 주장하는 게 아닌가, 프로타르코스?

프로타르코스 틀림없습니다.

소크라테스 그리고 다음과 같은 것도, 이전에도 그랬고 지금도 우
리가 합의하는 게 아닌가?

프로타르코스 어떤 것을 말씀하시는 거죠?

소크라테스 좋은 것의 본성은 다음과 같은 점에서 다른 것들과 다르다는 것 말이네.

프로타르코스 어떤 점에서죠?

c

소크라테스 살아 있는 것들 중 어떤 것이 언제나, 끝까지, 전적으로, 완벽하게 좋은 것을 갖고 있을 경우, 그것에는 더 이상 다른 어떤 것도 결코 더 필요하지 않고 가장 완전하게 충족함을 가질 것이라는 점에서 말이네. 그렇지 않은가?

프로타르코스 그렇고말고요.

소크라테스 그리고 우리는 논의상 즐거움과 분별을 서로 분리하여 각각의 삶에 할당해서, 즐거움은 분별과 섞이지 않게 하고, 마찬가지로 분별은 가능한 한 즐거움을 조금도 갖지 않게 함으로써 그 각각을 시험하지 않았는가?[299]

프로타르코스 그랬지요.

소크라테스 그때 우리는 둘 중 어느 한쪽이 누구에게나 충족적이라고 생각하진 않았지?

d

프로타르코스 어찌 그랬겠습니까?

소크라테스 우리가 앞서 무언가를 잘못했다면, 지금 누군가가 그 문제를 다시 붙들고 그가 더 옳게 말하게 해 보세. 그는 기억, 분별, 지식, 그리고 참된 판단이 같은 부류에 속하는 것으로 여기고, 누군가가 이것들 없이 그 무엇인가를 갖거나 얻길 바랄 것인지, 특히나 즐거움을 갖거나 얻길 바랄 것인지 숙고해야 할 것이네. 가장 많은 즐거움이든 가장 강렬한 즐거움이든 즐거움으로 기뻐하고 있다고 참되게 판단하지도 못하고, 한때 어떤 느낌을

e 겪었는지 전혀 알지도 못하고, 또한 그 느낌에 대한 기억을 잠시도 갖지 못하는 경우에 말이네. 다른 한편 그가 분별에 대해서도 같은 걸 말하게 해 보세. 누군가가 어떤 즐거움을 동반하기보다는 오히려 모든 혹은 약간의 즐거움조차도 없이 분별을 갖기를 바랄 것인지, 아니면 어떤 분별을 동반하기보다는 오히려 분별을 동반하지 않고 모든 즐거움을 갖길 바랄 것인지 말이네.

프로타르코스 어느 한쪽을 원하는 일은 있을 수 없습니다. 소크라테스 선생님. 그런 것은 여러 차례 물을 필요가 전혀 없는 것입니다.

61a 소크라테스 그러면 그 둘 중 어느 것도 완전하고 모두가 택함 직한 것, 즉 전적으로 좋은 것[300]은 아닐 테지?

프로타르코스 물론입니다.

소크라테스 그러니 우리는 좋은 것을 명확하게 파악하거나, 혹은 그것의 어떤 윤곽이라도 파악해야 하네. 이는 우리가 말했듯이 어느 쪽에 이등상을 주어야 하는지 알기 위해서네.

프로타르코스 정말 옳은 말씀입니다.

소크라테스 그런데 우리는 좋은 것에 이르는 어떤 길을 이미 발견한 게 아닌가?

프로타르코스 무슨 길을 발견했다는 거죠?

소크라테스 이를테면 누군가가 어떤 사람을 찾을 때, 먼저 그가 살고 있는 거처를 옳게 알아내면, 그 자신이 찾는 사람을 찾아내 ⟨b⟩ 는 데 분명 큰 진전을 본다는 거네.

프로타르코스 어찌 그렇지 않겠습니까?

소크라테스 그런데 논의 초반에 그랬듯이 방금도 우리의 어떤 논의는 우리에게 이런 걸 알려 주었네. 혼합되지 않은 삶이 아니라 혼합된 삶 속에서 좋은 것을 찾아야 한다는 걸 말이네.

프로타르코스 확실합니다.

소크라테스 우리가 찾고 있는 대상은 훌륭하게 혼합되지 못한 삶보다는 훌륭하게 혼합된 삶 속에서 더 분명하게 드러날 가망성이 더 크겠지?

프로타르코스 훨씬 더 크지요.

소크라테스 그러면 프로타르코스, 신들께 기도 드리고 혼합을 해보세. 디오니소스께든, 헤파이스토스께든, 이 혼합의 직분을 그 ⟨c⟩ 의 몫으로 가진 신이라면, 그 어떤 신께든 기도 드리고 말이야.

프로타르코스 물론 그래야겠죠.

소크라테스 우리는 샘들 곁에 포도주를 따르는 사람들처럼 서 있는 셈이네. 누군가는 즐거움의 샘을 꿀의 샘에 비유하는 한편, 정신이 들게 하며 술기운이 없는 분별의 샘을 떫고 건강에 좋은 물의 샘에 비유할지도 모르겠네. 우리는 이것들을 가능한 한 훌륭하게 혼합하는 데 심혈을 기울여야 하네.

프로타르코스 물론 그래야겠죠.

d 소크라테스 자! 그럼 먼저 다음 경우는 어떤가 보게. 모든 즐거움을 모든 분별과 혼합할 경우, 우리는 훌륭하게 혼합된 것을 가장 잘 얻을 수 있을까?

프로타르코스 아마도 그럴 것입니다.

소크라테스 하지만 그것은 안전하지 못하네. 어떻게 하면 덜 위험하게 혼합할 수 있을지 뭔가 내 생각을 내놓을 수 있을 것으로 여겨지네.

프로타르코스 뭔지 말씀해 주시죠.

소크라테스 우리가 생각하듯이, 어떤 즐거움은 다른 즐거움보다 더 참되며, 또한 어떤 기술은 다른 것보다 더 정확한 것임이 앞에서 밝혀졌네.

프로타르코스 물론이죠.

소크라테스 그리고 어떤 지식은 다른 지식보다 더 월등함이 밝혀졌네. 즉 어떤 지식은 생성소멸하는 것들에 주의를 기울이는 반

e 면,[301] 어떤 지식은 생성도 소멸도 하지 않고 언제나 같은 상태로 동일하게 있는 것들에 주의를 기울이네. 우리는 진실성을 고려하여 뒤의 것이 앞의 것보다 더 참되다고 생각했었네.

프로타르코스 확실히 옳은 말씀입니다.

소크라테스 우리가 우선 각각의 가장 참된 부분들을 혼합하고서 다음과 같은 것을 살펴보면 어떨까? 그것들이 섞이면 그것들은

가장 만족할 만한 삶을 만들어 우리에게 제공해 주기에 충분한
지, 아니면 그런 유의 것들에 속하지 않는 어떤 것이 여전히 우
리에게 더 필요할지 말이네.

프로타르코스 저로서는 살펴봐야 한다고 생각합니다.

62a

소크라테스 정의 자체에 대하여 그것이 무엇인지를 분별하고, 이
인식함에 따른 개념 정의를 갖고 있으며, 더 나아가 존재하는 다
른 모든 것에 대해서도 마찬가지로 사고하는 사람이 있다고 해
보세.

프로타르코스 그렇다고 해 보죠.

소크라테스 그런데 이 사람이 신적인 원과 구 자체에 대해서는
정의를 갖고 있지만, 이 인간 세상의 구와 원들에 대해서는 알
지 못하고, 집을 짓는 데 원들의 경우와 마찬가지로 자들의 경
우에도 다른 차원의 것들[302]을 이용한다면, 그의 지식이 충분한
걸까?

b

프로타르코스 소크라테스 선생님, 우리는 신적인 지식들 안에만
머무르는 우리의 우스운 상태에 대해 말하고 있는 것입니다.

소크라테스 무슨 말이지? 잘못된 자와 원을 이용하는, 확실하지
도 순수하지도 못한 기술도 함께 넣어 혼합해야 한다는 말인가?

프로타르코스 그럴 수밖에 없지요. 만일 우리 중 누군가가 언젠가
그 거처에 이르는 길을 찾아내고자 한다면 말입니다.

소크라테스 그리고 조금 전에 우리가 어림잡기와 모방으로 가득

c

차 있어서 순수성이 부족하다고 말한 음악도 혼합해야 할까?

프로타르코스 제게는 그럴 수밖에 없어 보입니다. 우리의 삶이 어떻게든 진정 삶이려면 말입니다.[303]

소크라테스 그렇다면 마치 어떤 수문장이 군중들에 의해 떠밀려서 어쩔 수 없이 굴복해 문을 활짝 열어 주듯이, 모든 지식이 흘러들어 순수한 것과 함께 그보다 못한 것이 혼합되는 걸 허용하길 바라는가?

d 프로타르코스 소크라테스 선생님, 누군가가 으뜸가는 지식들을 가지고 있다면 그 밖의 모든 지식들을 취한다고 해서 그가 해를 입게 되는지 저로서는 모르겠습니다.

소크라테스 그러면 나는 호메로스가 매우 시적으로 '계곡들이 만나는'[304] 곳이라 표현한 저수 공간 속으로 모든 지식이 흘러들게 해야 할까?

프로타르코스 그렇고말고요.

소크라테스 모두 흘러들게 되었네. 그럼 우리는 이번에는 즐거움들의 샘으로 가야 하네. 우리는 우선 양쪽에서 참된 것들의 부분들만을 혼합하려고 생각했지만 그렇게 할 수는 없었네. 오히려 우리는 모든 지식을 반겨서 그 모두를 한꺼번에 한군데로 흘러들게 했네. 즐거움들의 경우를 살펴보기에 앞서서 말이네.

e 프로타르코스 정말 맞는 말씀입니다.

소크라테스 그러니 이제 우리로서는 즐거움들에 대해서도 숙고할 때이네. 우리가 이것들 모두를 한꺼번에 흘러들게 해야 할지, 아니면 우선 이것들 중 참된 것들을 그렇게 해야 할지 말일세.

프로타르코스 우선 참된 것들이 흘러들게 하는 것이 안전을 위해 훨씬 월등한 방식입니다.

소크라테스 그러면 그렇게 되도록 하세. 그런데 그다음은 어떤가? 지식들의 경우처럼 불가피한 즐거움들[305]이 있다면, 이것들 또한 섞어야 하지 않겠는가?

프로타르코스 왜 안 그렇겠습니까? 어쨌든 불가피한 즐거움들은 분명 혼합해야 합니다.

소크라테스 일생에 걸쳐 모든 기술을 아는 것이 해롭지 않고 이롭 63a 다고 했듯이, 지금 우리가 즐거움과 관련해서도 같은 식으로 말한다면, 그러니까 일생에 걸쳐 모든 즐거움을 즐기는 것이 우리 모두에게 이득이 되며 해롭지 않다면, 모든 즐거움을 혼합해야 하네.

프로타르코스 그러면 바로 이 점에 대해서 우리는 어떻게 말해야 할까요? 그리고 우리는 어떻게 해야 할까요?

소크라테스 프로타르코스, 우리는 그것을 우리 자신한테 물을 것이 아니라 오히려 즐거움들과 분별들 자신들한테 그들 서로에 대해 다음과 같은 걸 물어서 알아봐야 하네.

프로타르코스 어떤 것을 말씀인가요?   b

소크라테스 "친애하는 자들이여! 당신들이 즐거움들이라 불려야 하든, 아니면 다른 어떤 이름으로 불려야 하든, 당신들은 모든 분별과 함께 살고자 합니까, 아니면 분별함을 동반함 없이 살고자 합니까?" 내가 생각하기에는 이에 대해 즐거움들은 지극히 필연적으로 이런 말을 할 거네.

프로타르코스 어떤 말을 할까요?

소크라테스 그것은 마치 앞에서 우리가 말한 것과 같은 것이네. 즉 "어떤 부류가 홀로 고립되어 혼합되지 않은 채 있는 것은 전혀 가능한 일도 아니고, 이로운 일도 아닙니다. 그리고 다른 모든 것과 아울러 바로 우리 각자를 가능한 한 완전하게 아는 부류가, 모든 부류 가운데 우리가 일대일로 함께 지내기에 무엇보다 가장 좋은 부류라고 생각합니다."

c

프로타르코스 "지금 훌륭하게 말했습니다"라고 우리는 말할 겁니다.

소크라테스 옳은 말이네. 그러면 다음 차례로 우리는 분별과 지성한테 질문을 해야 하네. 우리는 지성과 분별한테 "혼합에 어느 정도 더 즐거움들이 필요합니까?" 하고 질문할 것이네. 그들은 "어떤 부류의 즐거움들을 말하는 건가요?" 하고 반문할지 모르네.

프로타르코스 그럴 것 같네요.

d

소크라테스 그다음 우리의 논의는 이러하네. "그 참된 즐거움들 외에도 가장 크고 가장 강렬한 즐거움들이 당신들과 함께 기거하는 게 여전히 더 필요한가요?" 하고 우리는 물을 것이네. 그러

면 그들은 이런 대답을 할지 모르네. "소크라테스 님, 어찌 필요
하겠습니까? 적어도 그들은 우리가 기거하는 혼을 광기 상태로
혼란시켜서 우리가 무수한 장애를 갖게 하고, 아예 우리가 생기
지 못하게 하고, 무관심으로 망각이 생기게 함으로써, 태어나는   e
우리의 자손들 대부분을 완전히 파멸시키니 말이오. 그러나 당
신이 참되고 순수하다고 말한 즐거움들은 우리와 거의 친척 관
계에 있다고 생각하십시오. 그리고 이들 외에도 건강과 절제함
에 따른 즐거움들과 더 나아가 신의 추종자들처럼 온갖 덕의 추
종자들로서 모든 곳에서 덕에 뒤따르는 즐거움들, 이것들을 혼
합시키십시오. 하지만 언제나 어리석음과 그 밖의 나쁜 상태에
따르는 즐거움들을 지성과 혼합하는 것은 분명 대단히 불합리한
일입니다.[306] 누군가가 가장 아름답고 가장 불화가 없는 섞임과
혼합을 보고서, 이것 속에서 도대체 무엇이 사람과 우주에 있어   64a
본래 좋은 것인지[307]를, 그리고 그것이 도대체 어떤 특성의 것이
라고 예견해야 할지를 알아내려 시도하고자 한다면 말입니다."
지금 한 이 말은 지성이 자신과 기억과 옳은 판단을 옹호하기 위
해 분별 있게 그리고 그 자신에 걸맞게[308] 대답한 것이라고 우리
는 말해야 하지 않겠는가?

프로타르코스 그렇고말고요.

소크라테스 그런데 다음과 같은 것도 필연적이며, 달리는 그 어느
것 하나도 결코 생성되지 못할 것이네.

b   프로타르코스 뭐가 필연적이라는 거죠?

소크라테스 우리가 어떤 것에다 진실성을 혼합해 넣지 않는다면, 그것은 진실로 생성될 수는 없을 것이며, 생성되었다 해도 존속하지 못하리라는 거네.[309]

프로타르코스 어찌 존속할 수 있겠습니까?

소크라테스 결코 그렇지 못할 것이네. 그러나 이 혼합에 여전히 어떤 것이 더 필요하다면, 자네와 필레보스가 말해 보게나. 내가 보기에, 지금 우리의 논의는 마치 혼을 지닌 몸을 훌륭하게 다스릴 어떤 비물질적인 질서 체계와도 같이 완성되었네.[310]

프로타르코스 소크라테스 선생님, 제 판단도 그렇다고 생각하십시오.

c   소크라테스 그러니 이제 우리가 이미 좋은 것의 거처의 현관에 서 있다고 말한다면, 아마도 우리는 어떤 면에서 옳게 말하는 것이겠지?

프로타르코스 적어도 제게는 그렇게 생각됩니다.

소크라테스 그러면 그 혼합 속에 있는 무슨 요소가 가장 존귀한 것이고 아울러 그런 혼합 상태를 모든 이가 사랑하게 만드는 가장 주된 원인이 되는 것이라고 우리가 생각해야 할까? 이것을 알아본 다음, 우리는 모든 것에서 그것이 즐거움과 더 가깝고 더 친근한 관계에 있는지, 아니면 지성과 더 그러한지를 고찰할 것이네.

프로타르코스 그렇게 하는 게 옳습니다. 그게 우리가 판정을 하는 d
데 가장 도움이 되니까요.

소크라테스 그런데 모든 혼합의 원인, 즉 그 어떤 혼합이든 무엇
보다도 가치 있게 혹은 전혀 아무런 가치가 없게 만드는 원인은
알아보기 어렵지 않네.

프로타르코스 무슨 말씀인가요?

소크라테스 분명 다음과 같은 것을 모르는 사람은 아무도 없을
거야.

프로타르코스 어떤 것을 말이죠?

소크라테스 어떤 혼합이든 어떻게 구성되었든, 적도와 균형성[311]
을 갖지 못한 모든 혼합은 필연적으로 혼합 요소들뿐 아니라 일
차적으로 그 자신을 파괴시킨다는 것이네. 그런 것은 혼합도 아 e
니고 실제로는 혼합되지 못한 채 모아진 것으로서, 그런 것을 가
진 것들에게 그때그때마다 실로 재난이 된다네.

프로타르코스 정말 맞는 말씀입니다.

소크라테스 그런데 우리가 보기에, 이제 좋은 것의 힘은 아름다운
것의 성질 쪽으로 숨어 버렸네. 분명 적도와 균형은 모든 경우에
아름다움과 훌륭함으로 드러나기 때문이네.[312]

프로타르코스 물론입니다.

소크라테스 더 나아가 혼합 속에는 진실성이 이것들과 혼합되어
있다고 우리는 말했네.

프로타르코스 물론입니다.

소크라테스 그러니까 만일 우리가 좋은 것을 하나의 특성에 의해
서는 포착할 수 없다면, 세 가지, 즉 아름다움과 균형 및 진실성
에 의해서 파악하고서, 이것들을 하나의 것처럼 여겨 혼합의 요
소들 중 이것을 원인으로 내세우는 것이 가장 옳으며, 또한 이것
이 좋으므로 이것으로 인해 그 섞임도 그런 것으로 되었다고 말
하세나.[313]

65a

프로타르코스 정말 옳은 말씀입니다.

소크라테스 그러면, 프로타르코스, 이제는 누구라도 즐거움과 분
별에 관해 우리를 위해 능히 이런 걸 판정하는 자가 될 수 있을
것이네. 그 둘 중 어느 것이 신들 가운데서도 인간들 가운데서도
가장 좋은 것과 더 동류의 것이고 더 존귀한지를 말이네.

b

프로타르코스 그 점은 명백하지만, 논의에 의해 철저히 살펴보는
것이 더 좋습니다.

소크라테스 그러면 즐거움 및 지성과 관련해서 세 가지 것을 하나
하나 판정해 보세.[314] 왜냐하면 우리는 둘 중 어느 것에 세 가지
각각을 더 동류의 것으로서 할당할 것인지를 알아봐야 하기 때
문이네.

프로타르코스 아름다움과 진실성 그리고 적도에 대해 말씀하시는
거죠?

소크라테스 그렇다네. 먼저 진실성을 택해 보게, 프로타르코스.

그것을 택했으면, 세 가지 것, 즉 지성과 진실성과 즐거움에 주목
하게. 그러고는 긴 시간을 갖고서 즐거움이 진실성과 더 동류의   c
것인지, 아니면 지성이 더 그런 것인지 자신에게 대답해 보게.

프로타르코스 왜 시간이 필요하겠습니까? 제가 생각하기에는 그
둘은 상당히 다르니 말입니다. 즐거움은 뭣보다 가장 큰 허풍쟁이
이입니다. 사람들은 말하기를, 가장 큰 즐거움이라고 여겨지는
성욕과 관련되는 즐거움들의 경우에는 거짓 맹세조차 신들에게
서 용서를 받는다고 합니다.[315] 그 즐거움들은 마치 어린아이처
럼 지성을 조금도 지니고 있지 않다고 해서죠. 반면에 지성은 진   d
실성과 같거나 혹은 뭣보다도 그것과 가장 닮은 것이며 가장 참
된 것입니다.

소크라테스 다음으로 적도를 같은 방식으로 고찰해 보게. 즐거움
이 분별보다 더 많은 적도를 지니고 있는지, 아니면 분별이 즐거
움보다 더 많이 그러한지 말이네.

프로타르코스 선생님께서 내놓은 이 고찰거리도 쉽게 고찰할 수
있는 것입니다. 제가 생각하기에는 누구도 즐거움이나 지나친
기쁨보다 존재하는 것들 중 본성상 더 적도에 맞지 않는 걸 전혀
발견하지 못할 것이고, 지성이나 지식보다 더 적도에 맞는 것도
결코 하나도 발견하지 못할 것입니다.

소크라테스 훌륭하게 말했네. 하지만 계속해서 셋째 것에 대해 말   e
해 보게. 우리의 지성이 즐거움의 부류보다 더 많이 아름다움에

관여하고, 그리하여 지성이 즐거움보다 더 아름다울까, 아니면 그 반대일까?

프로타르코스 그런데 소크라테스 선생님, 아무도 잠들어 있을 때든 깨어 있을 때든 분별과 지성이 추한 경우를 본 적이 없으며, 또한 그것들이 어떤 경우에든 어떻게든 추하게 되거나 추하거나 추하게 될 것이라고 생각해 본 적이 없습니다.

소크라테스 옳은 말이네.

프로타르코스 하지만 우리가 즐거움들을, 그것도 거의 가장 큰 즐거움들을 누군가가 누리는 것을 목격할 때는, 그런 즐거움에 따르는 우스꽝스러운 것과 무엇보다 추한 것을 보게 되므로, 분명 우리 자신은 부끄러움을 느껴서 그것들을 보이지 않게 최대한으로 숨깁니다. 낮의 빛이 그런 유의 모든 행위를 보아서는 안 되기나 하듯이 그것들을 밤 시간에 허용함으로써 말입니다.

소크라테스 그러니, 프로타르코스, 자네는 전령에 의해 전하거나, 곁에 있는 사람들에게 직접 알려 줌으로써 사방에 이렇게 전파할 것이네. 즐거움은 첫째 소유물도 둘째 소유물도 아니고, 오히려 첫째 소유물은 척도의 영역에, 즉 적도와 적시성, 그리고 이런 유의 것들로 생각해야 할 모든 것의 영역에 있는 것으로서, 영원성을 갖는다고 말이네.

프로타르코스 지금 논의된 것들에 의거해 볼 때 그러한 것 같습니다.

소크라테스 둘째 것은 균형과 아름다움, 완전함과 충족함 그리고 　b
그런 부류에 속하는 모든 것과 관련되어 있네.

프로타르코스 그런 것 같습니다.

소크라테스 나의 예측으로는 지성[316]과 분별을 셋째 것으로 생각
한다면 자네는 진실에서 크게 벗어나지 않을 것이네.

프로타르코스 아마도 그럴 것입니다.

소크라테스 그러면 넷째 것들로는 우리가 혼 자체에 속한다고 생
각했던 것들로서, 지식들과 기술들 및 옳은 판단들이라 불리는 　c
것들이 세 가지 것들에 더하여 넷째 것들이겠지? 그것들이 즐거
움보다 더 좋은 것과 동류의 것이라면 말일세.

프로타르코스 그럴 것 같습니다.

소크라테스 그렇다면 다섯째 것들은, 우리가 괴로움이 없는 것으
로 정의해 놓은 즐거움들, 즉 혼 자체의 순수한 즐거움이라 일컫
은 것들로서, 학문들에 따른 것들과 지각들에 따른 것들이겠지?

프로타르코스 아마도 그럴 것입니다.

소크라테스 "6세대에서는 노래의 순서를 멈출지어다"라고 오르페
우스는 말한다네.[317] 그런데 우리의 논의 또한 여섯째 판정에서
끝을 본 것 같네. 다음으로 우리에게 남겨진 일은 언급된 것들에 　d
다 이를테면 머리를 얹어 주는 것 이외에는 아무것도 없네.

프로타르코스 그러면 그렇게 해야 합니다.

소크라테스 자! 그럼, "구원자를 위해 셋째 것으로" 같은 설명을

증거로 삼고, 논의를 마저 하세나.[318]

프로타르코스 어떤 설명을 말씀하시는 건가요?

소크라테스 필레보스는 모든 즐거움이 전부 우리에게 좋은 것이라고 생각했네.

프로타르코스 소크라테스 선생님, 방금 말씀한 '셋째 것'이라는 말로 논의를 처음부터 다시 해야만 한다는 것을 뜻하신 것 같네요.

e 소크라테스 그러하네. 그다음 것을 들어 보세나. 나는 내가 방금 살펴본 점들을 고려하고서, 그리고 필레보스뿐만 아니라 그 밖에 수없이 많은 사람의 주장이 못마땅해서, 적어도 즐거움보다는 지성이 훨씬 더 나으며, 사람들의 삶에 더 좋다고 말했네.

프로타르코스 그러셨지요.

소크라테스 그러나 어쨌든 다른 많은 것이 또한 있지나 않을까 해서 나는 말했네. 만일에 어떤 것이 그 둘보다 더 나은 것으로 드러나면, 나는 즐거움에 맞서 지성의 편에서 이등상을 위해 싸울 것이고, 즐거움은 이등상조차도 **빼앗기게** 될 것이라고 말일세.

67a 프로타르코스 정말 그렇게 말씀하셨습니다.

소크라테스 다음으로 이 둘 가운데서 어느 것도 충족적이지 못하다는 것이 무엇보다 충분히 드러났네.

프로타르코스 정말 맞는 말씀입니다.

소크라테스 그러니까 이 논의에서 지성과 즐거움, 이 둘은 충족함과 완전함의 성질과 자족성을 결여하고 있으므로, 둘 중의 어

느 쪽도 적어도 좋은 것 자체는 아닌 것으로 결판이 나지 않았는
가?[319]

프로타르코스 지극히 옳은 말씀입니다.

소크라테스 그리고 다른 제삼의 것이 이들 둘 각각보다 더 나은
것으로 드러난 후, 이제는 지성이 즐거움보다 승리자의 특성에
한없이 더 친근하고 더 가깝다는 것도 드러났네.

프로타르코스 어찌 그렇지 않겠습니까?

소크라테스 그렇다면 방금 논의가 명백히 해 준 판정에 따르면,
즐거움의 힘은 다섯째 것이 될 것이네.

프로타르코스 그럴 것 같습니다.

소크라테스 모든 소와 말 그리고 그 밖의 모든 짐승이 기뻐함을   b
추구함에 의해 즐거움이 첫째 것이라고 증언할지라도, 즐거움
은 적어도 그런 것이 아니네. 마치 예언자들이 새들을 믿듯이,
다수의 사람은 그 짐승들을 믿고서, 즐거움들이 잘 삶을 위해서
는 우리에게 가장 좋은 것들이라고 판단하며, 또한 짐승들의 사
랑들을 지혜를 사랑하는 무사 여신을 통해 그때마다 영감을 받
은 논증들에 대한 사랑들보다도 더 권위 있는 증거들이라고 믿
는다네.

프로타르코스 소크라테스 선생님, 이제 저희 모두는 선생님께서
더없이 진실된 말씀을 하신 걸로 봅니다.

소크라테스 그렇다면 자네들은 나를 놓아줄 건가?

프로타르코스 아직 사소한 것이 남아 있습니다, 소크라테스 선생님. 적어도 선생님께서는 저희보다 먼저 물러서지는 않으실 게 분명합니다. 남아 있는 것들을 선생님께 상기시켜 드리겠습니다.

주석

1. 우리 : 여기서 '우리'란 필레보스나 프로타르코스와 견해를 달리하는 쪽을 가리킨다. 이후의 '우리 쪽'도 그러하다.

2. 우리가 그 양쪽 주장을 요약해 보았으면 하는가? : 이 대화편의 도입부를 볼 때, 앞서 소크라테스와 필레보스는 "도대체 무엇이 좋은 것인가?" (13e) 하는 문제와 관련하여 각기 자신의 주장을 폈던 것으로 볼 수 있다.

3. 필레보스는 기뻐함, 즐거움, 유쾌함, 그리고 이런 부류에 해당하는 온갖 것이 살아 있는 모든 것에게 좋은 것이라고 주장하네 : 이 대화편에서 기뻐함, 즐거움, 유쾌함 등은 본질적으로 같은 것으로 간주되며, 이것들 중 즐거움(쾌락 : hēdonē)을 대표 용어로 사용한다. 즐거움이 좋은 것이라는 필레보스의 주장에 대해서는 세 가지 해석이 가능하다. (1) 즐거움은 좋은 것들 중 하나이다. (2) 즐거움은 가장 좋은 것이다. (3) 즐거움과 좋은 것(좋음)은 같은 것이며, 즐거움이 유일하게 좋은 것이다. 필레보스는 (3)을 고수하고자 하지만, (2)의 의미를 수용하기도 하는 비일관성도 보인다. 프로타르코스도 마찬가지이다.

    "즐거움이 좋은 것(agathon)이다"라는 필레보스의 주장을 더 분석해 보면, 우선 그것은 즐거움이 좋음이라는 속성을 갖는 것들, 다시 말해 좋은 것들 중 하나(a good)라는 뜻으로 볼 수 있다. 'agathon' 앞에 정관사 'to'가 없다는 점에서 일단 이렇게 해석해 볼 수 있지만, 필레보스가 이런 뜻으로 말하는 것으로 보이진 않는다. 그래서 'agathon'에 'to'가 생략된 것으로 보는 쪽이 더 적절하다. (사실 60a~b를 보면, 지금의 논의를 환기시키면서 'agathon'에 'to'를 덧붙이고 있다.) 이렇게 보는 경우에도 두 가지 의미가 구분될 수 있다. 그 하나는 필레보스가 즐거움이 '가장 좋은 것'이라고 주장한다고 보는 것이다(19c). 다른 하나는 그가 즐거움과 좋은 것(좋음, the good)이 같은 것이며, 즐거움이 유일하게 좋은 것이라고 주장한다고 보는 것이다(60a~b). 필레보스가 이런 견해를 갖고 있기 때문에 22c에서 알 수 있듯이 소크라테스는 20c~22c에서 그 둘의 동일성을 부정하고자 했고, 또한 55a~b에서도 그런 시도를 했던 것으로 볼 수 있다.

4 분별함, 인식함, 기억함, 그리고 또한 이런 것들과 동류의 것들인 옳은 판단과 참된 헤아림 : 소크라테스는 이것들 대신 지성(nous), 지식(epistēmē), 이해(synesis), 기술(technē) 등을 즐거움보다 더 좋은 것으로 제시하기도 한다(19d). 그리고 이 대화편의 여러 곳에서 그는 이런 인지적 요소들 모두를 분별(phronēsis)이나 지성(nous), 혹은 지식(epistēmē)으로 통칭하곤 한다.

5 현재나 미래에 이런 것들에 관여할 수 있는 모든 것에게 그러한 관여는 뭣보다도 가장 이롭다는 것이네 : 11c2의 그리스어 구문에서 'einai'의 의미상의 주어를 분별함, 인식함 등으로 보려는 시도도 있으나, 이렇게 볼 경우 술어를 'ameinō'와 같이 중성 복수로 쓰다가 'ōphelimōtaton'과 같이 중성 단수로 쓰는 점을 설명하기 힘들게 된다. 따라서 그보다는 중복을 피하기 위해 주어인 'metaschein'을 생략한 것으로 보는 편이 더 나아 보인다.

6 우리는 각기 어쨌든 이와 같이 주장하고 있는 게 아니겠는가 : 『필레보스』에서 제시된 두 상반된 견해는 흔히 에우독소스(Eudoxos)와 스페우시

포스(Speusippos)의 견해들과 비교되곤 한다. 스페우시포스는 즐거움과 고통, 둘 다 나쁜 것이며, 지식이 좋은 것이라는 견해를 편 데 반해, 에우독소스는 즐거움이 좋은 것이라는 견해를 편 것으로 알려져 있다. 아리스토텔레스의 『니코마코스 윤리학』 1172b에서는 즐거움에 관한 에우독소스의 견해와 플라톤의 견해가 나란히 소개되는데, 에우독소스의 영향으로 플라톤이 『필레보스』에서 즐거움과 관련해 논하게 된 것으로 추정되기도 한다. 그러나 그가 이 대화편에 앞서 일찍이 초기 대화편인 『프로타고라스』나 『고르기아스』에서 즐거움에 관해 진지하게 논의를 펼쳤으며, 그리고 중기 대화편인 『국가』의 핵심부인 6권에서 즐거움을 좋음과 연관시켜 논했을 뿐 아니라, 9권에서도 즐거움에서 긴 논의를 한 바 있다. 이런 점들을 고려한다면 오히려 에우독소스가 아카데미아 학원에 입문하여 플라톤의 영향을 받았던 것으로 보인다. Friedländer(1969), pp. 306-7.

7 지금 제시된 이 주장 : '이 주장'이란 소크라테스가 요약해 준 필레보스의 견해를 가리킨다.

8 혼의 어떤 성향이나 상태 : '성향'(hexis)과 '상태'(diathesis)라는 두 용어의 의미 차이에 대해 의문을 가질 수 있다. 아리스토텔레스의 저술에는 그 차이를 설명하는 대목이 있는데, 플라톤이 그런 차이를 염두에 둔 것인지는 분명치 않다. 아리스토텔레스의 『범주들』(8, 8b25 이후)에 따르면 'hexis'가 'diathesis'보다 훨씬 더 지속적이고 확고한 것이라고 설명하고, 앞의 것의 예로 지식들과 덕(aretē)들을 들고, 뒤의 것의 예로는 따뜻함, 차가움, 질병, 건강 등을 들고 있다.

9 이제 우리 각자는 … 말일세 : 소크라테스는 논의 주제를 분명히 해 주는데, 그 주제는 "도대체 무엇이 좋은 것인가?"(13e)로 제시되기도 하고, 더 엄밀하게 "무엇이 사람의 소유물들 중에서 가장 좋은 것인가?"(19c)로 제시되기도 한다. 여기서 주목할 점은 그가 문제 삼는 좋은 것이란 사람의 소유물로서의 좋은 것이고, 그것도 부나 가문, 평판과 같은 외적인 좋은 것이 아니라, '혼의 성향이나 상태'와 같은 내적인 좋은 것이

라는 점이다.

10 즐거움의 삶 : 즐거움을 지닌 삶을 뜻한다.

11 아니면 어떤가 : 소크라테스는 분별이 좋은 것이라고 보면서도, 즐거움
과 분별이 아닌 제삼의 것이 좋은 것일 가능성을 열어 두고 있다. 이
점은 그가 앞에서 분별이 "즐거움보다 더 좋고 더 바람직한 것들로 된
다"(11b)고 언급한 데서도 알 수 있다. 이후에 그는 제삼의 것이 좋은
것임을 밝히고(20c-23a), 대화편 말미에서 마침내 적도나 균형과 아름
다움 및 진실성이야말로 좋은 것이며, 이것들에는 즐거움보다는 지성
이나 분별이 더 가까운 것이라는 결론에 이른다(64c-66a).

12 저로서는 그렇게 생각합니다 : 프로타르코스는 즐거움을 좋은 것으로 보
면서도, 지금의 대답에서 알 수 있듯이, 소크라테스와 같이 즐거움과
분별이 아닌 제삼의 것이 좋을 가능성을 열어 두고 있다.

13 저는 어떤 경우에도 즐거움이 이긴다고 … 생각할 겁니다 : 필레보스는 프
로타르코스와 달리, 즐거움 이외에 다른 것이 좋은 것일 가능성을 전
적으로 배제하는 극단적인 형태의 쾌락주의자이다.

14 아니면 그가 원하는 대로 : '그가 원하는 대로'란 이를테면 필레보스가 논
의에서 빠지고 프로타르코스가 소크라테스의 논의 상대가 되는 방식을
나타내는 것으로 보인다.

15 아프로디테 : 『크라튈로스』에서는 아프로디테(Aphroditē)는 거품(aphros)
에서 탄생했으므로 그 이름을 얻었다고 언급된다(406c-d). 더 자세한
설명은 『신들의 계보』 195-7(188-206)에서 볼 수 있다. 거기서는 우라노
스의 잘린 생식기가 바다에 떨어졌을 때, 그 주위에 흰 거품(aphros)이
일었고, 이 거품에서 아프로디테가 탄생하여 성장한 것으로 언급된다.

16 이 친구 : 필레보스를 가리킨다.

17 가장 큰 무서움을 넘어선다네 : 이런 태도는 아프로디테 여신의 가장 참
된 이름이 '헤도네'라고 단정하는 프로타르코스의 태도와는 상반된다.
신들의 이름과 관련해 소크라테스가 두려움이나 무서움을 갖는 까닭
은 『크라튈로스』(400d-400e)에서 엿볼 수 있다. 그는 우리가 신들 자신

들에 대해서도 신들의 이름에 대해서도 아무것도 알지 못한다는 것을
인정하는 것이 최선책이라고 말한다. 그리고 신들의 이름과 관련한 차
선책은 신들이 기뻐하는 이름으로 신들을 부르는 것이라고 한다. 그
러니까 『필레보스』에서도 그는 여신인 아프로디테와 관련해서 참된 이
름을 운운하는 것이 주제넘고 두려운 일이라고 여기는 것이며, 그래서
바로 다음 구절에서 보듯, 그 여신의 마음에 들도록 이름을 부른다고
말하는 것으로 보인다.

18 지금 나는 아프로디테의 마음에 들도록 이 여신을 부르네 : 아프로디테 여
신이 애욕이나 성적 즐거움과 연관되어 이해되곤 하고, 그런 맥락에서
아프로디테가 헤도네(즐거움)라 불리기도 했던 것으로 보인다. 그런데
그것은 그 여신의 마음에 들 리가 없다는 것이 소크라테스의 생각일
것이다. 신에게는 기쁨(즐거움)도 괴로움도 없을 것이라고 생각하는 그
로서는(33b), 그 여신을 즐거움의 대명사인 것처럼 여겨 즐거움으로 부
르는 것은 옳지 않다고 여겼을 것이다.

19 나는 즐거움이 다양한 것임을 알고 있네 : 소크라테스가 즐거움이 다양한
것임을 지적하고, 이어서 그것이 서로 다르기조차 한 온갖 형태를 취
한다는 점을 지적하는데, 이는 즐거움들 가운데는 좋은 것도 있고 나
쁜 것도 있다는 점을, 다시 말해 즐거움들의 대부분은 나쁘며, 일부만
이 좋다는 점을 밝힘으로써, 모든 즐거움이 좋은 것이라고 보는 쾌락
주의자인 필레보스 혹은 프로타르코스의 주장을 논박하기 위한 것이
다. 이 점은 13a-b에서 드러난다.

20 어리석은 판단과 기대들을 잔뜩 갖고 있는 어리석은 사람도 즐거움을 누
린다고 말하는가 하면 : 어리석은 사람이 누리는 즐거움과 관련해서는
39e-40b에서 그 설명을 볼 수 있다.

21 그것만이 아니라 : 'kai gar'를 'yes, and'나 'and further'의 의미로 보고
약간 의역했다.

22 그것의 부분들 : 종(種)들이라고 할 수 있다.

23 분명 : 'pou'는 'dēpou'와 엄격히 구분해서 통상 '아마' 정도로 번역되

곤 한다. 그러나 '아마'보다는 'dēpou'처럼 '분명히' 혹은 '확실히'로 번역하는 것이 논의 맥락상 적절한 경우가 상당히 많다. 당장 12c7의 'dēpou'도 지금의 'pou'도 의미를 달리 볼 이유가 없어 보인다. 버나데테(S. Benardete)(1993)도 그렇게 보고 있을뿐더러, 이 대화편에 나오는 'pou'를 거의 예외 없이 'surely'로 옮기고 있다. 역자는 대부분의 경우 그렇게 옮겼다. 다른 서양 학자들도 이 대화편에서 볼 수 있는 'pou'를 맥락에 따라 'surely'와 같은 용어로 옮기는 경우가 적지 않다.

24 차이성 : 종들 사이의 차이, 곧 종차를 뜻하는 것으로 볼 수 있다.

25 무수한 차이성을 갖고 있네 : 도형의 예를 보면 소크라테스는 즐거움과 관련하여 유와 종의 차원에서 논의하고 있음을 알 수 있다. 곧 즐거움은 유적으로는 하나이지만, 종적으로는 여럿이라는 것이 소크라테스의 견해이다.

26 다른 하나의 이름 : '좋은 것'이라는 이름을 가리킨다.

27 즐거운 것들의 대부분은 나쁜 것들이고, 그것들의 일부가 좋은 것들이네 : 이 대화편에서 길게 전개되는 즐거움에 대한 논의(31b~55c)는 대부분의 즐거움이 나쁘고 일부만 좋으며, 따라서 일부의 즐거움만이 좋은 삶의 요소가 될 수 있음을 밝히기 위한 것이다. 특히 44a~55e에서 사실상 대부분의 즐거움이 순수하지 못하고 나쁘다는 점이 밝혀진다.

28 그 점 : 즐거움들이 서로 닮지 않았다는 점을 가리킨다.

29 가장 닮지 않은 것이 가장 닮지 않은 것과 뭣보다도 가장 닮았다고 마구 주장하려 든다면 : 프로타르코스는 이를테면 'A는 P이고, B는 P이다. 그러므로 A와 B는 같다'는 식의 논리를 구사하고 있다.

30 나는 자네가 한 말과 같은 말을 할 수 있다는 거야 : 소크라테스는 자신이 좋은 것으로 내세우는 지식과 관련해서 프로타르코스와 같은 말, 즉 지식들은 지식들인 한에서는 다르지 않고 닮았다는 주장을 할 수 있으리라는 것이다.

31 우리 자신은 … 구조된다면 : 『테아이테토스』 164d와 『국가』 621b에서도 같은 표현이 나온다.

32 나의 좋은 것이 지닌 차이성과 자네의 좋은 것이 지닌 차이성 : 이 구절
    은 '나의 좋은 것과 자네의 좋은 것의 차이성(diaphorotēs)'으로 번역되
    기도 한다. 이 경우 지금 소크라테스는 지식과 즐거움의 차이성을 분
    명히 드러내도록 하자고 말하는 것이 된다. 그런데 현재의 논의 맥락
    을 고려할 때, 그보다는 지식이나 즐거움이 지닌 차이성들을 드러내는
    것, 다시 말해 서로 다른 여러 지식들을 구분하고 서로 다른 여러 즐
    거움들을 구분해 보자는 것이 그의 제안이라고 보는 게 더 적절하다.
    사실 이후의 논의에서 그런 구분을 중요한 과제로 삼고 있기 때문이
    다. 소크라테스는 그 일을 위한 방법을 제시하고(16c-18d), 그 방법으
    로 즐거움이나 지식을 여러 종류로 나누는 일을 한다(31c-59d). 또 한
    편 위의 구절에서 'tou agathou'(좋은 것)를 삭제해야 하는지 아니면 유
    지해야 하는지에 대해서도 이견이 있다. 버넷(J. Burnet)은 베리(R. G.
    Bury)를 따라 그것을 삭제하고자 하지만, 역자는 그것을 유지하는 쪽
    을 택했다.

33 그것들이 어떻게든 검토될 때 : 버넷 판(14b3)의 'elenchomenoi'를
    'elenchomenai'로 수정해서 읽었다. 이 분사의 주어를 '차이성들'(dia-
    phorotai)로 보는 것이 더 적절할 것으로 여겨지기 때문이다.

34 어떤 것이 좋은 것이라고 말해야 할지 … 하는 점을 말이네 : 여기서 소크
    라테스는 현안 문제를 다시 분명하게 표현하는데, 이런 문제는 『국가』
    6권에서 아데이만토스가 "좋은 것을 지식이라고 보십니까, 아니면 즐
    거움이라고 보십니까? 또는 이것들 이외의 다른 어떤 것이라고 보십
    니까?"(506b)라고 소크라테스에게 물은 문제를 떠올리게 한다. 이 물
    음에 대한 답은 『국가』 9권에서 제시되는 듯한데, 더 직접적이고 본격
    적인 답은 『필레보스』에서 주어진다.

35 사실 여럿이 하나이고, 하나가 여럿이라는 것은 놀라운 언급이지 : 앞서 즐
    거움이 하나이면서 여럿이기도 한 것으로 이야기되었는데, 여기서 소
    크라테스는 '어떻게 하나가 여럿이고 여럿이 하나인가' 하는 것을 본성
    상 놀라운 문제로 제시한다. 이것은 '하나와 여럿의 문제'라 일컬을 수

있다.

36 프로타르코스인 제가 본성상 하나이지만, 또한 제가 여럿이며 서로 상반되기도 하다고 말하는 경우 말입니다 : 하나와 여럿의 문제에는 크게 두 종류가 있다. 그 하나는 형상(혹은 보편자)에 있어 하나와 여럿의 문제인데, 이 문제는 15b에서 언급된다. 다른 하나는 개별적 사물에 있어 하나와 여럿의 문제인데, 이 문제는 어떤 한 사물이 대립적 성질이나 여러 성질을 가짐으로써, 혹은 여러 부분들을 가짐으로써 생기게 되는 것이다. 지금 프로타르코스가 든 예와 14e에서 소크라테스가 든 예가 이에 해당된다. 이런 유의 예는『파이돈』102b-c,『파르메니데스』129a-d,『소피스트』251a-b 등에서도 볼 수 있다.

37 그것은 유치하고 쉬우며 논의에 몹시 방해가 된다고 생각해서지 : 개별적 사물에 있어 하나와 여럿의 문제를 유치하고 쉬운 것으로 보는 까닭은『파르메니데스』에서 설명된 바 있다. 이 대화편 129a-d에서 소크라테스는 개별적 사물이 여러 대립적인 성질을 갖는 것을 놀랍거나 이상한 것이 아니라 모두가 합의하는 것으로 언급하고, 또한 개별적 사물에 있어 하나와 여럿의 문제가 관여(methexis)설에 의해 쉽게 처리될 수 있는 것으로 여긴다. 관여설을 끌어들여 그가 말하고자 하는 바는 다음과 같이 이해할 수 있다. 개별적 사물이 하나라는 것은 그것이 하나 자체(하나의 형상)에 관여함으로써 하나라는 속성을 갖는다는 것이지, 그것이 하나 자체와 동일함을 뜻하는 것은 아니다. 또한 그것이 여럿이라는 것도 그것이 여럿 자체(여럿의 형상)에 관여함으로써 여럿이라는 속성을 갖는다는 것이지, 그것이 여럿 자체와 동일함을 뜻하는 것이 아니다. 요컨대 개별적 사물은 하나 자체도 여럿 자체도 아니다. 따라서 동일한 개별적 사물이 하나이면서 여럿이라는 것은 하나 자체가 여럿이고 여럿 자체가 하나라는 것을 뜻하는 것이 아니다. 이런 점에서 그것은 '놀라운 것이 아니라 모두가 합의할 수 있는 것'이라 할 수 있다.

38 방금 우리가 말한 것처럼 누군가가 생성소멸하는 것들에 속하는 하나인 것

을 상정하는 경우를 말하는 것은 아니야 : 다음다음 문장을 고려해서 의역하면 "방금 우리가 말한 것처럼, 생성소멸하는 것들에 속하는 것을 하나(to hen)로 상정하는 경우를 말하는 것은 아니야."라고 옮길 수 있다. 지금 소크라테스는 프로타르코스나 소크라테스와 같이 생성소멸하는 존재를 하나로 상정하는 경우와 인간과 같은 보편적인 존재를 하나로 상정하는 경우를 대비시키고자 한다.

39 이 경우에 우리가 방금 말한 그러한 하나인 것은 검토할 필요가 없다 : "검토할 필요가 없다"는 것은 14e에서 "붙들고 늘어질 필요가 없다"는 것에 상응하는 표현이다.

40 하지만 누군가가 … 상정하려 할 때 : 플라톤은 『국가』(479a)에서 형상을 전혀 믿지 않으면서 '많은 아름다운 것(사물)'(ta polla kala)은 믿는 고지식한 사람을 "누군가가 '아름다움'은 '하나'(hen)이며 '정의'도 '하나'이고, 그리고 그 밖의 다른 것들도 역시 그러하다고 말하면 도저히 참지 못하는 사람"으로 묘사하고 있다. 그러니까 누군가 아름다움을 하나로, 정의를 하나로 말한다는 것은 그가 여러 사물에 대비하여 단일한 형상의 존재를 상정하고 있음을 뜻하는 것으로 볼 수 있다. 『필레보스』에서 이 대목도 그처럼 이해될 수 있다.

41 하나인 것들 : 사람, 소, 아름다움, 좋음 등과 같은 '하나인 것'(henas)들을 플라톤의 중기 대화편에 나오던 형상들로 보아야 할지, 아니면 단순히 보편자들로 보아야 할지 논란이 있다. 종래의 형상들과 같은 것이라고 볼 수 있는 근거로는 다음과 같은 점들을 들 수 있다. 우선 바로 앞의 주에서 인용한 『국가』의 유사 구절을 통해서 알 수 있듯이 소크라테스가 지금 형상을 문제 삼고 있다고 할 수 있다. 그리고 '하나인 것', 즉 일자(monas)가 '생성소멸하는 것들에 속하는 것'(15a)이 아니라 '언제나 동일한 것이고 생성도 소멸도 허용하지 않는 것'(15b)으로 기술되고 있는 점도 주목할 필요가 있다. 중기 대화편들에서 '생성소멸하지 않는다'거나 '언제나 동일하다'는 것은 형상의 성격을 나타내는 전형적인 표현이기 때문이다. 더 나아가 『필레보스』에서 15b에서는 생

성소멸하지 않는 각각의 일자와 '생성하는 무한한 것들'의 관계 방식에 관한 문제가 제기되고 있는 점에도 유의해야 한다. 바로 이 문제는 『파르메니데스』(131a)에서 형상과 사물들 사이에 성립하는 관여(methexis) 방식에 관한 문제와 같은 것으로 보이기 때문이다.

42 그것들의 나눔에 쏟는 대단한 열의 : "그것들의 나눔에 쏟는 대단한 열의"는 일부 번역본들, 즉 Dies(1941), Frede(1993, 1997), Gosling(1975), Pradeau(2002) 등을 참고해 의역한 것이다. 직역하면 "나눔과 더불어 그것들에 쏟는 대단한 열의"로 옮길 수 있다. 여기서 사람, 소, 아름다움, 좋음 등과 같은 하나인 것들의 나눔(diairesis)이란 그것들을 하위의 종들로 나눔을 뜻한다. 이 하나인 것들은 '생성소멸하지 않는 것들에 속하는' 것들로서, 나누어질 때 심각한 문제를 낳는다고 소크라테스는 보고 있다. 이는 앞서 언급된 '생성소멸하는 것들에 속하는' 하나인 것들이 나누어질 때 생기는 '개별적 사물에서 하나와 여럿의 문제'와는 다르다는 것이다. 그것들이 나누어질 때 생기는 문제들이 이제 15b에서 제시된다.

43 그와 같은 어떤 일자들 : 플라톤은 하나인 사람, 하나인 소 등에 대해 15a에서는 'henas'(하나인 것)란 단어를 쓰고, 15b에서는 같은 의미를 갖는 단어인 'monas'(일자)를 쓰고 있다. 반면에 15a에서 생성소멸하는 것들에 속하는 '하나인 것'에 대해서는 'to hen'을 쓴다.

44 첫째로 … 그리고 또한 … 그 다음으로 … 생각해야 하는지이네 : 버넷 판에 따라 세 가지 문제가 제기된 것으로 보고 번역했다. 그러나 이 대목에서 플라톤이 세 가지 문제를 제기하고 있는 것인지, 아니면 두 가지 문제를 제기하고 있는지, 그리고 그 문제들의 성격을 어떻게 보아야 하는지에 대해 학자들 사이에 오랜 격론이 있었다. 또한 여기서 제기된 문제들에 대한 답이 이 대화편에서 제시되고 있는 것인지, 혹 그렇게 볼 수 있다면, 그 답이 어디서 어떻게 주어졌다고 보아야 하는지가 또한 큰 논란거리로 남아 있다.

45 가만히 있으니 … 그를 건드리지 않는 것이 : 이 구절은 "mē kinein eu

keimenon"라는 그리스어 원문에 대한 번역이다. 이 원문을 그리스어 대사전(LSD)은 "let sleeping dogs lie"(가만히 있는 개 건드리지 마라)라는 영문 속담으로 옮겨 놓는데, "긁어 부스럼 만들지 말라"는 뜻으로 보는 것이다.

46 **하나와 여럿이 진술들에 의해 같은 것으로 되어** : 이 말은 진술들에 의해 하나가 여럿이 되고 여럿이 하나가 된다는 것을 뜻한다. 여기서 '진술'이란 'logos'의 번역어다. 학자들에 따라 'logos'는 말(speech), 문장(sentence), 진술(statement), 논의(argument, discourse), 정의(definition), 이성(reason) 등 실로 다양하게 번역되어 왔다. 그런데 어떤 번역어를 쓰든, 지금의 논의 맥락에서 'logos'란 특히 'S는 P이다'라는 형식으로 나타낼 수 있는 것을 뜻하며, 이 진술 형식에서 '…이다'는 '…와 같다'는 의미로 이해되고 있음에 유의할 필요가 있다. 이렇게 볼 때, 진술들에 의해 하나와 여럿이 같은 것으로 된다는 말이 이해 가능하게 된다. 이를테면 검정색도 빛깔이고, 흰색도 빛깔이라고 할 때, 혹은 어리석은 이들의 즐거움도 즐거움이고, 분별 있는 이들의 즐거움도 즐거움이라고 할 때, 여러 주어(종들)와 하나의 술어(유)가 같은 것으로 된다는 것이다. 다시 말해 여럿이 하나가 되고 하나가 여럿이 된다는 것이다.

원문 번역에서 역자는 'gignomena'의 주어를 'hen kai polla'로, 그리고 'tauton'을 술어로 보고 번역했다. 이와 달리 'tauton'을 'gignomena'의 주어로 보고, "동일한 것이 진술들에 의해 하나와 여럿으로 되어"로 번역할 수도 있다. 이 경우는 주어가 단수이고 동사가 복수이어서 문법적으로 부담스러운 점이 있으나, 'gignomena'가 'polla'에 견인된 것으로 볼 수 있다. 하지만 어느 쪽을 택하든 내용상으로는 다를 게 없다. 위의 구절이 뜻하는 것은 말들(진술들)이 하나를 여럿으로, 그리고 여럿을 하나로 되게 한다는 것이다.

47 **줄곧 언급되는 각각의 것들** : 보통명사로 언급되는 것들, 이를테면 빛깔, 소리, 즐거움 등으로 일컬어지는 것들을 가리키는 것으로 보인다. 왜냐하면 현재의 논의는 생성소멸하지 않는 것들, 즉 형상들이나 보편

자들에 있어 하나와 여럿의 문제와 관련한 것이기 때문이다.

48 죽지도 늙지도 않는 : "athanatos kai agērōs", 이것은 호메로스의 『일리아스』 8.539에서 볼 수 있듯이 원래 신의 고유한 속성을 나타내는 표현이다.

49 어떤 때는 그것을 한쪽으로 굴려서 한 덩어리로 만들고, 어떤 때는 다시 펼쳐서 분할함으로써 말이네 : 반죽을 한 덩어리로 만들거나 펼쳐서 분할하는 듯한 비유이다. 『국가』 539b에 나오는 개의 비유, 혹은 돌쌓기의 비유 등으로 이해되기도 한다. 그런데 (1) 어떤 때는 그것을 한쪽으로 굴려서 한 덩어리로 만들고, (2) 어떤 때는 다시 펼쳐서 분할한다는 것은 무엇을 비유적으로 표현한 것일까? (1)은 필레보스나 프로타르코스처럼 즐거움들이 모두 즐거움인 한에서 서로 같고 하나라고 주장하는 것을 나타낸 것이다. 이에 반해 (2)는 『소피스트』 251b-c에서 언급되듯이 "좋은 것이 좋은 것이다", "사람이 사람이다", 혹은 "즐거움이 즐거움이다"라고만 말해야 한다고 주장하는 것을 나타낸 것이다. (1)은 이를테면 여러 즐거움들 사이에서 유사성만을 주목하는 것이라면, (2)는 그것들 사이에서 차이성만을 주목하는 것이라고 할 수 있다. (1)과 (2)에 상응하는 언급은 『정치가』 285a4-7에서도 발견된다. 거기서는 종에 따른 나눔에 익숙지 못한 사람들은 상이한 것들을 같은 것들로 여겨 하나로 결합시키고, 같은 것들을 (다른 것들로 생각하여) 잘못 나누어 분리시켜 버린다는 요지의 언급이 나온다. 또한 『소피스트』에서 '모든 형상들 간에 결합이 성립한다'는 주장(『소피스테스』 251e-252c)은 (1)과 관련되고, '어떤 형상도 다른 어떤 형상과 결합하지 않는다'는 주장(252d)은 (2)와 관련된 것으로 볼 수 있다.

50 저희가 얼마나 있는지 : 『파이드로스』 236c-d에서는 이야기를 해 달라고 압박하면서 파이드로스가 자신의 젊음을 내세운다. "외진 곳에 우리 둘만 있고, 제가 더 힘이 세고 젊습니다."

51 혹은 논의를 위해 이보다 더 좋은 방법을 찾을 수 있다면 : "혹은 논의를 위해 이보다 더 좋은 방법(hodos)을 찾아낼 어떤 방식이나 방안이 있다

면"으로 번역할 수도 있으며, 사실 대부분의 번역자가 이런 식으로 번역한다. 역자와 같은 번역은 Paley(1873), Hackforth(1972), Frede(1997)에서 발견된다. 여기서 (1) 그와 같은 혼란을 제거할 방식이나 방안과 (2) 이보다 더 좋은 방법이 구분되고 있는데, 그 차이가 무엇인지 불분명하다. 아마도 (1)은 하나와 여럿의 문제 자체에 대해 해결이 아니라 그 문제를 논쟁적으로 이용하여 초래하는 혼란만을 제거하는 방식이라면, (2)는 그 문제 자체까지 해결하는 방법을 뜻하는 것으로 보인다. 16c 이후에 제시되는 변증술(dialektikē)은 후자의 방법으로 의도된 것으로 보인다.

52 **내가 늘 애호해 온 방법** : 소크라테스는 이제 하나와 여럿의 문제와 관련하여 모음(synagōgē)과 나눔(diairesis)의 방법인 '변증술'(dialektikē)을 도입하고자 한다. 중기 대화편인 『파이드로스』에서 소크라테스는 자신이 '나눔과 모음의 애호자'(266b)임을 밝힌 바 있는데, 후기 대화편인 『필레보스』에서도 그는 이 방법을 "늘(aei) 애호해 온 자"(16b5-6)로 자처한다. 이는 『필레보스』16c-18d에서 소개되는 방법인 변증술이 새로운 방법이 아니라, 이전 대화편들, 즉 『파이드로스』, 『소피스트』, 『정치가』 등에서 사용했던 것임을 암시한다. 『필레보스』에서는 변증술을 가리키는 명사형 'dialektikē'는 쓰이지 않지만 부사형인 'dialektikōs'(17a)가 보인다.

53 **기술에 속하는 것들로서 이제까지 발견된 모든 것** : 의역을 해서 "기술의 분야에서 이제까지 발견된 모든 것"으로 옮길 수도 있으며, 이를테면 17b 이후에서, 문법에 능통한 자나 음악에 능통한 자가 되려면 알아야 할 것들로 언급된 것들을 가리키는 것으로 보인다. 혹은 더 나아가 '이제까지 발견된 모든 기술'을 뜻하는 것으로 볼 수도 있다.

54 **프로메테우스라는 어떤 신** : 『프로타고라스』에서 등장인물인 프로타고라스는 프로메테우스가 "헤파이스토스와 아테나에게서 기술적 지혜를 불과 함께 훔쳐서 … 인간에게 선물로 주었다"고 말한 후, 다시 "헤파이스토스의 불 사용 기술과 아테나의 다른 기술들을 훔쳐 인간에게 주

었다"고 말하기도 한다(321c-e). 플라톤은 프로메테우스가 인간에게 기술들을 주었다는 신화를 좀 넓게 해석해서, 『필레보스』에서는 어떤 연구 대상들에 대한 체계적 분석을 통해 기술들을 확립시키는 방법으로 소개되는 변증술을 그 신의 선물로 언급한 것 같다. 그러나 16c-e 에서 변증술에 대해 설명한 것을 보면 'peras'와 'apeiron'(혹은 'apeiria') 이 핵심어들로 쓰이는데, 아리스토텔레스에 따르면 이것들은 피타고 라스주의자들이 사용했던 주요 용어들이었다(『형이상학』 1권 986a15-30). 그래서 이 대화편에서 언급된 프로메테우스를 피타고라스와 동일 시하는 학자들도 있다.

55 '…이다'라고 줄곧 언급되는 것들 : 이것들은 변증술의 분석 대상이 되는 것인데, 15d에서의 "줄곧 언급되는 것들"(tōn legomenōn aei)과 원어가 유사하다. 여기서는 'be'동사에 해당하는 'einai'(…이다)가 보태져("tōn aei legomenōn einai") 구문이 더 분명해졌다. 두 부분에서는 한결같이 보통명사로 언급되는 것들, 이를테면 '즐거움'이라고 혹은 '소리'라고 언급되는 것들을 가리키는 것으로 보인다. 물론 'einai'를 '있다'로 옮길 수도 있겠지만 덜 자연스러워 보인다. 여기서 크게 논란이 되는 것은 "'…이다'(혹은 '있다')라고 줄곧 언급되는 것들"이 지시하는 대상이 감각 적 사물들인가, 형상(혹은 보편자)들인가, 아니면 그 둘 다인가 하는 것 이다. 이 문제와 관련해서는 소크라테스가 지금 변증술에 대한 논의 를 도입한 까닭을 생각해 볼 필요가 있다. 그 까닭은 생성소멸하는 것 (개별적 사물)에 있어 하나와 여럿이 문제가 아니라, 생성소멸하지 않는 것(형상 혹은 보편자)에 있어 하나와 여럿의 문제와 관련한 혼란이나 그 문제 자체의 해소를 위한 것이다. 이 점을 고려하면 "…이다'(혹은 '있 다')라고 줄곧 언급되는 것들"이 형상들이나 보편자들을 지시하는 것으 로 보는 게 적절해 보인다. 이런 해석 노선에서는 'einai'를 '있다'는 의 미로 보고 "tōn aei legomenōn einai"를 "언제나 있다고 언급되는 것 들"로 옮기기도 한다.

56 한정성과 무한성 : 이 용어들의 원어는 'peras'와 'apeiria'('apeiron'

의 명사형)이다. 여기서 'peras'는 수적으로 한정되어 있음을, 그리고 'apeiria'는 수적으로 한정되어 있지 않음, 즉 수적으로 무한함을 뜻한다. 이후에 네 부류의 존재들에 대한 논의 부분(23b-31b)에서도 그 두 용어가 핵심어로 사용된다.

57 '…이다'라고 … 있다는 전설을 말일세 : 전설의 내용은 변증술의 두 절차인 모음과 나눔의 존재론적인 기반을 설명하는 구절이다. 그 내용에 대해서는 여러 해석이 있으나, 그중 한 가지 해석을 소개하면 다음과 같다. 각각의 형상은, 유의 측면에서 하나이며, 그것이 다수의 하위 종을 갖고 그것에 관여하는 무수한 개별적 사물을 갖는다는 점에서 여럿이다. 아울러 각각의 형상은 그것에 속하는 하위 종들의 수가 한정되어 있다는 점에서 한정성을 가지며, 그것에 관여하는 사물들의 수가 무한하다는 점에서 무한성을 갖는다. 이 대화편에서는 변증술에 대한 일반적 설명 부분(16c-17a)에서 유나 종, 혹은 유적 형상이나 종적 형상, 혹은 개별자들이란 표현이 쓰이고 있지 않으나 현재의 논의 맥락과 변증술에 대한 이전 대화편들의 설명을 고려해서 이후의 각주에서도 그런 용어들을 사용할 것이다.

58 늘 하나의 형상(mia idea)을 상정하고서 이걸 찾아야 하네 : 변증술의 두 절차 중 모음에 대해 말하는 것이다. 모음이란 여러 종들(종적 형상)이나 개별적 사물들을 포섭하는 '하나의 유적 형상'(mia idea)을 포착하는 것이라 할 수 있다. 이런 절차를 『파이드로스』에서는 "여러 군데로 분산되어 있는 것들을 함께 보고서 그것들을 하나의 형상(mia idea)으로 이끄는 것"으로 묘사한다(265d). 모음의 절차는 나눔의 절차와 긴밀한 관계에 있다. 모음은 나누어질 대상을 확정하는 절차로서, 최초로 나눌 대상(하나의 유적 형상)을 포착하여 확정할 때뿐 아니라, 그 유적 형상을 하위 종들로 나눌 때 이 종들 하나하나를 포착해 확정하는 과정에서도 필요한 것이다.

59 그것이 그 안에 있음을 발견할 것이기 때문이네 : '그것', 즉 '하나의 형상'은 15b에서 생성소멸하지 않는 '일자'(monas)로 언급된 것과 같은 것으

로 볼 수 있다. 그래서 이 부분은 15b의 첫째 물음, 즉 "일자들이 참으로 존재한다고 생각해야 하는가" 하는 물음에 대한 답으로 간주되기도 한다.

60 그 하나 다음에는 … 다른 어떤 수를 찾아야 한다네 : '모음'에 의해 확보한 하나의 유적 형상을 종적 형상들로 나누어 갈 때 유의할 점을 지적한 것이다. 곧 '나눔'은 일차적으로 이분법적으로 진행하되, 무조건 이분법적으로 나누어서는 안 되고, 대상의 존재 구조에 따라 둘 혹은 셋, 아니면 다른 어떤 수로 나누어야 한다는 것이다. 『파이드로스』(265e1-3)와 『정치가』(287c)에서도 같은 취지의 언급을 볼 수 있다.

61 다시 이것들 하나하나를 같은 방식으로 고찰해야 하네 : 나눔의 두 번째 단계로서, 하나의 유적 형상 바로 밑에 속하는 종적 형상들 하나하나를 다시 나누어야 한다는 것이다.

62 애초의 하나인 것이 … 얼마나 되는지도 누구나 알 수 있을 때까지 말일세 : 애초의 하나인 것, 즉 하나의 유적 형상이 얼마나 많은(hoposa) 종들(종적 형상들)을 갖고 있는지를 알 수 있을 때까지, 즉 바로 다음 문장의 표현대로 "무한한 것과 하나인 것 사이에 있는, 다수의 모든 수를 식별할 수 있을 때까지" 나눔이 이루어져야 한다는 것이다. 이는 "더 이상 나눌 수 없는 종들에 이르기까지"(『파이드로스』 277b7), 즉 최하종에 이르기까지 나누어야 한다는 것으로 볼 수 있다.

63 무한한 것의 성격 : 이것은 "hē tou apeirou idea"를 옮긴 것인데, 16c의 무한성(apeiria), 18a의 무한한 것의 성질(apeirou physis)과 같은 의미로 쓰인 것으로 보인다.

64 무한한 것과 하나인 것 사이에 있는 … 때까지는, 우리가 그 다수에 무한한 것의 성격을 귀속시켜서는 안 되네 : 무수한 개별자와 하나의 유적 형상의 중간에 있는(metaxy) 다수의 종들의 모든 수를 식별했을 때 비로소, 그 종들 하나하나에 무한한 것의 성격, 즉 무한성을 귀속시켜야 한다는 것이다. 이는 종들 하나하나에 그것들에 관여하는 무수한 개별자들을 귀속시켜야 한다는 뜻을 함축하는 것으로 볼 수 있다.

65 그렇게 … 모든 것들 하나하나를 무한한 것에 보내고 그것들에서 손을 떼도 되네 : 종들의 모든 수를 식별했을 때에야 비로소, 종들을 나누는 일을 끝내야 한다는 것이다. 그런데 "모든 것들 하나하나를 무한한 것에 보낸다"는 말은 무슨 뜻인지 불분명하다. 우선 '모든 것들'이란 중간의 모든 종을 뜻하고, '무한한 것'(to apeiron)이란 무한한 개별자를 뜻하는 것으로 볼 수 있다. 그러면 '보낸다'는 것은 무엇일까? 이는 하나의 유적 형상이 아니라 중간의 종들 하나하나가 무수한 개별자들과 관계를 맺는 것으로 보아야 한다는 생각을 은유적으로 표현한 것으로 보인다. 바로 앞 문장도 같은 취지의 생각을 담고 있는 것으로 여겨진다. 소크라테스는 앞의 문장과 지금의 문장에서 하나의 유적 형상이 포섭하고 있는 중간의 종들(종적 형상)과 무수한 개별자를 연관시키고 있는데, 이것은 15b의 셋째 문제, 일자들과 생성하는 무수한 것들, 즉 유적 형상과 무수한 개별자 사이의 관여(methexis) 방식에 관한 문제와 연관된 것으로 보인다.

66 오늘날의 식자들 : 앞서 모든 진술이 갖는 역설적인 성격을 처음 접하게 된 '젊은이'(15d8-9)와 같은 사람들을 여기서는 '오늘날의 식자들'(16e4-17a5)로 언급하고 있다. 양쪽 모두 구분해야 할 것을 구분하지 않고 구분하지 말아야 할 것을 구분함으로써 혼란을 초래한다고 할 수 있다. 이런 혼란은 모음과 나눔의 절차에 의해 해소될 수 있는 것이다.

67 정도 이상으로 너무 빨리 또는 너무 더디게 : 하위 종들을 빠뜨리거나 너무 많이 나누는 경우를 말하는 것으로 보인다. 『정치가』 262b, 264a-b, 277a-b. Waterfield(1982), p. 61, n. 1.

68 바로 이것들에 의해 … 구별된다네 : 변증적으로 논의하는 기술이 변증술(dialektikē)이라면, 쟁론적으로 논의하는 기술이 쟁론술(eristikē)이라고 할 수 있다. 이 둘의 차이가 중간에 있는 종들(ta mesa)에 의해 구분된다는 점이 주목된다. 더 정확하게 말하면, 어떤 하나의 유와 무한한 것들의 중간에 있는 종들(ta mesa)이 얼마나 되는지(hoposa), 그 모든 수를 밝혀내는지 여부가 핵심적인 구분 기준이라는 것이다. 그 둘의

또 다른 차이는 14b의 언급에 잘 나타나 있다. 거기서 '승리를 위해 논쟁을 하는 것'과 '가장 참된 것을 위해 논쟁하는 것'을 구분하는데, 이런 구분은 쟁론술과 변증술에 그대로 적용할 수 있다.

69 문자(gramma)들 : 여기서 문자란 알파벳 문자, 즉 자모를 가리킨다.

70 문자들을 가지고 파악해 보게 : 소크라테스는 16c-17a에서 설명한 변증술에 대한 이해를 돕기 위해 17a-18d에서 문법과 음악의 예를 들고 있다. 문법과 관련해서는 두 부분(17a-b, 18b-d)에서 다루어지고, 그 부분들 사이에서 음악과 관련해 언급된다. 그런데 문법과 음악이 과연 변증술을 사용하는 기술 분야라 할 수 있는지 논란이 있을 수 있다. 16c-17a에서의 설명에 따르면 변증술은 형상들의 관계를 분석하는 것인데(변증술이 형상을 대상으로 한다는 점은 57e-59d에서도 분명히 언급된다), 문법이나 음악은 형상들을 대상으로 하는 기술들이 아니기 때문이다. 하지만 플라톤은 "기술에 속하는 것들로서 이제까지 발견된 모든 것이 이 방법(변증술)에 의해 밝혀졌다"(16c)고 봄으로써, 변증술의 적용 범위를 확장시키고 있다. 그는, 변증술이 형상을 대상으로 하는 것으로서 철학에 고유한 방법이지만, 응용 차원에서 음악이나 문법 등의 분야에도 활용될 수 있다고 생각한 것으로 보인다.

71 우리의 입을 통해서 나오는 소리 : '소리'로 옮긴 'phōnē'는 소음(psophos)과 대비되는 말로서, 지금 문법과 관련해서는 말소리의 뜻으로 쓰이지만, 음악과 관련해서는 음악적 소리라는 뜻으로 쓰이고 있다. 『크라튈로스』에서도 'phōnē'가 언어에 적용된 후, 음악에도 적용된다(423b4-d4).

72 저 기술 : 문법(grammatikē)을 가리킨다.

73 고른 음 : '고른 음'(homotono)이란 높지도 낮지도 않은 중간 음을 가리키는 것으로 보인다.

74 음정의 경계들 : 음계의 음들을 가리키는 것으로 보인다.

75 그러한 것들 : 이 문장의 시작 부분에서 언급된 것, 즉 "그 수가 얼마만큼이나 있고 그것들이 어떤 성격의 것들인지"를 가리킨다.

76 그러한 것들을 파악할 때 : 소크라테스는 음악에 식견 있는 자가 되려면

음정들, 음정들의 경계들, 선법들 및 리듬들과 관련해서 이것들 각각이 얼마만큼이나 있고 어떤 성격의 것들인지를 파악해야 한다고 역설하는 것이다. 여기서 '선법'(harmonia)이란 더 높은 음들과 더 낮은 음들을 적절하게 배열함에 의해 높음과 낮음이 조화를 이루게 하는 방식(형식), 혹은 그런 방식에 의해 이루어진 음들의 조화 상태를 뜻한다. 그리고 '리듬'(rhythmos)이란 빠르고 느린 음들(장단음들)과 장단음절들을 적절한 순서로 배열함에 의해 빠름(단)과 느림(장)이 조화를 이루게 하는 것 혹은 그 결과를 뜻한다.(J. Adam, *The Republic of Plato 1*, p. 156. n. 398 D24 및 『향연』 187a-c 참고) 선법과 리듬은 특히 『국가』와 『법률』에서 시가 구성에서 필수적인 요소로 다루어진다. 『국가』 3권에서 소크라테스는 선법들과 리듬들을 여러 종류로 나누고(398e-399e), 노랫말의 성격에 따라 선법들과 리듬들 중 어떤 것들을 선택하여 노래를 구성할지를 결정해야 한다고 말한다(398c-400c).

77 깨달을 때 : Paley(1873)에 따라 'ennoein'을 'ennoēis'로 읽었다. 그는 'ennoein'이 앞에 나오는 'eponomazein'에 동화되어 부정사 형태를 갖게 된 것으로 보았다.

78 이것들 모두로부터 : '중간의 종들 모두로부터'를 뜻한다.

79 테우트 : 『파이드로스』에서 테우트는 이집트의 옛 신들 중 하나이고 문자들을 창안한 것으로 이야기된다(274c-275b).

80 어떤 탁한 음에는 관여하는 다른 음들 : 반모음들을 가리킨다. 아래에서는 이것들을 '중간 음들'(ta mesa)이라 칭하고 있다.

81 그는 셋째 종류의 문자로서 오늘날 우리가 자음들이라 부르는 것들을 구분했다네 : 베리는 모음들(ta phōnēenta)로 α, ε, η, ί, o, υ, ω를, 반모음들(ta hēmiphōna, ta mesa)로 λ, μ, ν, ρ, σ, ς, ξ, ψ를 들고, 자음들(ta aphōna)로는 β, γ, δ, κ, π, τ, φ, χ, θ를 들고 있다. 그리고 그는 φ, χ, θ를 반모음으로 분류하는 학자들도 있음을 지적한다. (R. G. Bury, 1973, p. 24 각주 참고.) 여기서 '자음들'(ta aphōna)이란 'mute consonants'에 해당된다. 이것들은 우리의 문법 용어로는 묵음보다는

오히려 폐쇄음(파열음)이라 할 수 있다. 『크라튈로스』 424c-d에서도 알파벳 문자에 대한 유사한 분류를 볼 수 있다. 프레데(1997, p. 154)는 자모들에 대한 분류를 좀 다르게 보고 있다.

82 자모 : 'stoicheion'을 '자모'(字母)로 옮겼다. 이 'stoicheion'이나 앞서 '문자'로 옮긴 'gramma'나, 둘 다 음소인 알파벳 문자를 가리킨다.

83 그것들에 적용되는 하나의 기술을 문법(grammatikē)이라 이름 지어 불렀네 : 플라톤은 문자(gramma)들을 단순히 문자적 기호들로만 보지 않고 그것들에 상응하는 언어적 소리들로도 보고 있다. 아울러 그는 'grammatikē'(문법)란 용어로 읽고 쓰는 능력뿐 아니라 음운론(phonology)과 관련된 능력도 포괄하는 것으로 보인다. 모음과 자음 및 반모음을 나누는 과정 등에서는 음운론적인 측면을 보여 주기 때문이다. Kahn(2013), p. 153.

84 앞에서의 논의 : 16c부터 전개된 변증술에 관한 설명을 가리키는 것으로 보인다.

85 칼리아스의 아들이여 : 칼리아스(기원전 약 450~370년)는 아테네의 큰 부자인 히포니코스의 아들로, 큰 재산을 물려받았지만 다 탕진하고 만다. 그는 소피스트들에게도 많은 돈을 썼고(『소크라테스의 변명』 20a, 『크라튈로스』 391b), 그의 집에는 많은 소피스트들이 머물곤 했던 것으로 보인다(『프로타고라스』 314c 이하). 그는 특히 프로타고라스의 사상에 빠져 있었던 것 같다(『테아이테토스』 164e). 『크라튈로스』에서는 헤르모게네스의 형으로 언급되며, 프로타고라스에게서 이름의 옳음에 대해 배운 것으로 이야기된다(391c).

86 하나이고 닮고 같으며 그 반대이기도 한 모든 것과 관련해서 : 17d에서 '하나이며 여럿인 모든 것'이 변증술의 고찰 대상으로 언급되었듯이, 여기서도 대립적인 성격들을 갖는 것들(즉 '하나이고 닮고 같으면서 여럿이고 닮지 않고 같지 않은 모든 것')이 그것의 고찰 대상으로 상정된 것으로 볼 수 있다.

87 차선은 제 자신의 처지를 몰각하지 않는 것이라 여겨집니다 : 'deuteros

plous'를 '차선'으로 옮겼으나 문자 그대로는 '차선의 항해 방법'을 뜻한다. 그 표현은 『파이돈』 99c와 『정치가』 300c에서도 볼 수 있다. 여기서 "제 자신의 처지를 몰각하지 않는 것"(mē lanthanein auto hauton)이란 델피의 아폴론 신전에 쓰여 있었다는 "너 자신을 알라"는 말을 변형시킨 것이다. 프로타르코스는 자신이 즐거움이나 지식을 변증술을 통해 분석하는 일을 할 처지가 아님을, 즉 자신이 그 일을 감당할 수도 없고, 또한 애초에 소크라테스가 논의를 주도해 만족할 만한 결론에 이르게 하기로 약속했으니 그가 그 분석을 해야 함을 말하고자 하는 것이다.

88 논의의 목적 : 'telos'를 '목적'으로 번역했으나 '끝'이라고 옮길 수도 있다. 플라톤의 초기 대화편들에서 소크라테스는 대화 상대자들을 곤경(aporia)에 빠뜨리고 그것으로 논의를 끝내곤 했다. 그러나 후기 대화편인 이 대화편에서 다시 등장한 소크라테스는 논의 주제와 관련해 최종적인 답에 이를 때까지 논의를 전개한다.

89 즐거움의 종류들을 나누는 일은 … 필요하지 않을 것이네 : 이제껏 소크라테스는 모음과 나눔의 방법인 변증술에 대해 길게 설명해 놓고서는, "즐거움의 종류들을 나누는 일은 더 이상 우리에게 전혀 필요하지 않을 것이네."라고 말하는 것은 뜻밖의 언급으로 보인다. 과연 이후의 논의에서 변증술은 필요하지 않은 것일까? 그렇지는 않다. 단지 즐거움도 지식도 '참으로 좋은 것'이 아니고 제삼의 것이 그런 것임을 밝히는 데는 변증술이 필요하지 않다는 것이 그의 생각이다. 실제로 그는 우주론적 논의에서, 즐거움과 지식을 분석하는 데 변증술을 활용한다. 그런데 15b에서 제기된 '하나와 여럿의 문제'는 어떻게 되는 것일까? 애초에 변증술은 이 문제를 해결하기 위해 도입된 것이지만, 변증술이 그 문제의 해결에 어떻게 기여할 수 있는지에 대해서는 큰 논란이 있다. 이와 관련해서는 〈작품해설〉 2-3)에서 간략히 살펴보았다.

90 좋은 것은 필연적으로 완전함을 몫으로 갖고 있는가, 아니면 불완전함을 몫으로 갖고 있는가 : 이 문장은 "좋은 것의 몫(hē tou agathou moira)은 필

연적으로 완전한가 아니면 완전하지 않은가?"로 번역할 수도 있다. 여기서 'hē tou agathou moira'는 60b에서 'hē tou agathou physis'(좋은 것의 본성)와 같은 의미로 쓰이고 있다. 그러니까 좋은 것은 완전하고 (teleon), 충족적이고(hikanon), 택함 직한(haireton) 본성을 갖는 것이라 할 수 있다. 20d에서 이 세 용어 중 'teleon'과 'hikanon'은 볼 수 있다. 하지만 'haireton' 자체는 보이지 않고, 단지 이 단어와 같은 어근의 과거 부정사인 'helein'만 보이고, 21d에 가서야 'hairetos'가 나온다. 그리고 22b에서는 'hikanos', 'teleos', 'hairetos'가 나란히 쓰이고 있다.

91 **좋은 것은 충족적인 것인가** : 완전함과 충족적임은 어떤 차이가 있는지 불분명하다. 프레데는 완전함이란 더 이상 어떤 추가도 가능하지 않음을, 충족함이란 아무것도 결핍되어 있지 않음을 강조하는 것이라고 본다(Frede, 1993, p. 14 주 2). 곧 충족함이란 아무런 결핍도 없지만 무언가가 더 추가될 수는 있는 상태라고 보는 것 같다. 달리 말하면 완전함은 충족함을 함축하지만 그 역은 아니라는 뜻이 된다. 이런 이해는 그럴듯한 추정인데, 소크라테스가 정확히 이렇게 보고 있는지는 분명하지 않다.

92 **좋은 것을 아는 모든 것** : "좋은 것을 아는 모든 것"(pan to gignōskon auto)이란 표현을 보면, '모든 사람'이 아니라 '모든 것'(중성 'pan')에 대해 말하고 있음에 유의할 필요가 있다. 소크라테스는 좋은 것을 아는 주체를 사람으로 한정하지 않은 것이다. 그런데 그가 사람 이외에도 좋은 것을 '아는 것'이 실제로 있다고 보았는지는 의문을 가질 수도 있다. 물론 '안다'는 것을 엄밀한 의미에서 보면 그런 의문이 생기겠지만, 여기서는 느슨한 의미로 보아야 할 것이다. 소크라테스는 인간에게 좋은 것을 문제 삼다가 차츰 인간보다 범위를 넓히고 있는 점도 고려할 필요가 있다. 22b에서 그 점을 분명히 알 수 있다.

93 **즐거움의 삶과 분별의 삶을 따로따로 살펴보면서 고찰하고 판정해 보세** : 소크라테스는 좋은 것의 본성에 의거해 즐거움과 분별 중 어느 것이 좋은 것인지를 고찰하는데, 그 고찰 방식에는 특이한 점이 있다. 그는

즐거움이나 분별이 좋은 것인가를 고찰함에 있어, 즐거움이나 분별 자체에 대해 직접적으로 살펴보지 않고, 즐거움의 삶과 분별의 삶, 즉 '즐거움을 지닌 삶'과 '분별을 지닌 삶'에 대해 고찰하고 있다. 그리고 그는 '두 종류의 삶'이 다 좋은 삶이 못 됨을 밝혀 보인 후, '즐거움'도 '분별'도 좋은 것이 아님이 밝혀진 것으로 여긴다(22c). 이러한 논증은 두 가지 점을 전제하고 있다. 그 하나는 '좋은 삶'이란 그 속에 '좋은 것을 지닌 삶'이며, '좋지 못한 삶'이란 '좋은 것을 지니지 못한 삶'이라는 것이다. 그리고 다른 하나는 '좋은 것'은 인간의 삶을 좋은 삶으로 만들어 주는 원인 역할을 한다는 것이다.

94 참으로 좋은 것 : '참으로 좋은 것'(to ontōs agathon)이란 좋음의 세 가지 요건을 다 갖춘 좋은 것을 뜻하는 것으로 볼 수 있다.

95 자네를 시험 대상으로 삼아 이것들을 검토해 볼까 : 일종의 사고실험을 하는 것이다.

96 필요한 것들을 헤아림 : '필요한 것들'(ta deonta)이 '헤아림'(logizesthai)의 목적어로 되어 있는데, '헤아림'만 목적어를 갖는 것도 특이하고, 또한 '필요한 것들'을 '헤아림'의 대상으로 본다면, '헤아림'의 기능을 너무 좁게 만드는 셈이 된다. 이어지는 논의에서도 그 점을 알 수 있다. 그런 점에서는 'ta deonta'를 삭제하려는 견해에 수긍이 간다.

97 그 논변은 지금 저를 완전히 말문이 막히게 만들어 버리네요 : 여기서 프로타르코스는 결정적으로 논박되어, 지성이나 분별 등이 없이 즐거움만을 지닌 삶은 택할 직한 것이 아님을 인정할 수밖에 없게 된 셈이다. 이 대화편의 말미에서는 이런 삶은 '전혀 가능한 것도 이로운 것도 아니다'라고 언급된다(63b7−c1).

98 모든 것에 대한 온갖 분별, 지성, 지식 및 기억을 : 원문에서 'pasan pantōn'(모든 것에 대한 온갖)이 수식하는 대상을 역자와 달리 '기억'에 한정할 수도 있고, 또한 '기억'에 한정하든 않든 'pasan'을 '온갖' 대신 '완전한'으로 옮길 수도 있다. 역자는 21b에서 'pasa phronēsis'(온갖 분별)가 쓰이고 있는 점을 고려하여, 위의 'pasan'의 수식 범위를 넓히고

또한 그것의 의미도 '온갖'으로 보았다.

99 즐거움이나 괴로움에는 … 전혀 느낌이 없이 살고 싶어 하는 경우 말일세 : 온갖 분별, 지성 등은 갖고 있으되 즐거움이나 괴로움이 없는 삶도 택함 직하지 못한 것으로 간주된다. 그런데 소크라테스는 나중에 이 삶을 가리키며 '모든 삶 중에서도 가장 신적인 삶'(theiotatos bios)이라고 말한다(33b). 그렇다면 그는 왜 이런 삶을 택함 직하지 못한 것으로 생각했을까? 그것은 그의 주된 관심이 신이 아니라 인간에게 가능한 삶에 있는데, '평생' 즐거움도 괴로움도 겪지 않는 삶이란 인간적 지성이 아니라 '참되고 신적인 지성'(22c)을 지닌 신에게나 가능한 삶이기 때문일 것이다.

100 그 두 삶 : 즐거움만의 삶과 분별만의 삶을 가리킨다.

101 어떤 사람은 그리고 어떤 사람은 그리하지 않는 일은 없을 것입니다 : 필레보스의 쾌락주의적 주장을 넘겨받아 이를 옹호해 왔던 프로타르코스가 이제는 완전히 그 주장을 포기한 셈이다. 소크라테스도 분별을 좋은 것으로 내세울 수 없게 되었지만, 사실 11b-12a 부분을 보면, 그는 애초부터 즐거움도 분별도 아닌 제삼의 것이 좋은 것일 가능성을 열어 놓고 분별이 즐거움보다 더 좋다는 점을 밝히려 했을 뿐임을 알 수 있다.

102 언제나 그와 같이 : '그와 같이'란 '좋은 것을 지니고서'를 뜻한다. 이를테면 즐거움이 좋은 것이라면 '즐거움을 지니고서', 즉 '즐겁게'를 뜻하고, 분별이 좋은 것이라면 '분별을 지니고서', 즉 '분별 있게'를 뜻한다.

103 모든 동식물에게 충족적이고 완전하며 택함 직한 삶일 것이기 때문이네 : 소크라테스는 기본적으로 '사람들에게' 좋은 것을 문제 삼고 있으나 (11d, 19c), 차츰 논의 지평을 넓히고 있다. 위에서처럼 '사람들에게' 대신 '모든 동식물에게' 좋은 것을 고려하고, 이후 우주론적인 논의 (23b-31a)를 거친 다음 말미에서는 그의 탐구 대상을 '사람과 우주에 있어 좋은 것'(64a)이라고 언급하기까지 한다.

104 다른 것들(alla)을 : 내용상으론 '다른 삶'(allon) 혹은 '다른 삶들'(allous)

이 오면 딱 맞을 것 같은데, 중성 복수 'alla'를 썼으므로 그냥 '다른
것들'로 옮겼다. 왜 그렇게 썼는지는 불분명하다.

105 필레보스의 여신 : 필레보스가 내세우는 여신, 즉 헤도네(Hēdonē)를
가리킨다.

106 선생님이 내세우는 지성도 좋은 것이 아닙니다 : 앞서 지성만의 삶도 즐
거움만의 삶도 좋은 삶이 못 된다는 것이 밝혀졌고, 이제 이에 근거
해 즐거움도 분별도 좋은 것이 아니라는 결론에 이른 것이다. 그런데
소크라테스나 플라톤이 각별히 좋은 것으로 여겨 온 지성이나 지식과
같은 것들이 좋은 것이 아니라고 하는 것은 이상하게 여겨질 수 있
다. 이런 난점을 해소하기 위해서는 여기서 말하는 좋은 것이란 좋음
의 세 가지 요건을 갖춘 좋은 것이라는 점에 유의할 필요가 있다. 소
크라테스는 이런 좋은 것을 '참으로 좋은 것'(21a), 혹은 '사람들의 소
유물들 가운데 가장 좋은 것'(19c)이라고 부른다. 그러니까 그는 지성
과 지식이 가장 좋은 것이 아니라는 것이지, 그것들이 좋은 것일 수
없다고 본 것은 아니라 할 수 있다. 마찬가지로 즐거움들 중 일부도
좋은 것으로 볼 수 있는 여지가 있다. 이 대화편 말미(61d–64a)에서
그는 즐거움의 종류들 중 일부와 지식의 종류들 모두가 인간의 좋은
삶을 위한 구성 요소로서 필요하다고 봄과 아울러, 그것들을 66a–c
에서 인간의 소유물들로서의 좋은 것들 속에 포함시키고 있기 때문
이다.

107 아마도 내가 내세우는 지성은 그럴 것 같네만, 참되고 신적인 지성은 … 다
르다고 나는 생각하네 : 두 종류의 지성이 언급되고 있다. '내가 내세우
는 지성'이란 신적 지성에 대비되는 인간적 지성을 가리키며, 신적인
지성이란 28a–31a에서 우주적 원인으로 제시되는 우주적 지성을 가
리킨다.

108 이 혼합된 삶이 택함 직하고 좋은 삶으로 되게 해 주는 요소로서 … 무엇이
든 : 소크라테스는 혼합된 삶의 원인에 대해 말하고, 바로 이어서 우
주론적 논의에서 인간의 지성이 원인의 부류에 속함을 밝힌다. 이로

써 지성과 즐거움의 상대적 가치를 결정하는 문제가 해소된 듯이 보이기도 한다. 그러나 그는 그렇게 보지 않는다. 그는 그것들의 상대적 가치를 판정해 줄 수 있는 요소, 즉 혼합된 삶의 원인으로 대화편 말미(65a–b)에서 '아름다움과 균형(적도) 및 진실성'을 제시한다.

109 이것에 즐거움이 아니라 지성이 더 동류의 것이고 더 닮았으며 : 앞의 주에서 언급된 '아름다움과 균형(적도) 및 진실성'에 즐거움과 지성 중 어떤 것이 더 동류의 것이고 더 닮은 것인지는 65b–66a에서 판정이 이루어진다.

110 앞의 논의에서 : 16c–18d에서의 변증술에 대한 논의를 가리킨다.

111 그중 일부는 같은 것들일 것 같지만 말일세 : 'apeiron'과 'peras'를 두고 하는 말이다.

112 현재 우주 속에 있는 모든 것 : 소크라테스는 '현재 우주 속에 있는 모든 것'(panta ta nyn onta en to panti)을 분류의 대상으로 삼고, 이것을 네 부류의 존재로 나누고 있다. 그런데 이 네 부류의 것들이 형상들과 어떤 관계가 있는가에 대해 논란이 있다. 이와 관련해서는 역자의 논문(1999)을 참고 바람.

113 신이 존재하는 것들 중 한쪽 것은 한정되지 않은 것이고, 다른 한쪽 것은 한정자임을 밝혀 주었다고 분명 우리는 말했지 : '한정되지 않은 것'과 '한정자'로 옮긴 'to apeiron'과 'peras'는 앞서 변증술에 대한 설명 부분(16c–18d)에서 사용되었던 용어들이다. 소크라테스 자신도 이 점을 두 곳(23b, c)에서 분명히 지적하고 있다. 그러나 변증술에 관한 논의와 네 부류에 관한 논의(우주론적 논의)에서 그 두 용어는 쓰임이 다르다. 앞의 논의에서는 'peras'가 수적으로 한정되어 있음을, 그리고 'apeiron'이 수적으로 한정되어 있지 않음(즉 수적인 무한함)을 뜻했다. 즉 'peras'는 유적 형상과 그것의 종적 형상들의 수가 한정되어 있음을, 'apeiron'은 개별적 사물들의 수가 무한함을 나타내는 것이었다. 하지만 현재의 네 부류에 관한 논의에서는 'apeiron'이 한도(peras), 끝(telos, teleute), 일정한 양(to poson), 혹은 적도(to metrion, 適度)가

없는 상태를 뜻한다면(24a-d), 'peras'는 한도, 끝, 일정한 양, 혹은 적도가 생기게 하는 수적 비율을 뜻한다.

114 분리를 시킬 수 있는 다섯째의 어떤 부류 : 엠페도클레스가 분리의 원인으로 제시하는 불화(neikos)를 떠올리게 한다.

115 필요하게 되면, 내가 다섯째 부류를 추구하더라도 … 양해해 줄 것이네 : 소크라테스는 '현재 우주 속에 있는 모든 것'(23c)을 네 부류 혹은, 분리의 원인까지 포함한다면, 다섯 부류로 나누는 셈인데, 이러한 나눔은 철저하지 못하다는 점이 지적되곤 한다. 앞서 변증술에 대한 설명 부분에서는 '중간에 있는 모든 종'을 파악할 때까지 나눔이 이루어져야 한다고 했는데, 지금 소크라테스가 그처럼 완벽하게 나누고 있다고 보기 힘들다는 것이다. 물론 나눔이 철저하지 못하다는 것은 사실이다. 그러나 위의 본문을 보면, 모든 경우에 모든 종이 드러나도록 나누어야 하는 것은 아님을 알 수 있다. 곧 필요에 따라 나눔의 수가 조정될 수도 있다는 것이다. 사실 현재의 우주론적 논의는 '지성을 위해 이등상을 획득하는 방안'(23b)으로 도입된다. 다시 말해 "이등상이 즐거움의 것이 될 것인지 아니면 분별의 것이 될 것인지" 알아내기 위한 것이다(27c). 그러니까 이런 목적을 위해 필요한 만큼 나눔을 진행한 것으로 일단 볼 수 있다. 물론 이 대화편에서 우주론적 논의가 도입된 까닭은 더 넓은 지평에서 바라볼 수 있다. 이와 관련해서는 〈작품 해설〉 4장 도입부에서 살펴보았다.

116 우선 네 가지 부류들 중 세 가지를 분리해 내고 … 다시 각각의 것을 하나로 모음으로써 그것들 각각이 도대체 어떻게 하나이며 여럿인지를 생각해 보도록 하세 : 네 부류와 관련한 우주론적 논의 속에는 16c-18d에서 설명된 '모음과 나눔의 방법'을 연상시키는 구절들이 곳곳에서 발견된다. 우선 바로 위의 구절은 소크라테스가 그 방법을 염두에 두고 있음을 보여 준다. 그 밖에도 "종류들에 따라 나누고 수를 열거함에 있어서"(23d)라는 언급이나 25a와 d에서의 언급들이 주목된다.

117 한정되지 않은 것과 한정을 가진 것 : '한정을 가진 것'(to peras echon)은

23c에서 언급된 '한정자'(to peras)와 같은 것이다. 'peras'는 "한정하거나 한정을 가진 것"(that which limits or has limit)이란 의미를 갖고 있는데(LSJ, p. 1365), 플라톤은 이런 이중적인 의미를 네 부류 중 한 종류인 한정자에 부여하고자 한 것으로 볼 수 있다. 다시 말해 '한정자'란 그 자체로 '한정을 가진 것'이면서, 한정되지 않은 것(to apeiron)을 '한정하는 것'이라는 점을 분명히 하고자 한 것으로 보인다.

118 그 한 쌍 : '그 한 쌍'(toutō)은 '더 뜨거움과 더 차가움'을 가리킨다.

119 그 한 쌍 : 내용상 '강력함과 유약함'을 가리킨다.

120 더 많음과 더 적음(to pleon kai to elatton)이 생기게 하는 : 여기서 "더 많음과 더 적음"으로 옮긴 'to pleon kai to elatton'은 일반적으로 'to mallon te kai hētton'과 같이 "더함과 덜함"으로 번역되곤 하는데, 엄밀하게 보면 이는 부적절하다. 왜냐하면 'to pleon kai to elatton'은 'to sphodra kai to ērema'(강력함과 유약함. 이것은 'to mallon te kai hētton'과 같은 힘을 갖는 것이다)로 인해 생기는 것으로 언급되고 있고, 또한 25c에서도 그것은 'to mallon te kai hētton'을 받아들이는 것인 '더 뜨거움과 더 차가움'이나 '더 습합과 더 건조함' 등과 같은 차원의 것으로 열거되고 있기 때문이다. 그래서 표현이 다소 부자연스럽지만 이곳과 25c에서의 'to pleon kai to elatton'을 똑같이 '더 많음과 더 적음'으로 옮겼다.

121 이 논의는 따라가기 쉽지 않네요 : 23b에서 소크라테스가 한 말을 염두에 두고 있는 것이다.

122 우리가 말한 앞의 주장 : 23e에서 언급된 것을 가리키는 것으로 보인다.

123 이것들 : 앞의 24a에서 언급된 '더함과 덜함', '격렬함과 차분함', '지나침'을 가리킨다.

124 이것들과는 대립적인 모든 것 : 24a–b에서 언급된 '한도'(peras : 24a), '끝'(telos, teleutē : 24b), '일정한 양'(poson : 24c–d) 등을 가리키는 것으로 보인다.

125 우선 같음과 동등, 같음 다음으로는 두 배, 그리고 수 대(對) 수 혹은 도량

(度量) 대 도량의 온갖 관계 : 수 대 수는 산술적인 비율을, 도량 대 도량은 기하학적인 크기들 사이의 비율을 말하는 것이다. 앞의 '같음(to ison)과 동등(isotēs)'도 이런 두 종류의 비율을 구분하기 위한 표현으로 보인다.

126 그것들에다 더 건조함과 더 습함 …, 즉 더함과 덜함을 받아들이는 본성을 갖는 것으로서, 한 가지 부류에 속한다고 앞서 우리가 생각했던 온갖 것을 추가하게나 : 앞서 24e-25a에서는 '한정되지 않은 것'(to apeiron)의 유에 대해 정의를 한 것이라면, 여기서는 그것의 종들에 해당하는 예들을 열거하는 것으로 볼 수 있다. 이것들을 26b에서는 '한정되지 않은 것들'(ta apeira)이라 지칭한다.

127 한정자의 종자 : 플라톤은 유로서의 한정자를 지시할 때는 'to peras' (23c, 25b, 26c, 26d, 27d)나 'peras'(27b, 30a) 혹은 'to peras echon'(한정을 가진 것, 24a)이란 표현을 쓴다. 다른 한편 종으로서의 한정자를 지시할 때는, 'he tou peratos genna'(한정자의 종자, 25d)나 'he tou peratoeidous (genna)'(한정의 성격을 가진 종자, 25d), 혹은 'ta peras echonta'(한정을 가진 것들, 26b2)와 같은 표현들을 사용한다. 그러나 'peras'의 복수 형태(perata)는 사용하고 있지 않다. 다른 한편 24a8, 26a3, 26b8에 나오는 'peras'는 네 부류 중 하나인 한정자가 아니라, 단순히 한도나 한정을 뜻한다.

128 이 양쪽 것 : '양쪽 것'이 가리키는 것을 '한정되지 않은 것'과 '한정자'로 보는 이도, '한정되지 않은 것'과 '혼합된 것'으로 보는 이도, '혼합된 것'과 '혼합의 원인'으로 보는 이도 있다. 역자는 이 양쪽을 한정되지 않은 것의 종자와 한정자의 종자로 보았다. 물론 여기서 한정자의 종자는 25a-b에 나오는 것들이고, 한정되지 않은 종자는 25c에 열거된 것들이다.

129 같은 결과를 낳을 것 같네 : 한정자의 종자를 하나로 모으는 결과를 낳을 것이라는 애기다.

130 어떤 종자를 말씀하시는 것이며, 이것이 어떻게 작용한다는 건가요 : 둘째

물음은 현재의 논의 맥락을 고려해서 번역한 것이다(Frede, 1993, p. 22 참고). 25b 이후는 셋째 부류, 즉 혼합된 것에 대해 설명하고 있고, 이를 위해 25d에서 소크라테스는 한정되지 않은 것의 본성을 갖는 것에다 한정자의 종자를 혼합하라고 말한다. 이에 프로타르코스는 이 종자가 어떤 것인지를 묻고, 아울러 이것이 어떤 작용을 하는지 묻는 것이다. 소크라테스가 곧바로 첫째 물음에 대해 대답을 해 주니, 25e3에서 알 수 있듯이, 프로타르코스는 둘째 물음에 대한 답을 알아챘다. 한정자의 종자가 하는 기능이나 작용은 26a에서 가장 잘 나타난다.

131 대립되는 것들이 … 균형과 조화를 이루게 하는 온갖 종자 : 이것은 한정자들을 하나로 모으는 표현이며, 한정자의 유에 대한 정의에 해당하는 것이다. 이는 25c에서 한정되지 않은 것들을 열거하면서 끝 부분에 언급된 것, 즉 "더함과 덜함을 받아들이는 본성을 갖는 것"이 바로 한정되지 않은 것의 정의에 해당하는 것과 마찬가지이다. 그리고 여기서 '대립되는 것들'(ta enantia)이란 '더 뜨거움과 더 차가움', '더 건조함과 더 습함'과 같은 한정되지 않은 것들을 가리킨다고 볼 수 있다. 한정자는 이런 대립적인 것들이 균형과 조화를 이루게 만드는 것이므로 비율로 표현된 것이다. 그리고 네 부류 중 하나인 'peras'는 균형이나 조화가 이루어지게 만드는(apregazetai) 기능을 하므로, 단순히 한정이나 한도라기보다는 한정하는 것이라는 의미에서 '한정자'(determinant)라 할 수 있다.

132 이것들(tauta)을 혼합함으로써 : 'tauta'의 지시 대상이 불분명하다. 바로 앞에서 언급된 한정자의 종자들만을 지시할 수도 있고, 이 종자들과 아울러 한정되지 않은 것들까지 지시할 수도 있다. 역자는 그것이 바로 앞에서 언급된 한정자의 종자들만을 가리킨다고 보며, 또한 여기서 '혼합한다'는 것은 25d에 나오는 구절, 즉 "이것에다 한정자의 종자를 혼합하게나"라는 구절에서 알 수 있듯이, 한정되지 않은 것의 본성을 갖는 것들(즉 한정되지 않은 것들)에다 한정자의 종자들을 혼합

194

한다는 것을 뜻한다고 보았다(Bury, 1973, p. 216). 이후의 문장들에 나오는 'toutōn'(이것들, 25e7)이나 'tauta tauta'(그 동일한 것들, 26a3)도 지금의 'tauta'(25e3)처럼 한정자의 종자들만을 가리키는 것으로 보았다. 'tauta'(25e3)와 'toutōn'(25e7)의 지시 대상을 이렇게 보지 않으면, 'tauta'(26a3)의 지시 대상을 앞 문장들에서 찾을 수 없게 된다.

133 질병들의 경우 이것들의 바른 결합 : '이것들의 바른 결합'(hē toutōn orthē koinōnia)에서 '이것들'이 지시하는 것은 한정자의 종자들이고, 여기서의 '결합'(koinōnia)은 이 종자들이 한정되지 않은 것들과 이루는 결합이다. 그러니까 한정되지 않은 것들이 생략되어 있는 셈이다. 'koinōnia'는 그 결합 대상의 한쪽에는 2격을 쓰고 다른 한쪽에는 3격을 쓸 수 있는데(『국가』 466c), 3격 쪽을 생략한 것으로 보인다. 여기서 생략된 쪽이 '한정되지 않은 것들'에 해당하는 것은 문두에 언급된 '질병들'이라 할 수 있다. 다른 한편 '바른 결합'이란 표현도 논란거리가 되고 있다. 이 표현은 한정자의 종자와 한정되지 않은 것의 결합 중에는 바르지 못한 결합도 있음을 나타내는 것으로 보인다. 그러나 한정자와 비한정자의 결합이나 혼합은 모두 다 바른 혼합으로 보고, 그것들의 바르지 못한 혼합은 없다는 견해가 제시되기도 한다.

134 건강의 상태 : 'hygieias physis'는 '건강의 본성(nature)'으로 번역되기도 하지만, 대개 '건강의 상태(state)' 혹은 단순히 '건강'으로 옮겨진다.

135 그 동일한 것들이 개입됨으로써 : '그 동일한 것들'이란 한정자의 종자들을 가리킨다. 버넷과 두 가지 점에서 텍스트를 달리 봤다. 우선 'engignomena'를 삭제하지 않았고, 또한 'tauta'와 'hama' 사이의 콜론을 빼고 읽었다.

136 그것이 개입됨으로써 : 버넷은 TG판본의 'engenonē'를 택했으나, 역자는 B판본의 'engenomena'를 택했다. 이것의 주어인 '그것들'은 한정자의 종자들을 가리킨다. 'engenonē'를 택할 경우에는 단수 여성 명사가 주어가 될 수 있으므로, "hē toutōn orthē koinōnia"(이것들의

바른 결합)나 "hē to peratos genna"(한정자의 종자)를 그 주어로 볼 수 있다.

137 또한 혹독한 추위나 숨 막힐 듯한 더위의 경우 … 적도 상태와 동시에 균형 상태를 이루어낸다네 : 앞서 혼합된 것의 예로 건강과 음악이 어떻게 생기는지 설명했고, 지금은 다음 문장에서 언급된 계절들에 대해 설명하는 것이다. 소크라테스는 한정자의 종자들의 기능을 잘 묘사하고 있는데, 25d11-e2에서의 설명과 상당히 유사하다.

138 이 여신 : 이 여신이 아프로디테인지, 하르모니아인지, 아니면 무사인지 의견이 갈리는데, 프레데의 추정대로 아프로디테로 보는 게 적절한 것으로 보인다(1993, p. 23, 각주 1). 『향연』에서 파우사니아스의 연설을 보면 통속적(Pandēmos) 아프로디테와 천상적(Urania) 아프로디테를 구분하고, 후자에 속하는 천상적 에로스에 종사하는 사람들은 사랑에 관한 법들에 따라 사랑을 해야 하는 것으로 언급된다 (180c-185b).

139 모든 사람의 방자함과 사악함 전체를 보고서, 그러니까 그들에게 즐거움과 만족의 한도가 전혀 없음을 알고서 : 두 절 사이에 부연적 의미의 '그러니까'를 보충하여 옮겼는데, 의역한다면 "여신이 모든 사람의 방자함과 사악함이 그들에게 즐거움과 만족의 한도가 전혀 없어서 생긴 것임을 알고서"로 옮길 수도 있겠다.

140 한도를 갖는 법과 질서를 : 플라톤은 한정자의 종들에 대해 'ta peras echonta'(한정을 가진 것들, 26b2)라는 그리스어 표현을 쓰고 있다. 그런데 7줄 아래에서 이 표현을 포함한 문구, 즉 "nomon kai taxis peras echonta"(한정을 갖는 법과 질서)를 사용하고 있다. 그래서 법과 질서를 한정자에 속하는 종이라고 보는 해석도 나오는데, 적절한 해석으로 보이지 않는다. 법이나 질서는 균형, 조화, 적도 상태, 혹은 적도 등과 같은 차원의 것으로 보이는데, 이것들은 25e, 26a, 26d 등에서 한결같이 한정자가 만들어 내는 것 혹은 이루어 내는 것 (apergazesthai)으로 언급되는 점을 주목할 필요가 있다. 따라서 법이

나 질서는 비율인 한정자들로 보기 힘들다.

141 **있는 것들** : 23c에서 언급된 '현재 우주 속에 있는 모든 것'과 관련된 표현으로 보인다.

142 **또한 한정자가 여러 유형을 갖고 있다는 것도 … 불만스러워하지 않았다 네** : 버넷 판을 수정해서 읽었다. 베리처럼 d4에서 'oute'와 'polla' 사이에 'hoti'를 삽입하거나, 쉬츠(A. Schütz)처럼 'hōs'를 삽입시키는 수정이 필요하다(버넷 판 apparatus criticus 참고). 버넷 판에 따르면 앞 부분은 "한정자가 여럿을 가지지도 않았거니와 …"로 번역될 수 있다. 그런데 25d5-7에서 소크라테스가 한정자의 종자를 하나로 모으지 않았다고 말하고 있으므로, 적어도 25a6-b2에서 한정자에 대해 언급된 것은 그것의 종들을 열거한 셈이 된다. 즉 그것은 한정자가 여러 유형(종)을 갖는다는 것을 보여 준 셈이 된다. 따라서 버넷 판을 수정하는 쪽을 택했는데, 베리와 쉬츠의 수정 제안 중 어느 쪽을 따르든 내용상 차이는 없다.

143 **한정자에 의해 이루어지는 적도로 인해 존재로 생성되는 것 모두를 하나로 간주하여 그것을 셋째 부류라고 … 생각하게나** : 앞서 25e-26b에서 혼합된 것의 종들에 해당하는 예들로 건강, 음악, 계절, 건강에 따른 아름다움, 체력, 그리고 혼에서의 온갖 아름다운 것이 언급되었고, 이제 혼합된 것의 유에 대한 정의를 하고 있다고 할 수 있다. 이 정의에서는 두 가지 점을 주목해 볼 필요가 있다. 그 하나는 '적도'(適度, metron)란 개념이다. 적도는 혼합된 것의 징표라 할 수 있는 것이다. 적도나 균형은 현재의 우주론적 논의에서는 물론이고(24c, 25e, 26a, 26d), 64d 이후에서도 중요한 개념으로 쓰이며, 이 대화편에서 가장 중요한 핵심이라고 해도 좋을 것이다. 또 하나 주목할 점은 혼합된 것이 '존재로 생성되는 것'(genesin eis ousian, 26d) 혹은 '생성된 존재'(gegenēmenēn ousian, 27b)라고 언급된다는 것이다. 이런 표현들은 생성과 존재를 엄격히 구분하던 형상론의 포기를 함축하는 듯이 보일 수도 있다. 이전에는 생성과 존재라는 말로 생성되는 사물과 형상

을 뜻했기 때문이다. 이를테면『국가』534a나『티마이오스』27d-28a, 29c 등에서 그런 용례를 볼 수 있다. 그러나 플라톤은『필레보스』에서도 이전 대화편들에서처럼 생성되는 것과 형상의 구분을 분명히 하고 있다(15a-b, 59a-d). 다만 생성과 존재란 용어를 이전과 다르게 사용하는 것으로 볼 수 있다. 이 대화편에서 '존재로 생성되는 것'이나 '생성된 존재'란 혼합된 것, 다시 말해 적도와 균형이 이루어진 것을 가리키는 것이다. 이것은 생성된 것이기에 또한 언젠가 소멸도 하는 것이지만 적도를 유지하는 한 존속하는 것으로 볼 수 있다.

144 앞서 … 말했네 : 23d에서 언급되었다.

145 생성되는 것들은 모두 어떤 원인으로 인해서 생성되는 게 필연적인지 :『티마이오스』28a에서도 똑같은 언급이 보인다. 사실 이것뿐 아니라,『필레보스』의 우주론적 논의에는『티마이오스』의 우주론과 유사한 점이 많으며, 특히『필레보스』26e-30e에서 소크라테스가 원인의 부류에 대해 설명한 부분에서 그런 점이 두드러지게 보인다.

146 원인이 되는 것 : 여성형 'hē aitia'는 '원인'으로, 중성 'to aition'은 '원인이 되는 것'으로 옮겼다.

147 세 가지 부류 : 혼합된 것과 그것의 두 요소, 즉 한정되지 않은 것과 한정자를 가리킨다.

148 이 모든 것 : 문맥상 '이 모든 것'은 앞의 세 부류를 다 가리키는 것으로 보이지만, 내용상으로는 생성되는 것들만을 가리키는 것으로 보는 게 적절하다.

149 만드는 것 : 플라톤은 26e-27b에서 '만드는 것'을 네 번 언급하는데, 앞서 세 번은 '포이운'(to poioun)이란 용어를 쓰고, 지금은 '데미우르군'(to dēmiourgoun)이란 용어를 쓰고 있다. 그런데 바로 이 표현은『티마이오스』에서 우주 창조자로 상정된 데미우르고스(dēmiourgos)를 연상시킨다. 이 대화편에서도 데미우르고스 대신 포이온(ho poiōn)이란 용어를 사용하기도 한다(31b, 76c). 다만『티마이오스』에서는 남성형 분사나 명사가 사용되는 데 비해『필레보스』에서는 중성형 분사가

사용되고 있다.

150 이 부류는 그저 두 가지 것이 혼합된 것이 아니고 : BTW판본에는 "miktos ekeinos"로 되어 있다. 이에 따르면 '이 부류' 대신 '이 혼합된 삶'이 주어가 된다. 버넷은 "miktos ekeinos"를 삭제할 것을 제안한다. 그러나 이 번역본에서는 쉬츠(Schütz)를 따라 "mikton ekeino"로 수정해서 읽었다.(버넷 판 apparatus criticus 참고.)

151 이 우승한 삶이 그 부류의 일부가 되는 건 당연할 것이네 : 소크라테스는 지성과 즐거움이 '혼합된 삶'을 한정되지 않은 것과 한정자가 '혼합된 부류'의 일부로 간주한다. 그런데 구체적으로 혼합된 삶과 혼합된 부류가 어떻게 연관되는 것인지는 그다지 분명하지 않다. 양쪽의 구성 요소들 사이에 일대일 대응 관계가 성립하는 것으로 보이지 않기 때문이다.

152 괴로움이 완전히 나쁜 것도 아닐 것이네 : 괴로움도 한정되지 않은 것이 아니라면, 그것이 완전히 나쁜 것이 아니게 될 거라는 얘기다. 이는 프로타르코스가 한정되지 않음(무한정성)을 즐거움이 완전히 좋은 것이 되기 위한 조건으로 생각하는데, 그렇지 않음을 지적하는 것이다.

153 이 쌍 : 즐거움과 괴로움.

154 한정 없는 것들의 부류(tōn aperantōn genos) : 플라톤은 네 부류 중 하나인 '한정되지 않은 것의 부류'(to tou apeirou genos)를 가리키는 것인데, 'apeiron' 대신 'aperanton'을 쓰고 있다.

155 선생님이 내세운 경쟁 후보 : 즐거움의 상대인 지성을 경쟁 후보로 표현한 것이다.

156 모든 것과 이른바 이 우주는 … 지성과 어떤 놀라운 분별이 규제하고 조종한다고 말해야 할까 : 중기 대화편인 『파이돈』에서 소크라테스는 "모든 것을 질서 짓고 모든 것의 원인으로 되는 것은 지성이다."라는 아낙사고라스의 주장을 접하고 기뻐했으나, 정작 사물들의 질서를 설명하는 데 정신을 활용하거나 그것을 원인으로 삼지도 않고, 오히려 여러 물질적 요소를 원인으로 둘러대고 있어서 크게 실망했다고 한다

(97c-98c). 그리하여 자연 탐구를 멀리했던 소크라테스가 후기 대화편인 『필레보스』에서는 지성이 우주를 지배하며 좋음을 실현하는 방식을 설명하는 역할을 맡는다. 소크라테스의 자연 고찰로의 귀환은 사실 플라톤의 관심 이동을 보여 주는 것이다. 그는 『티마이오스』와 『필레보스』를 통해 본격적으로 자신의 자연관을 펼쳐 보이고 있다.

157 이것들은 같은 차원의 물음들이 아닙니다 : 소크라테스가 제기한 두 물음 중 첫째 물음은 언급하기 조심스러운 불경한 물음으로서, 두 번째 물음과는 다른 차원의 것이라는 말이다.

158 지금 말씀하시는 것 : 바로 앞의 두 물음 전체를 가리키는 것으로 볼 수도 있고, 두 물음 중 첫째 물음만을 가리키는 것으로 볼 수도 있다.

159 다른 사람들의 견해 : '선인들의 견해'를 가리키는 것으로 보인다.

160 말하는 : 'phasin'(말하다)의 주어는 바로 앞의 '폭풍우에 시달린 뱃사람들'이라고 봐서, 'phasin' 앞의 쉼표를 삭제하고 읽었다.

161 불은 우리에게 있는가 하면 우주에도 있음이 분명하네 : 여기서부터 30c 까지는 이른바 소우주와 대우주 사상에 의거한 유비 논증이 펼쳐진다. 이 논증을 다음과 같이 정리할 수 있다. 즉 인간의 몸이 네 가지 요소로 이루어졌다. 우주의 몸은 더 훌륭한 네 요소로 이루어졌다. 그런데 원인의 부류가 인간의 몸에 혼을 부여하여 지혜라 불린다. 그러므로 이 부류는 우주의 몸에 더 훌륭한 혼을 부여하여 지혜와 지성으로 불리는 것이 지극히 정당하다.

162 키워지는가 : 역자는 버넷 판에 따라 '키워지다'(auxetai)로 옮겼으나, BT판본에 따라 '지배되다'(archetai)로 옮기는 이들도 있다.

163 우주도 같은 요소로 구성된 것이므로 … 그것은 몸일 것이네 : 인간의 몸도 우주의 몸도 물, 불, 흙, 공기로 이루어졌다고 보는데, 이것은 엠페도클레스의 견해를 받아들인 것이며, 아리스토텔레스나 스토아 학파에서도 같은 견해가 유지된다.

164 온 천구 : 여기서 '천구'(ouranos)는 우주를 뜻한다.

165 그 동일한 요소들 : 우리 쪽의 요소들과 동일한 요소들, 즉 물, 불, 흙,

공기를 가리킨다.

166 가장 아름답고 가장 귀한 것들의 본성 : 우주의 혼을 가리킨다.

167 지혜와 지성은 혼 없이는 결코 생길 수 없을 것이네 : 『티마이오스』에서는 데미우르고스가 지성이 혼과 떨어져 있을 수 없음을 알고서, 지성을 혼 안에, 그리고 혼은 몸통 안에 있게 한 것으로 이야기된다(30b). 『필레보스』 30c-d에서도 거의 유사한 설명을 하고 있는 것이다.

168 제우스의 본성 : 우주의 몸체를 가리키는 것으로 보인다.

169 모든 것의 원인이라고 불리는 부류 : 버넷 판의 "genous tēs"에서 'tēs'를 빼고 읽었다. 'tēs'를 살리려면 'physeōs' 정도를 보충해 읽어야 한다. 이 경우에는 "모든 것의 원인이라고 불리는 본성의 부류"로 옮길 수 있다.

170 즐거움이 속하는 부류 : "즐거움이 어떤 부류에 속하는지도"로 의역할 수도 있겠다.

171 지성 : 인간의 지성을 가리킨다. 우주의 지성은 원인과 동일시되고 있다.

172 그 둘 : 즐거움과 지성을 가리킨다.

173 조화 상태도 포함시켰던 부류 : 셋째 부류인 '혼합된 것'을 가리킨다. 앞서 '조화 상태'(harmonia)를 혼합된 것에 속하는 것으로 분명히 언급된 적은 없다. '조화 상태'란 '음악'(26a)을 염두에 둔 표현이거나, 아니면 혼합된 것들 일반을 나타낸 것일 수 있다.

174 한정되지 않은 것 : 스탈바움(J. G. Stallbaum)의 추정대로 'tēs apeirou' 대신 'tou apeirou'로 읽었다.

175 그것들 : '그것들'(hautōn)은 내용상 '살아 있는 것들'을 가리킨다.

176 그 상태들 각각 : 앞에서 언급된 와해나 복귀를 가리킨다.

177 이것들 : 바로 앞에서 언급된, 즐거움과 괴로움의 두 종류를 가리키는 것으로 보인다.

178 이것들 각각이 … 순수하게 생기는 것으로 보인다면 : 즐거움에 대한 분석 부분에서 괴로움이 섞인 즐거움과 순수한 즐거움을 구분하는 일

은 소크라테스의 주된 관심사에 속한다. 순수한 즐거움에 대해서는 50e-53c에서 논의되는 데 반해, 순수한 괴로움에 대해서는 이 대화편 어디에서도 논의되지 않는다.

179 그 부류 전체가 반길 만한 것인지, 아니면 … 즐거움과 괴로움은 때로는 반겨야 하나 때로는 반겨서는 안 되는 것인지 말일세 : 이 물음에 대한 답은 후반부(61c-64a)에서 이루어진다. 거기서는 소크라테스가 위의 두 선언지 중 뒤쪽 것을 받아들인다. 즉 그는 지식의 경우 그 전체가 반길 만하지만, 즐거움의 경우는 순수한 것들은 반길 만하되 크고 강력한 즐거움은 그렇지 않다고 보는 셈이다.

180 이것들이 그 자체로는 좋은 것들이 아니지만 … 좋은 것들의 본성을 받아들이는 경우가 있는 것으로 여겨지니까 : 즐거움들은 그 자체로는 좋은 것들이 아니지만, 좋은 것들의 본성을 받아들이면 좋은 것들이 될 수 있다는 것이다. 그러면 좋은 것들의 본성이란 무엇일까? 52c1-d2에 따르면, 그것은 '적도에 맞음'(emmetria)이라고 할 수 있다.

181 그것들 : 32b에서 언급된 '그들'과 마찬가지로 '살아 있는 것들'을 가리키는 것으로 볼 수 있다.

182 제삼의 어떤 상태 : 즐겁지도 괴롭지도 않은 상태나 그런 삶에 대해서는 네 군데서 언급되고 있다(21d-e, 33a, 42e-43e, 55a).

183 우리가 즐거움에 대해 판정하는 데 … 사소한 일이 아니기 때문이네 : 제삼의 상태는 42c-44a에서 거짓된 즐거움을 설명하는 데 활용되고, 55a에서는 생성소멸을 택하는 삶과 대비되는 삶으로 언급된다. 생성소멸을 택하는 삶이란 즐거움을 추구하는 삶을 가리키는 것이다.

184 사실 우리는 앞서 … 이야기했네 : 21d-e.

185 이것이 모든 삶 중에서 … 이상하지 않을 거야 : 『니코마코스 윤리학』에서 아리스토텔레스는 플라톤과 달리 신에게도 즐거움이 있다고 한다(1154b25).

186 하지만 그 점이 : 우선 역접 접속사 '하지만'(alla)이 왜 쓰였는지 불분명하다. 그리고 '그 점'이 무엇을 지시하는 것인지도 불분명하다. 그

러나 그것이 지시하는 내용이 다음 문장에 두 번 나오는 동사인 '이용하다'(prostithenai)의 목적어로도 쓰인 것이라고 본다면, '그 점'이란 '분별의 삶이 즐거움도 괴로움도 없이 영위될 수 있는 가능성'을 가리킨다고 보는 게 좋을 것 같다.

187 '감지하지 못함'이란 말로 … 그렇게 이해하지는 말게 : 이런 말을 한 까닭은 '감지하지 못함'(to lelēthenai)과 '망각'(lēthē)이 같은 어원을 갖고 있어서 잘못 생각할 수도 있기 때문이다.

188 그것들 : 특히 지각과 기억을 가리킨다.

189 배고픔과 목마름 … 일종의 요구들이라고 말하지 않나 : 『국가』 585a 이후에서 즐거움과 괴로움에 관한 같은 견해를 볼 수 있다.

190 그것은 기억에 의해서 그렇게 한다는 게 분명하네 : 생전 처음 빈 상태(kenōsis)에 있어서 채워짐에 대한 기억이 없지만 그것을 욕구하는 경우를 가정해 보자. 소크라테스는 이런 경우도 있을 수 있다고 보았는지, 그런 경우가 있다면 어떻게 설명할 수 있는지 알 수 없다. 물론 『메논』, 『파이돈』, 『파이드로스』 등에서처럼 전생의 기억이나 상기를 가정한다면, 문제는 해결될 것이다. 혹 아예 그 어떤 기억도 없을 경우에는 욕구의 대상은 시행착오의 경험을 통해 알게 된다고 보아야 할 것이다.

191 그러면 그가 기억에 의해 … 생각하지 않는가 : 앞의 문장에서 언급된 두 경우 중 앞쪽의 경우, 즉 채워지리라는 분명한 기대감이 있을 때와 관련한 추론이다.

192 그분의 아들이여 : '칼리아스의 아들'(19b)을 '그분의 아들'이라고 호칭한 것으로 보았다. 이런 호칭 형태는 『국가』 368a와 소포클레스의 『트라케의 여인들』 1017에서도 볼 수 있다. '그분의 아들'을 장난스러운 표현이라 보는 견해도 있다. '그분'이 프로타르코스의 친구인 '필레보스'나 그의 스승인 '고르기아스'(58a)를 가리킨다는 것이다.

193 그러면 잠잘 때나 깨어 있을 때나 … 자네는 주장하는 것인가 : 버넷은 그냥 서술문으로 보았으나, 역자는 의문문으로 보았다. 프로타르코스

가 바로 앞에서 "어찌 그럴 수 있겠습니까?" 하고 대답한 것을 볼 때, 그는 거짓된 즐거움이란 없다고 생각하고 있음을 알 수 있다. 이제 소크라테스는 프로타르코스가 어떤 의미에서 거짓된 즐거움이 없다고 말했는지를 알아보기 위해 그에게 다시 질문을 하고 있는 것이다. 이 질문에 프로타르코스는 '즐겁다고 생각되지만 실제로는 즐거움이 없는 것'이 거짓된 즐거움이라고 이해하고, 이런 즐거움은 없다고 주장하는 것으로 볼 수 있다. 이에 대해 소크라테스는 이후의 논의에서 거짓된 즐거움도 실제로 존재하는 즐거움임을 분명히 하고서 거짓된 즐거움이 어떻게 생기는지를 설명한다.

194 우리에게는 판단함이란 게 분명 있겠지 : 소크라테스는 거짓된 즐거움의 첫째 종류를 설명하기 위해 37a-e와 40c-e에서 판단과 즐거움의 유사성에 기초한 유비 논증을 한다.

195 좀 전에 : 27e7-28a.

196 괴로워하게 되는 대상 : 이것은 37a9에서 '즐거워하는 쪽이 즐거워하게 되는 대상'처럼, 괴로워하는 쪽이 괴로워하게 되는 대상, 즉 괴로움의 대상을 가리킨다.

197 정말 즐거움에 착오가 있다면, 그렇게 할 수 없습니다 : 이 대답을 언뜻 보면 프로타르코스가 거짓된 즐거움이 있음을 수용하는 듯하다. 그러나 "정말 즐거움에 착오가 있다면"이라는 가정은 그 결론을 거부할 여지를 남기는 것이다.

198 종종 즐거움은 옳은 판단이 아니라 거짓된 판단에 뒤따라 우리에게 생기는 것 같네 : 이제 소크라테스는 판단과 즐거움 사이에 단순히 유비 관계가 아니라, 직접적인 관계가 있음을, 즉 거짓된 판단에서 거짓된 즐거움이 생김을 밝힌다. 그는 이런 논의를 40c7까지 펼치고, 40c8-e에서는 다시 유비 논증을 도입해서 첫째 종류의 거짓된 즐거움에 대한 논의를 일단락 짓는다.

199 제가 들은 것 : 아리스티포스(Aristippos)로부터 들은 이야기로 추정된다(Diès, *Philèbe*, p. 45, n. 1; Friedländer, *Plato 3*, p. 335).

200 명확하게 판단하려는 : '명확하게 판단하다'로 옮긴 'diadoxazein'은 플라톤이 여기서만 사용한다.

201 우리가 판단이라고 부른 것은 진술이 되겠지 : 판단과 진술에 대해서는 『소피스트』 263d-264a에서 유사한 설명을 볼 수 있다.

202 이것들 : 지각들과 기억을 두루 가리키는 것으로 보인다.

203 이 느낌 : 배덤(C. Badham)과 버넷은 'touto to pathēma'(이 느낌)를 삭제하려고 하지만, 그것을 삭제하지 않고 읽었다. '이 느낌'이란 바로 앞의 '기억', '지각들', '그 느낌들'을 집합적으로 지칭하는 것으로 보인다.

204 기록된 말들 : 판단과 진술을 가리킨다.

205 앞에서 : 32b-c, 36a-b.

206 그것들 : '그것들'(toutōn)은 바로 앞 쪽(40a)에서 언급된 것들, 즉 '진술들'과 '그려진 상들'을 두루 가리키는 것으로 보았다.

207 참된 진술들과 그림들 : '진술들과 그림들'은 'ta gegrammena'란 용어의 양의성을 다 드러내 옮긴 것이다.

208 '아무튼 판단하는 자'에게는 … 있다고 했었네 : 사실상 같은 말을 37a에서 이미 언급한 바 있다.

209 이런 조건들 : 실제로 판단을 하되 이 판단이 현재나 과거나 미래의 사실에 일치하지 않는 경우를 말하는 것으로 볼 수 있다.

210 이것들에 상응하는 상태 : 판단이나 판단함의 상태에 상응하는 상태를 가리키는 것으로 보인다.

211 '아무튼 기뻐하는 자'에게는 … 있다는 거야 : 37b에서 사실상 같은 말을 이미 한 바 있다.

212 그 밖의 : '거짓됨 말고 다른'을 뜻한다.

213 이런 성격의 즐거움들에 대해서는 잠시 후에 논할 것이네 : 나쁨(ponēria)으로 인한 나쁜 즐거움에 대한 논의는 45e 이후에 다루어지고, 63e에서 간단히 언급된다.

214 다른 방식으로 … 논의를 해야 하네 : 이제 둘째 종류의 거짓된 즐거움

에 대한 설명을 시작하려는 것이다.

215 우리의 판정 : 여기서 판정이란 즐거움과 지성 중 어느 것이 더 좋은 것인지에 대한 판정을 뜻하는 것으로 보인다.

216 방금 밝혀졌듯이 말이네 : 36a-b.

217 한정되지 않은 것들에 속한다는 것 말일세 : 27e-28a, 31a.

218 그것들 : '그것들'(tauta)은 더함과 덜함을 받아들이는 것들을 가리키는 것으로 보인다.

219 앞에서와 같은 어떤 조건 : d1-3에서 언급된 조건을 가리키는 것으로 보인다.

220 이것들이 그러한 것들이고, 이것이 판정의 목적이지요 : 이것들이 우리가 식별할 것들이고, 이런 식별을 하는 것이 판정의 목적이라고 말하는 것으로 보인다.

221 앞에서는 : 38a나 b에서 한 말을 염두에 둔 것이다.

222 이런 상태 : 참됨이나 거짓됨의 성격을 가리킨다.

223 이 판단들이 거짓되거나 참되게 됨과 아울러 자신들의 이런 상태로 괴로움들과 즐거움들을 감염시켰다네 : 의역을 한다면, "이 판단들이 거짓되거나 참되게 됨과 동시에 자신들의 이런 상태를 괴로움들과 즐거움들이 갖게끔 영향을 미쳤다네."로 옮길 수도 있다.

224 즐거움들과 괴로움들 자체들이 … 그렇게 보이네 : 시각적 혼란에 대한 언급은 『프로타고라스』 356c 이후, 『국가』 602c, 『소피스트』 235d-236a에서도 볼 수 있다.

225 우리가 … 다룬다면 : 베리를 따라 "ean tēide apantōmen"의 전후에 쉼표를 넣어, 그것을 조건절로 보았다.

226 있음을 볼 것이네 : 이제 셋째 거짓된 즐거움에 대한 설명으로 들어간다.

227 여러 차례 … 말했네 : 31d-32e.

228 그러한 상태 : 42c-d에서 언급된 결합이나 분리, 채움이나 비움, 증가나 감소의 상태를 말하는 것이다.

229 모든 것은 늘 위아래로 흐르니까 : 『테아이테토스』 153c-d에서도 언급

된 바 있는 헤라클레이토스의 만물유전설을 가리키는 것이다.

230 방금 언급된 삶 : 42e에서 즐거움도 괴로움도 결코 생기지 않는 삶에 대해 언급했는데, 지금 그 삶을 가리키는 것으로 보인다. 그런데 여기서 유의할 점은, 42e에서 언급된 삶이 결합과 분리, 채움과 비움, 증가와 감소 등과 같은 신체적 변화를 전혀 겪지 않는 신적인 삶이라고 한다면, 여기서 말하는 삶은 그런 신체적 변화를 겪되 그 변화가 작아서 감지하지 못하는 인간적인 삶이라는 것이다. 다만 이 인간적인 삶은 신적인 삶과 같이 즐거움도 괴로움도 없다는 점에서 신적인 삶에 가까운 삶이라고 할 수 있다.

231 그런데 … 이미 언급되었습니다 : 이 언급으로 프로타르코스는 소크라테스의 조건 진술에서 전건을 긍정함으로써 "그들은 기뻐함과 관련해서 적어도 거짓된 판단을 하고 있다"는 후건을 긍정하는 것이다. 여기서 셋째 거짓된 즐거움에 대한 설명이 끝난 것으로 볼 수 있다. 중간적인 삶의 상정을 통한 거짓된 즐거움의 설명은 『국가』 9권 583c−584a에서도 볼 수 있다.

232 괴로움에서 벗어남이 있다는 쪽을 택할 것인지 : 이 물음은 여전히 셋째 거짓된 즐거움을 설명하기 위한 것처럼 보일 수도 있으나, 여기서 사용된 '괴로움에서 벗어남'이란 표현은 '괴롭지 않음'과 다른 의미를 지닐 수 있는 것이고, 특히 괴로움과 '혼합된 즐거움'을 설명하는 데 유용하다. 소크라테스는 50e까지 혼합된 즐거움에 대해 설명하는데, 이 즐거움도 거짓된 즐거움에 속하는 것으로 볼 수 있다.

233 자연에 관한 것들에 아주 대단하다고 언급되는 사람들인데 … 주장한다네 : 여기서 언급된 사람들은 44e와 46a에서 '엄격한 사람들'(hoi dyschereis)로 명명되며, 당시에 실존했던 반쾌락주의자들을 가리키는 듯하다. 스페우시포스나 헤라클레이데스, 혹은 젊은 시절의 플라톤이 지목되기도 하지만, 이 대화편에서 묘사되는 특성들을 그대로 갖춘 인물은 찾기 힘들다. Frede(1993), p. 1 참고.

234 비천하지 않은 성품으로 인한 엄격성 : 여기서 '엄격성'(dyschereia)이란

지적 엄격성이라기보다는 도덕적인 엄격성으로서, 반쾌락주의적 성
향을 나타내는 것이다.

235 그들을 우리의 논의에 이용할 수 있을 것이네 : 51a에서 무엇에 이용한
다는 것인지 분명히 드러난다.

236 우리의 판정 : 즐거움과 지식 중 어느 것이 더 좋은 것인가에 대한 판
정을 말하는 것으로 보인다.

237 우리 : 여기서 '우리'는 단순히 대화 당사자들로 한정하기보다는 그들
을 포함한 사람들 일반을 가리키는 것으로 보인다.

238 더 많은 즐거움 : 즐거움의 양보다는 즐거움의 발생 빈도를 뜻한다.

239 그들이 광적으로 소리를 질러 대게 : 'periboētos'의 번역인데, '그들을
악명 높게'로 옮길 수도 있다.

240 문지름에 의한 가려움의 해소 : 『고르기아스』 494c-e에서도 쾌락주의
자(칼리클레스)를 논박하는 과정에서 가려운 데를 긁을 때의 즐거움에
대해 언급한다.

241 그것은 뒤섞여 있는 나쁜 것인 듯하네요 : 즐거움은 다 좋은 것이라고
보았던 프로타르코스가 즐거움의 느낌을 나쁜 것이라고 말한 점은 주
목할 만하다. 볼썽사나운 가려움증과 관련한 즐거움이라 그렇게 말
했을 것이다. 그리고 그는 이미 거짓된 즐거움들의 존재를 인정함으
로써 사실상 나쁜 즐거움들의 존재도 인정하고 있다고 볼 수 있다.

242 필레보스 때문에 : 이 말은 내용상 '쾌락주의자인 필레보스를 논박하기
위해서'라는 뜻을 담고 있는 것으로 여겨진다.

243 지금 탐구하고 있는 문제 : 이 문제는 45c 끝 부분에서 말한 것, 즉 즐
거움이 어떤 본성을 갖는지, 즐거움의 존재를 부정하는 사람들이 즐
거움에 대해 무슨 말을 하는지를 알아보는 일일 수도 있고, 아니면
즐거움과 지식 중 어느 것이 더 좋은가 하는 문제일 수도 있다. 소
크라테스가 뒤쪽 문제를 앞에서도 몇 차례 판정의 대상으로 삼았듯
이, 여기서도 그것을 판정 대상으로 언급한 것으로 볼 수도 있다는
것이다.

244 때론 '괴로움'이라고 불리네 : 이후에 세 종류의 혼합된 즐거움, 즉 몸에 서의 혼합된 즐거움(46c-47c), 혼과 몸에서의 혼합된 즐거움(47c-d), 혼에서의 혼합된 즐거움(47d-50e)에 대한 설명이 이루어진다.

245 달콤한 것 : 호메로스의 『일리아스』 18권 108-9행에 나오는 시구로서, '노여움'(cholos)에 대해 묘사한 것이다. 소크라테스는 이 시구를 통해 노여움이 괴로운 것이면서 즐거운 것임을 말하고자 하는 것이다.

246 그런 상태의 경우들에도 … 말이네 : 희극을 관람하면서 사람들이 느끼는 즐거움은 괴로움과는 무관한 것으로 보이며, 그런 만큼 그 즐거움이 괴로움과 섞여 있음을 밝히는 것은 아주 힘든 일이다. 소크라테스는 희극을 보며 우리가 갖게 되는 감정 상태에조차 그런 섞임이 있음을 설명함으로써(48a-50a), 사람들의 온갖 감정 일반이 그런 섞임을 지니고 있다는 점을 분명히 하고자 한다.

247 '악의'란 낱말 : '악의'로 옮긴 'phthonos'는 '시기'라는 뜻으로 많이 쓰인다. 그런데 남의 행운이나 좋은 일에 대해 샘내는 경우에는 '시기'라는 번역어를 쓸 수 있겠으나, 현재의 논의 맥락에서처럼 이웃의 불운이나 나쁜 처지에 대해 즐거워하는 경우에는 '악의'라는 번역어가 더 적절해 보인다.

248 우스운 것 : 우스운 것(to geloion)이란 웃음을 유발하는 희극적 요소를 뜻한다.

249 가득 차 있지 않겠는가 : 여기서 언급된 세 가지 무지, 즉 재물, 신체적 아름다움, 지혜와 관련한 무지는 희극의 주요한 소재가 되었던 것으로 보인다.

250 그런 유의 사람 : '자신과 관련해서 거짓된 판단을 하는 사람'을 가리킨다.

251 증오스러운 것 : 49c 전후에 '혐오스러운'(echthros)이란 표현을 사용했는데, 여기서는 그것과 사실상 같은 의미로 '증오스러운'(misētos)이란 표현을 쓰고 있다.

252 여러 차례 언급한 것들 : 즐거움과 괴로움을 가리킨다.

253 그것 : 희극에서의 섞임을 가리킨다.

254 자연스러운 일이네 : 여기서부터 55c까지 괴로움과 섞이지 않은 즐거움, 즉 순수한 즐거움에 대해 논한다. 이 즐거움은 참된 즐거움으로도 언급된다.

255 나는 그들을 다음과 같은 것에 대한 증인들로서 이용하네 : 소크라테스는 44c-d에서 엄격한 사람들을 이용하겠다고 했지만 정확히 무엇에 이용할지를 말하지 않았다. 그런데 이제 그 점을 분명히 밝히는 것이다.

256 결핍될 때 지각도 괴로움도 주지 않지만 채워질 땐 … 즐거움들이라네 : 여기서 주목할 점은 참된 즐거움 혹은 순수한 즐거움의 경우도 '채워짐'으로 설명되고 있다는 것이다. 『국가』 9권 584b에서도 냄새(osmē)와 관련해 사실상 같은 설명이 제시되고 있다.

257 즐거움들의 두 종류로 여기게나 : 소크라테스는 모양, 빛깔, 소리와 관련한 즐거움을 더 신적인 종류로 보고, 냄새와 관련된 즐거움을 덜 신적인 종류로 봄으로써 두 종류를 구분하고 있는 것이다. 냄새는 다른 세 가지 것과 달리 하위의 종류들이 분명히 구분되지 않는다. 냄새의 경우는 단지 '즐거운 것'(to hēdy)과 '괴로운 것'(to lypēron), 두 가지만 뚜렷한 것으로 말할 수 있을 뿐이다(『티마이오스』 66d-67a). 이는 냄새의 경우 다른 세 가지에 비해 덜 한정된 성격을 갖고 있다는 것을 뜻한다. 『필레보스』에서는 바로 이 점에서 냄새와 관련한 즐거움이 덜 신적인 것으로 언급되는 것으로 보인다.

258 자연적으로는 아무런 고통도 생기지 않습니다 : 자연적으로는 배움들의 상실이 부지불식간에 일어나므로 고통이 생기지 않는다는 것으로 보인다.

259 누군가가 그것들을 상실한 후 … 겪은 일 : 배움들을 상실한 후 그것들에 대한 필요를 느끼는 일을 가리키는 것으로 볼 수 있을 것 같다.

260 거의 순수하지 않다고 : '거의(schedon)'는 없는 편이 더 나아 보인다. 대부분의 번역자들은 빼고 읽는다. 그러나 Benardete(1993)는 '거의'를 살려 번역했고, Waterfield(1982)는 '거의'를 살리되 '완전히'를 보

충해서 '거의 완전히'(almost entirely)로 옮겨 놓았다.

261 앞서 언급된 한정되지 않은 것의 부류 : 버넷은 BT판본을 따라 'tēs'를 살려 'tēs tou apeirou ge ekeinou'를 받아들였으나, 역자는 스탈바움을 따라 'tēs'를 삭제하고 'tou apeirou ge ekeinou'가 두 줄 아래 있는 'genous'에 걸리는 것으로 보았다. 'tēs'를 삭제하지 않을 경우에는 'tēs'에 'physeōs'를 보태 읽을 수 있다.

262 큼과 강렬함을 받아들이는 즐거움들은 … 덜함과 더함의 부류에 속하는 것으로 생각하고, 그렇지 않은 것들은 적도에 맞는 것들의 부류에 속하는 것으로 생각하게 : 소크라테스는 강렬한 즐거움과 강렬하지 않은 즐거움 각각을 '우주에 존재하는 네 부류'와 연관시키고 있는 것으로 보인다. 강렬한 즐거움을 한정되지 않은 것의 부류로 분류하고 있기 때문이다. 그러면 여기서 강렬하지 않은 즐거움을 적도에 맞는 것들의 부류로 분류시키는 것을 어떻게 보아야 할까? 우선 '적도에 맞는 것들'이란 '혼합된 것들'을 가리키는 것으로 볼 수 있다. 왜냐하면 혼합된 것들은 "한정자에 의해 이루어지는 적도로 인해 생성되는 것들"(26d)인데, 이런 적도의 산물들은 곧 적도에 맞는 것들이라 할 수 있기 때문이다. 그러니까 강렬하지 않은 즐거움은 혼합된 것들의 부류에 속한다는 것이 소크라테스의 주장으로 보인다.

263 충분한 것인가 : 버넷은 BT판본의 'hikanon'을 'itamon'으로 읽는데, 역자는 버넷과 달리 'hikanon'으로 읽고, 또한 이 단어의 위치를 잭슨 (H. Jackson)과 디에(A. Diès)를 따라 앞쪽으로 옮겨 놓고 번역했다.

264 다른 : 배덤과 베나데테(S. Benardete)처럼 'allē'를 'allou'로 읽었다.

265 섞여 있는 상태의 : 바로 앞의 'kathara'(순수한 상태의)에 대비되는 'memeigmenou'(섞여 있는 상태의)가 원문에는 생략되어 있으나, 그것을 보충해서 번역했다.

266 섞여 있는 상태의 크고 많은 즐거움보다 더 즐겁고 더 참되며 : 플라톤은 이 대화편에서 '순수한 즐거움'과 '참된 즐거움'을, 그리고 '섞여 있는 즐거움'과 '거짓된 즐거움'을 대체로 동일시하고 있다. 다만 거짓된

즐거움 중에 섞여 있는 즐거움이라고 볼 수 없는 경우도 있다. 이를 테면 셋째 종류의 거짓된 즐거움은 즐거움도 괴로움도 아닌 것과 관련된 것으로서, 섞여 있는 즐거움이라고 할 수 없다.

267 즐거움은 언제나 생성이지, 전혀 존재가 아니라고 : "즐거움은 … 전혀 존재가 아니다"를 원문에 더 가깝게 옮기면, "그것(즐거움)에는 존재가 전혀 없다", 혹은 "그것은 전혀 존재를 갖지 못한다"고 할 수도 있다.

268 어떤 기발한 사람들 : '기발한 사람들'로 누구를 가리키는지 논란이 되어 왔다. 그 후보로는 44a-50e 부분에서 앞서 언급된 '엄격한 사람들', 혹은 스페우시포스(Speusippos)나 퀴레네학파의 아리스티포스 (Aristippos) 등이 거론되어 왔다. 그러나 프레데는 플라톤 자신일 것이라고 확신한다. Frede(1993), p. 63, n. 3.

269 정말 즐거움이 생성이라면 … 옳게 생각하는 것이겠지 : "즐거움이 좋은 것의 부류와는 다른 부류에 속한다"는 말은 "정말 즐거움이 생성이라면"이라는 가정 하에 한 것임을 주목할 필요가 있다. 곧 즐거움이 좋은 것일 수 있는 가능성을 배제하는 것은 아니라는 것이다. 사실 모든 즐거움이 생성이라고 할 수도 없고, 또한 모든 즐거움이 좋지 않은 부류에 속한다고 할 수도 없다. 적어도 순수하고 참된 즐거움들은 그런 것이 아니기 때문이다. 이런 즐거움들은 62e에서 좋은 삶의 구성 요소로 받아들여질 뿐 아니라, 66c에서는 좋은 것들의 서열에서도 다섯째 자리를 차지하는데, 이런 점들은 그 즐거움들이 좋은 것임을 뜻한다.

270 내가 이 논의를 시작하면서 … 감사해야 하네. 이 사람은 … 비웃을 게 분명하기 때문이지 : 53c에서 언급된 '기발한 사람'에게 소크라테스가 다시 감사를 표하는 것이다. 바로 앞의 주에서 지적했듯이, 그가 순수하고 참된 즐거움을 좋은 것으로 보았다는 것이 사실이라면, 기발한 사람이 비웃는 대상은 적어도 이런 즐거움을 제외한 나머지 즐거움들만을 좋은 것으로 보는 사람들일 것이다. 그렇지 않다면, 소크라테스가 감사를 표하는 것을 이해하기 힘들기 때문이다.

271 생성에 의해 해소되는 ··· 생성으로 인해 기뻐하는 사람들에 대해 나는 말
하는 것이네 : 즐거움과 관련해 '생성'이란 말이 세 번 쓰였는데, 여기
서의 '생성'과 55a에 나오는 '소멸'의 의미는 42c-d의 구절을 통해 잘
알 수 있다. 생성과 소멸은 결합과 분리, 채움과 비움 등에 의한 자연
상태의 회복과 와해를 뜻하는 것으로 보인다.

272 이들은 목마름과 배고픔이 없이는 ··· 살길 바라지 않을 것이라고 말한
다네 : 『고르기아스』에서 쾌락주의자인 칼리클레스가 같은 견해를 보
여 준다(494b-c).

273 그는 생성과 소멸을 택하는 것이지 : '생성과 소멸을 택하는 삶'은 『고르
기아스』에서 소크라테스가 쾌락주의자인 칼리클레스를 반박하기 위
해 든 예, 즉 누군가가 구멍이 난 항아리들 각각을 포도주나 꿀이나
우유로 채울 수밖에 없게 되어 있는 예를 떠올리게 한다. 여기서 항
아리를 채우는 과정은 욕구를 충족시키는 과정에 비유한 것인데, 칼
리클레스는 끊임없이 항아리가 비워지고 다시 채워야 하는 시지포스
적인 삶을 즐거운 삶이라고 한다(493d-494b).

274 앞서 언급한 제삼의 삶 ··· 즉 기뻐함도 괴로워함도 없고 가능한 한 가장 순
수하게 분별함이 있는 삶 말이네 : 제삼의 삶이란 21d-e, 33a에서 언
급되는 삶을 뜻한다. 여기서 소크라테스는 완전히 상반된 두 삶을 대
비시켜 언급하고 있다. 그는 제삼의 삶이 우리가 택할 좋은 삶이라고
말하고자 하는 듯하다. 하지만 이미 21d-22a에서 그런 삶이 아니라
즐거움과 분별이 혼합된 삶이 좋은 삶으로 판명이 났다.

275 누군가가 즐거움을 우리에게 좋은 것으로 상정한다면, 뭔가 크게 불합리한
결과가 생길 것 같습니다 : 소크라테스는 귀류 논증을 구사하려는 것이
다. 즉 필레보스처럼 즐거움을 좋은 것으로 상정한다면 불합리한 귀
결들이 나올 수밖에 없음을 밝힘으로써, 필레보스의 주장이 옳지 않
음을 증명하려는 것이다.

276 이 어찌 불합리하지 않겠는가 : 소크라테스는 즐거움이 좋은 것이라는
필레보스의 주장은 즐거움이 유일하게 좋은 것이며, 즐거움과 좋은

것은 같은 것이라는 주장이라고 보고, 두 측면에서 불합리성을 밝히는 것이다.

277 그것들 중에서 본성상 가장 순수한 것이 어떤 것인지를 알아내어 ⋯ 판정에 이용할 수 있도록 말일세 : 소크라테스는 거짓된 즐거움과 참된 즐거움을 구별해 내는 데 큰 주의를 기울였으나, 지식의 경우에는 적어도 '거짓된 지식'이란 말이 형용모순이므로 거짓된 지식에 대한 논의는 없고 단지 순수성(to katharon)의 정도에 따라 지식들을 구별하는 데 초점을 맞춘다. 그리고 그런 구별을 위해 정확성(to akribes), 명확성(to saphes), 그리고 최고의 진리성(to alēthestaton)의 측면에서 지식들을 살펴본다(58c).

278 그렇지 않은가 : 소크라테스는 변증술, 특히 나눔의 방법을 활용해 앞에서 즐거움의 종류들을 나누었고, 이제 지식의 종류들을 나누려 하는 것으로 보인다. 그는 이분법적 나눔의 방법에 따라 먼저 지식을 제작적인 것(dēmiougikon)과 교육(paideia)에 관련된 것으로 나눈다. 그런데 후속적인 나눔들이 그 두 부분 중 어느 쪽으로 분류될 수 있는 것인지 불분명한 점이 있다. 특히 두 종류의 수학적인 분야들이 그러하다.

279 다른 한 부분은 덜 그런지 : 슐라이어마허(F. Schleiermacher)처럼 'eni'를 'esti'로 읽었다.

280 우선 아울로스 연주법은 분명 그 어림잡음으로 가득 차 있네 : 베리(Bury)를 따라 56a에 나오는 'mousikē'와 'autēs aulētikē'의 위치를 서로 바꾸어 놓고 옮겼다. 수정하지 않을 경우 관악기인 아울로스를 현과 연관시켜야 하는 난처함이 생긴다.

281 직각자 : 51c에서는 직각자(prosageion)와 유사한 것으로 보이는 곱자(gōnia)가 언급되는데, 이 둘의 차이가 무엇인지는 불분명하다.

282 방금 내가 으뜸가는 것들이라고 말한 것들이네 : 55d에서 '주도적인 것들'(hēgemonikas)이라고 언급한 기술들을 말하는 것이다.

283 전혀 다르지 않다고 상정하지 않는 한 말이네 : 두 산술은 순수 산술과

응용 산술 같은 것인데, 소크라테스는 그 둘의 차이를 셈의 단위들의 동일성 여부로 설명하는 것이다.

284 우리는 명확성의 측면에서 … 진전을 보았습니다 : 『국가』에서는 선분의 비유에서 명확성(saphēneia) 개념을 사용하고 있다(509d, 511e).

285 이 기술 : 계산술과 측량술을 가리킨다.

286 변증적 능력 : '변증적 능력'으로 옮긴 'he tou dialegesthai dynamis' 는 '변증적 기술'(즉 변증술)을 뜻한다고 보아도 무방한 표현이다. 'dynamis'는 보통 능력이나 힘 혹은 기능이라는 의미로 쓰이지만, 여기서는 논의 맥락상 기술이나 지식의 의미로 이해될 수 있기 때문이다. 『국가』에서도 'he tou dialegesthai dynamis'란 표현이 여러 차례 쓰이는데(511b, 532d, 533a, 537d), 511c에서는 이 표현 대신 'he tou dialegesthai epistēmē'란 표현이 쓰이고 있다. 또한 477d에서는 'epistēmē'가 일종의 'dynamis'로 언급되기도 한다.

287 존재하는 것, 즉 참으로 있으며 본디 언제나 같은 상태로 있는 것 : "참으로 있으며 … 언제나 같은 상태로 있는 것"(to on kai to ontōs kai to kata tauton aei)이란 표현은 58a, 59a, 59c, 59d, 61e에서도 발견된다. 이런 표현은 플라톤이 중기 대화편들, 이를테면 『파이돈』(78c, 78d, 79d)과 『국가』 5권(479a, 484b)에서 형상의 불변성을 나타내는 표현으로 사용하던 것이다. 후기 대화편들 중에는 『티마이오스』(28a, 29a)에서 같은 표현들을 볼 수 있다. 플라톤이 최후의 대화편인 『법률』 직전에 저술한 『필레보스』에서도 그런 표현들을 사용했다는 것은 그가 중기의 형상론을 끝까지 견지하고 있었음을 단적으로 보여주는 것이다.

288 틀림없기 때문이다 : 이 단락에서 변증적 능력(변증술)이 '언제나 같은 상태로 있는 것', 즉 형상을 대상으로 하는 것임을 다시 확인하게 된다.

289 가장 좋은 것이기 때문이라는 겁니다 : 여기서 고르기아스의 '설득술'(hē tou peithein technē)이란 곧 그의 '수사술'(rhetorikē)을 가리키는 것이다.

290 방금 언급한 탐구방법 : 변증술을 가리킨다.

291 그처럼 월등하다는 걸 인정한다면 말이네 : 소크라테스는 고르기아스의
    설득술이 사람들을 위한 유용성에서 우월한 반면 변증술은 최고의 진
    리성에서 월등하다고 말하는데, 적어도 두 가지 점에서 뜻밖의 언급
    으로 보인다. 그 하나는 유용성이나 좋음을 진리성과 별개의 것으로
    놓았는데, 이는 소크라테스나 플라톤의 지론뿐 아니라, 이 대화편의
    논의 내용과도 일치하지 않는다. 현재의 논의, 즉 정확성이나 진리성
    에 따라 지식들을 분류하는 것은 좋은 삶의 요소가 될 좋은 것을 선
    별해 내기 위한 것이기 때문이다. 또 하나 특이한 점은 고르기아스의
    설득술에 대한 평가가 종전에 비해 많이 관대하다는 것이다. 『고르기
    아스』에서는 설득술(수사술)이 "가장 좋은 것에 조금도 주의를 기울이
    지 않고 언제나 가장 즐거운 것을 미끼로 우매함을 사냥하고 속이는
    것"이라고 아주 부정적으로 평가된 바 있기 때문이다(464d). 이 두 가
    지 점을 고려할 때 설득술에 대한 소크라테스의 언급은 문자 그대로
    받아들이기는 곤란해 보인다. 그렇긴 해도 플라톤이 더 이상 설득술
    의 부정적인 측면만을 보는 것 같지는 않다. 사실 이 대화편 다음에
    집필한 것으로 추정되는 『법률』에서 시민을 상대로 한 설득의 중요성
    을 크게 부각시키고 있다.

292 여기 이 우주와 관련해서 … 알고 있는가 : 플라톤은 우주가 어떻게 생성
    되었는가를 다루는 것 자체를 무가치하다고 보지는 않음에 유의할 필
    요가 있다. 다만 그는 우주의 생성에 대한 기계론적인 설명을 부정적
    으로 보는 것이다. 그는 우주의 생성에 대한 의미 있는 탐구가 이루어
    지려면, 지성의 원인 작용에 의해 우주가 어떻게 좋은 상태로 생성되
    었는지를 설명해야 한다고 생각한다. 이 대화편에서의 우주론적 논의
    나 『티마이오스』의 우주론이 바로 그런 설명을 보여 주는 것이다.

293 그 밖의 모든 것 : 앞서 언급된 '확실한 것', '순수한 것' 등과 다른 모든
    것을 가리키는 것이다.

294 그러한 것들 : '확실한 것', '순수한 것' 등을 가리킨다.

295 **그는 논의상 훌륭하게 비유를 하는 셈일 것이네** : 여기서 우리를 장인들 (dēmiougoi)에 비유하는 것은 우주적 원인, 즉 우주적 지성을 '만드는 자'(to poioun, to dēmiourgoun)(26e-27b)라 일컫은 것과 무관하지 않다. 이는 플라톤이 앞에서의 우주론적 논의를 이제 인간의 삶에 적용한다는 것을 뜻한다. 이후의 논의에서는 우주론적 논의와의 연관성을 엿볼 수 있는 여러 언급들이 보인다.

296 **"아름다운 것은 두 번이든 세 번이든 되풀이해서 말해야 한다"는 속담** : 이 속담은 다음 대화편에서도 조금씩 다른 표현으로 인용되고 있다. "아름다운 것들은 두 번 세 번 말하고 살펴보는 것이 아름답다"(『고르기아스』 498e-499a). "아름다운 것은 두 번 말해도 전혀 해가 되지 않는다"(『법률』 754c). "옳은 것에 관한 한 두 번이고 세 번이고 반복하는 것이 아름다운 일이다"(같은 책, 956e). 다른 한편 엠페도클레스는 "필요한 것은 두 번이라도 말하는 것이 좋다"고 말한 바 있다(DK31B25).

297 **그때 우리가 말한 것은 이런 것이네** : 11b-c에서 언급한 것을 다시 언급하려는 것이다.

298 **필레보스는 즐거움이 … 주장하는 거네** : 이 대목에 따르면, 즐거움이 좋은 것이라는 필레보스의 주장에는 두 가지 점을 읽을 수 있다. 그 하나는 이 진술이 규범적 성격까지 갖고 있다는 것이고, 또 하나는 즐거움과 좋은 것(좋음)이 같은 것이라는 것이다. 반면에 소크라테스는 그 둘은 같은 것이 아니고, 즐거움보다는 분별이 더 좋다는 것이다.

299 **그 각각을 시험하지 않았는가** : 20e-21e에서 시험한 바 있다.

300 **전적으로 좋은 것** : '전적으로 좋은 것'(to pantapasim agathon)은 21a에서 언급된 '참으로 좋은 것'(to ontōs agathon)과 마찬가지로 좋음의 세 가지 요건을 다 갖춘 좋은 것을 뜻하는 것으로 보인다.

301 **어떤 지식은 생성소멸하는 것들에 주의를 기울이는 반면** : 엄밀한 의미에서의 지식(epistēmē)은 생성소멸하는 것에 대한 것이 아니지만, 여기서는 주 4에서 언급했듯이 지성, 분별, 옳은 참된 판단(doxa) 등에 대한 통칭으로 쓰이고 있다.

302 다른 차원의 것들 : 신적인 것들을 가리킨다.

303 우리의 삶이 어떻게든 진정 삶이려면 말입니다 : 현재의 논의가 그저 말로 해 본 순전히 이론적인 삶이 아니라, 사람들이 실제적으로 영위할 수 있는 삶을 문제 삼고 있음을 보여 주는 것이다.

304 '계곡들이 만나는' : 호메로스, 『일리아스』 4권, 453행.

305 불가피한 즐거움들 : 『국가』 558d-589c에서 언급된 '필요한(불가피한) 욕구들'의 충족에서 생기는 것들로 봄 직하다. 플라톤은 거기서 '우리가 물리칠 수 없는 욕구들' 혹은 '삶을 중단시킬 수도 있는 욕구들'이면서 우리에게 유익한 것들을 필요한 욕구들이라고 말한다. 그리고 필요한 욕구의 예들로 건강과 좋은 상태의 유지를 위한 식욕을 제시하고, 또한 성욕도 제시된다. 그는 식욕이나 성욕 등에 따른 즐거움들을 불가피한 것으로 보되, 다만 그것들을 절제적으로 추구해야 한다고 생각한 것으로 보인다.

306 언제나 어리석음과 그 밖의 나쁜 상태에 따르는 즐거움들을 지성과 혼합하는 것은 분명 대단히 불합리한 일입니다 : 62e에서 혼합의 요소로 '참된 즐거움들'과 '불가피한 즐거움들'이 선택되었는데, 63d-e에서는 '참되고 순수한 즐거움들'과 '건강과 절제함을 비롯해 온갖 덕에 뒤따르는 즐거움들'이 선택되고 있다. 여기서 알 수 있는 것은 덕, 즉 좋은 상태에 뒤따르는 즐거움이 불가피한 즐거움들이라는 것이다. 그리고 63d-e에서 혼합의 요소로 선택해선 안 될 것들로, '가장 크고 가장 강렬한 즐거움들'과 '어리석음과 그 밖의 나쁜 상태에 따르는 즐거움들'이 거론되는데, 이 둘은 같은 것이거나, 아니면 앞의 것이 뒤의 것에 속한다고 볼 수 있다.

307 무엇이 사람과 우주에 있어 본래 좋은 것인지 : 소크라테스는 '사람들에게' 좋은 것을 문제 삼다가(11d, 19c), '모든 동식물에게' 좋은 것을 고려하고(22b), 우주론적인 논의(23b-31a)를 거친 후에는 '사람과 우주에 있어 좋은 것'(64a)을 문제 삼기에 이르렀다. 이는 소우주인 인간과 대우주에 두루 적용되는 보편적인 원리로서의 좋은 것을 찾고 있

음을 뜻한다. 이 좋은 것을 그는 '신들 가운데서도 인간들 가운데서도 좋은 것으로도 언급한다(65a).

308 그 자신에 걸맞게 : '지성적으로'를 뜻한다.

309 우리가 어떤 것에다 진실성을 혼합해 넣지 않는다면, … 존속하지 못하리라는 거네 : 소크라테스는 이미 참된 즐거움들과 참된 지식들을 혼합의 요소로 받아들였다. 그런데도 여전히 진실성(aletheia)을 더 혼합하려 한다는 것은 그가 '요소들의 진실성'과 '혼합된 것 전체의 진실성'을 구분하고 있음을 뜻한다. 이는 이른바 결합의 오류를 피하려는 것으로 보인다. 그리고 그가 진실성(실재성)을 혼합하려는 것은 논의를 통해 혼합된 삶이 실현불가능한 이상이 아니라 실제로 실현가능한 삶임을 분명히 하려는 시도로 해석되곤 한다.

310 지금 우리의 논의는 … 어떤 비물질적인 질서 체계와도 같이 완성되었네 : 여기서 '논의'란 혼합된 삶의 구성을 위한 것인 만큼, 논의가 완성되었다는 것은 혼합된 삶이 논의를 통해 완성되었다는 것이다. 그리고 '질서 체계'(kosmos)란 우주의 질서 체계 혹은 우주 자체를 가리키는 것으로 볼 수 있다. 그러니까 위의 언급은, 혼합된 삶이 논의를 통해 훌륭하게 우주의 질서 체계와도 같이, 즉 그것과 닮게 구성되었음을 뜻하는 것이라 할 수 있다.

311 적도와 균형성 : 소크라테스는 적도나 균형을 우주론적 논의에서 주요 개념으로 사용했고(25e, 26a, 26d), 즐거움에 대한 분석과정에서도 강렬한 즐거움과 강렬하지 않은 즐거움을 적도에 맞지 않음(ametria)과 적도에 맞음(emmetria)을 연관시킨 바 있다(52c-d). 이제 그는 적도나 균형이 혼합된 삶을 비롯해 온갖 좋은 것들이 생성되어 존속할 수 있게 하는 원인임을 밝히려 한다. 그는 '적도와 균형성'(metron kai hē symmetros physis, 64d), '적도와 균형'(metriotēs kai symmetria, 64e) 등과 같이 두 용어를 나란히 사용하는가 하면, 이 한 짝의 용어 대신 '균형'(symmetria, 65a)'이나 '적도'(metriotēs, 65b) 한 용어만 사용하기도 한다. 그러나 66b에서는 이 두 용어의 위상을 분명히 구분한다.

312 적도와 균형은 모든 경우에 아름다움과 훌륭함으로 드러나기 때문이네 : 교차배열법(chiasmus)이 사용된 것으로 보인다. 적도는 훌륭함(aretē) 과 짝을 이루고, 균형은 아름다움(kallos)과 짝을 이룬다. 곧 적도는 훌륭함으로 드러나고, 균형은 아름다움으로 드러난다는 것이다. 그리고 바로 앞 문장에 나오는 '아름다운 것'(to kalon)의 성질은 아름다움(kallos)과 훌륭함(aretē)을 포괄하는 것으로 보인다.

313 만일 우리가 좋은 것을 … 그런 것으로 되었다고 말하세나 : 아름다움과 균형(적도) 및 진실성은 혼합된 삶 속에서 이 삶을 좋은 것으로 되게 해 주는 원인이며, 이 대화편 전체를 통해 탐구되어 온 좋은 것이다.

314 즐거움 및 지성과 관련해서 세 가지 것을 하나하나 판정해 보세 : 내용상으로는 세 가지 것 하나하나를 기준으로 즐거움과 지성에 대해 판정하는 것이라고 보는 게 적절하다.

315 성욕과 관련되는 즐거움들의 경우에는 거짓 맹세조차 신들에게서 용서를 받는다고 합니다 : 『향연』183b에서도 같은 이야기를 볼 수 있다.

316 지성 : 『필레보스』의 논의에서는 인간의 소유물들(ktēmata)의 가치 서열이 문제이기에, 우주적인 지성(nous)은 가치 서열의 목록에서 제외되었다.

317 6세대에서는 … 오르페우스는 말한다네 : 논의 맥락상 여섯째 위치에 올 수 있는 것은 '불가피한(anankaiai) 즐거움들', 즉 좋은 상태(덕)에 따르는 즐거움들이라고 할 수 있다.

318 "구원자를 위해 셋째 것으로" … 논의를 마저 하세나 : 셋째 헌주는 구원자 제우스에게 바쳐졌고, 셋째는 어떤 일이 성공적으로 완수되는 행운의 순차로 간주되었다. Benardete(1993), p. 84, no. 156.

319 이 논의에서 … 둘 중의 어느 쪽도 적어도 좋은 것 자체는 아닌 것으로 결판이 나지 않았는가 : 좋음의 세 가지 요건을 다 갖춘 것이 여기서는 '좋은 것 자체'(to agaton auto)로 언급되고 있으나, 앞서는 '참으로 좋은 것'(to ontōs agathon, 21a) 혹은 '전적으로 좋은 것'(to pantapasim agathon, 61a)으로 언급된 바 있다.

작품 안내[1]

1. 『필레보스』의 주제(11a-12b)

『필레보스』의 필사자들은 이 대화편에 "즐거움에 관하여"(peri hēdonēs)라는 부제를 붙이곤 했다. 이는 즐거움에 관한 논의가 대화편 속에서 상당히 많은 지면을 차지하고 있기 때문일 것이다.[2] 근세 철학자들까지 종종 이 대화편의 논의를 즐거움에 관한 것으로 해석하기도 했으나, 이미 6세기의 올림피오도로스(Olympiodoros)를 비롯한 신플라톤주의 주석가들도 그 부제가 부적합하다고 지적한 바 있다. 그리고 오늘날도 이 부제가 이 대

---

1 작품 안내는 작품 내용 구분(14-18쪽)의 순서에 따른 해설이다.
2 버넷(J. Burnet)의 편집본을 보면 전체 92쪽 중 42쪽이나 순수하게 즐거움을 분석하는 부분이다.

화편의 성격을 잘 드러내 준다고 보는 학자는 찾아보기 힘들다.

이 대화편의 주제는 일단 "도대체 무엇이 좋은 것인가"(13e5-6)를 밝히는 것으로 볼 수 있다. 그런데 플라톤은 좋은 것들 중에서도 가장 좋은 것, 그것도 사람들의 소유물로서 가장 좋은 것을 문제 삼는다. 그리하여 "무엇이 좋은 것인가" 하는 문제는 "무엇이 사람의 소유물들 중에 가장 좋은 것인가"(19c) 하는 문제로 다시 언급된다. 또한 플라톤은 사람들의 소유물로서의 좋은 것을 문제 삼되, 건강, 아름다움, 좋은 가문, 권력, 명예와 같은 외적인 좋은 것들이 아니라, 사람의 내적인 좋은 것 곧 "혼의 상태"(11d4)로서의 좋은 것에 그의 관심을 한정시키고 있다.

이러한 혼의 상태로서 좋은 것의 후보로, 이 대화편의 등장인물인 필레보스와 프로타르코스는 즐거움(hēdonē)과 기쁨을 내세우는 반면, 소크라테스는 분별(phronēsis), 지식(epistēmē), 지성(nous), 참된 판단 등을 내세운다. ─ 소크라테스는 자신이 내세우는 후보군을 매번 일일이 다 열거하는 번거로움을 피하기 위해 분별, 지식, 지성 중 하나를 대표로 언급하곤 한다. ─ 그리하여 분별과 즐거움 중 어느 것이 좋은 것인가 하는 것이 논의의 주제가 되지만, 나중에는 제삼의 것이 좋은 것으로 판명됨에 따라 둘 중 어느 것이 그것과 더 닮은 것인가를 판정하는 것이 현안 문제로 된다.

그런데 『필레보스』에서 플라톤이 좋은 것, 더욱이 가장 좋은 것을 문제 삼는 까닭은 궁극적으로는 어떤 삶이 좋은 삶(행복한 삶)인가, 혹은 어떻게 좋은 삶을 살 수 있는가를 밝히기 위해서라는 점을 간과해서는 안 된다. 플라톤의 관심은 단순히 무엇이 좋은 것인가를 밝히는 데 있는 것이 아니라, 무엇이 "모든 사람이 행복한 삶을 살 수 있게 해 주는" 가장 좋은 것인가(11d), 즉 무엇이 "우리가 좋은 삶을 사는 데(to zēn eu) 가장 좋은 것"(67b)인가를 밝히는 데 있기 때문이다. 이는 "어떻게 살아야 하는가(pos biōteon)"(『고르기아스』 492d, 500c) 하는 초기 대화편의 소크라테스적 문제의식과 맥을 같이하는 것이다.

그렇지만 플라톤의 말년 작품인 『필레보스』[3]는 두 가지 측면에서 초중기 대화편과는 다른 지평에 있다고 할 수 있다. 우선 이 대화편에서의 좋은 것에 대한 논의는 특히 중기 대화편인 『국가』에서 논의된 '좋음'의 문제를 떠올리게 한다. 그렇지만 『필레보스』는 『국가』와는 다른 측면을 보여 주고 있다. 『국가』에서는 "좋음 자체(auto to agathon)란 무엇인가"(506d8-507a1) 하는 것이 문제였지만, 『필레보스』에서는 "무엇이 사람의 혼의 상태로서의 좋은 것, 혹은 인간의 소유물(ktēma)들 중에 가장 좋은 것인가"(19c) 하는 것이 문제라는 것이다. 그러니까 『필레보스』에서는

---

3 일반적으로 『필레보스』는 플라톤의 마지막 대화편인 『법률』 바로 직전에 저술된 것으로 간주된다. L. Brandwood(1990), pp. 249-50.

'좋음의 이데아'(hē tou agathou idea)를 문제 삼는 것이 아니라, 우리가 소유할 수 있는 좋은 것을 문제 삼는 것이다. 다시 말해 "『국가』와 달리『필레보스』는 좋음의 이데아에 대해, 그리고 인간의 삶의 본으로서의 그것의 기능에 대해 탐구하는 것이 아니다. 오히려『필레보스』의 문제는 그와 정반대이다. 이 대화편은 사람들의 구체적인 삶이 일시적이며 순수하지 못함에도 불구하고 … 어떻게 훌륭하게 될 수 있는가를 문제 삼는 것이다."[4] 따라서『필레보스』는『국가』를 비롯한 중기 대화편에서 전개된 형상들에 대한 논의의 차원을 넘어서, 인간의 삶을 가능한 한 훌륭하고 행복하게 영위할 수 있는 방법에 관심을 두고 있다고 볼 수 있다.[5]

그리고『필레보스』에서는 좋은 삶의 실현에 대한 플라톤의 관심이 자연 혹은 우주에서 온갖 좋은 것이 생성되는 방식에 대한 관심으로 이어지고 있다. 이 점에서『필레보스』는, 주로 인간사에 한정된 소크라테스적 관심의 울타리 속에 있었던 초·중기 대화편에서와는 다른, 또 하나의 특이성을 보여 준다. 플라톤은 우주론적 논의(23b-31b)를 통해 우주 속에서 좋은 것들이 생성되는 방식이 '적도(適度: to metrion)에 맞는 혼합'임을 밝히고, 인

---

4 H. G. Gadamer(1980), pp. 190-91.
5 W. K. C. Guthrie(1978), p. 237.

간의 좋은 삶도 이런 혼합을 통해 실현될 수 있다는 점을 분명히 하고자 한다.

그런데 이 대화편에서 비중 있게 다루어지는 변증술(dialektikē)도 좋은 것 혹은 좋은 삶의 문제와 긴밀한 관계에 있는 것인가? 물론 그렇게 보아야 할 것이다. 변증술은 즐거움과 지식의 종류들을 구분하는 데 활용되어, 어떤 즐거움들과 어떤 지식들을 좋은 삶의 요소로 선택할지를 결정하는 데 기여하기 때문이다. 그러니까 넓게 보면, 어떤 삶이 좋은 삶인가를 밝히는 데, 우주론적 논의뿐 아니라 변증술도 활용된 것으로 볼 수 있다.

2. 변증술(dialektikē) 관련 논의(12c-20c)

1) 하나와 여럿의 문제(12c—16a)

(1) 즐거움이나 지식의 단일성과 다수성(12c—14b)

『필레보스』의 등장인물로서 사실상 플라톤을 대변하는 소크라테스는 "도대체 무엇이 좋은 것인가" 하는 문제와 관련하여 '즐거움'을 좋은 것으로 보는 견해를 논박하려는 의도를 갖고 다음과 같이 말한다. "즐거움은 듣기에는 아주 단순히 한 가지 것인데, 분명 그것은 어떤 면에서는 서로 닮지조차 않은 온갖 형태를 취한다"(12c). 이를테면 방탕한 이가 누리는 즐거움과 절제하는 이가 누리는 즐거움, 어리석은 자가 누리는 즐거움과 분별 있는 자가 누리는 즐거움 등 서로 닮지 않은 여러 즐거움들이 있다(12c-d). 그러므로 즐거움은 하나이면서 여럿이기도 하다는 것이 소크라테스의 견해이다. 그는 이 점을 '빛깔'과 '도형'의 예를 들어 더 분명히 설명한다. 빛깔과 도형이 각기 "유(類)에 있어 하나이지만, 그 유의 부분들(種들: tois meresin)에 있어서 일부는 서로 가장 상반되는가 하면, 일부는 분명 무수한 차이성을 갖고 있듯이"(12ef), 즐거움도 그렇게 이해될 수 있다는 것이다. 소크라테스가 즐거움의 부분들 가운데는 서로 상이한 것들이 있음을 지적하고자 하는 까닭은, "즐거움들의 대부분은 나쁘며, 일부만이 좋다"는 점을 밝힘으로써, "모든 즐거움은 좋은 것이다"라는 프로타르코스의 주장을 논박하기 위한 것이다(13a-b).

이에 맞서 프로타르코스는 서로 상반되는 상태로부터 생기는 즐거움들이 있을 수 있지만 그것들은 서로 상반된 것들이 아니라고 주장한다. 왜냐하면 즐거움은 즐거움 그 자신과 가장 닮은 것이기 때문이라는 것이다(12d-e). 그는 서로 상반된 즐거움들이 있을 수 있다는 소크라테스의 견해를 잠시 받아들이기도 한다(13a4-6). 그러나 이럴 경우 즐거움이 좋은 것이라는 자신의 주장을 손상시킬 수 있다는 점을 알게 되자, 상반되는 즐거움들조차도 "그것들이 즐거움들인 한에서는 상반되는 것들이 결코 아니라"(13c)고 주장한다. 이런 주장을 통해 그는 "모든 즐거움은 같다"는 견해를 계속 견지하여, 모든 즐거움이 좋은 것이라는 자신의 입장을 고수한다. 프로타르코스의 견해를 볼 때, 그는 여러 즐거움에서 유사성(유적 측면)만을 주목하고 상이성을 고려하지 못하는 잘못을 범하고 있다고 볼 수 있다. 그래서 소크라테스는, 프로타르코스식으로 유사성(닮은 점)만 고려하여 "가장 닮지 않은 것이 가장 닮지 않은 것과 무엇보다도 닮았다"고 주장할 경우, "논의가 난파되어 사라질 것"이라고 언급한다(13d). 이를테면 나쁜 즐거움이 좋은 즐거움과 같다는 식의 주장을 할 경우, 더 이상 논의의 진행이 불가능하게 된다는 것이다.

이러한 난처한 상황에서 소크라테스는 프로타르코스의 논리를 지식 쪽에도 적용한다. 그리하여 지식의 경우에도 여러 가지가 있고 이것들 중 어떤 것들은 서로 닮지 않은 것들임을 인정하다가 다시 이를 부정한다면 이는 불합리하며 논의를 불가능하게 한다는 점을 지적한다. 여기서 프로타르코스는 즐거움만이 아니라 지식의 경우도 똑같은 처지에 놓인다는 점에서 위안을 얻는다. 그리하여 서로 닮지 않은 여러 즐거움이 있고 지식의 경우도 그렇다고 해 두자며 한발 물러선다(14a-b).

소크라테스로서는 이러한 양보를 얻어냄으로써 즐거움들이 모두 좋은 것은 아님을, 따라서 즐거움과 좋은 것은 같은 것이 아님을 밝힐 수 있는 발판을 마련한 셈이다. 여기서 그는 한걸음 더 나아가 "나의 좋은 것이 지닌 차이성과 자네의 좋은 것이 지닌 차이성을 덮어 두지 말고, 그 차이성들을 논의의 한복판에 드러내 놓자"고 한 점을 주목할 필요가 있다(14b). 이것은 지식이나 즐거움이 지닌 차이성들을 드러내자는, 다시 말해 서로 다른 여러 지식들을 구분하고 서로 다른 여러 즐거움들을 구분해 보자는 제안이다. 그렇게 해서 어떤 것이 좋은 것인지 알아보자는 것이다. 그 제안대로 하자면, 그는 차이성을 드러내는 방법인 변증술(dialektikē), 특히 나눔의 방법에 대한 설명(16a-18d)을 곧바로 진행하는 게 적절했을 것이다. 그런데 그는 중간에 난해한 '하나와 여럿의 문제'를 짚고 넘어가고자 한다.

(2) 하나와 여럿의 문제(14c-15c)

① 생성소멸하는 것에서의 하나와 여럿 문제(14c-e)

프로타르코스와 소크라테스의 논의 속에서는 이른바 '하나와 여럿의 문제'가 내포되어 있다. 소크라테스는 여러 즐거움이 유적 측면에서는 하나이고, 하나인 즐거움이 종적 측면에서는 여럿이라고 주장하는데, 이는 "여럿이 하나이며, 하나가 여럿이다"(14c8)라고 말하는 셈이다. 이에 반해 프로타르코스는 즐거움과 관련하여 여럿이 하나라는 점만을 인정하려는 것으로 볼 수 있다.

소크라테스는 이런 논의에서 논리적 난점을 주목해 본다. 그 것은 하나인 즐거움이 어떻게 여럿일 수 있는가, 그리고 여러 즐 거움이 어떻게 하나일 수 있는가 하는 것이다. 소크라테스는 이 런 문제를 14c 이후의 논의에서 일반적인 차원에서 다루고 있다. 그는 여럿이 하나이고 하나가 여럿이라고 이야기되는 것은 놀라 운 것이라고 언급하고, 하나와 여럿의 문제를 '본성상 놀라운 문 제'라 칭한다. 그리고 이 문제를 두 종류로 나눈다. 그 하나는 '생 성소멸하는 것에서 하나와 여럿의 문제'이고, 다른 하나는 '생성 소멸하지 않는 것(형상)에서 하나와 여럿의 문제'이다.

먼저 소크라테스는 생성소멸하는 것에서 하나와 여럿의 문제 를 다루면서, 이 문제가 생기는 두 가지 경우를 구분한다. 그 하 나는 한 사물이 여러 대립되는 성질(혹은 술어)을 갖는 경우이고 (14d), 다른 하나는 한 사물이 여러 부분을 갖는 경우이다(14e). 소크라테스에 의하면, 이런 경우에 제기되는 하나와 여럿의 문 제는 유치하고 쉬우며 논의에 매우 방해가 되므로 문제 삼을 필 요가 없다고 거의 모든 사람이 합의하고 있는 문제라 한다(14d). 그렇지만 그는 '아직 합의되지도 널리 알려지지도 않은' 하나와 여럿의 문제가 있다고 본다. 그것은 생성소멸하지 않는 것에서 하나와 여럿의 문제이다.

② 생성소멸하지 않는 것에서의 하나와 여럿 문제(14e-15c)

소크라테스는 "누군가가 사람을 하나로, 소를 하나로, 아름다움을 하나로, 그리고 좋음을 하나로 상정하려 할 때, 이들 하나인 것들과 이런 유의 것들에 관해서는 그것들의 나눔(diairesis)에 쏟는 대단한 열의가 논쟁을 불러일으킨다네."라고 말한다(15a). 이 인용절에서 두 가지 점을 주목해 볼 필요가 있다.

우선 사람을 하나로 상정한다는 것은 프로타르코스나 소크라테스와 같은 개별적인 사람이 아니라, 보편적인 사람, 더 정확히는 사람의 형상을 하나로 상정한다는 것을 뜻한다. 소크라테스는 생성소멸하지 않는 것으로 형상을 가리키는 것이다.[6] 그리고 이런 형상에 대한 나눔(diairesis)에 쏟는 대단한 열의가 논쟁을 불러일으킨다는 것은 하나인 형상을 나눔으로써 그것이 여럿으로 될 때 하나와 여럿의 문제가 생김으로써 논란이 생긴다는 것이다.

소크라테스는 형상에서의 하나와 여럿의 문제를 15b에서 제기한다. 그런데 15b의 대목은 두 세기 가깝게 열띤 논란의 대상이 되어 왔고, 『필레보스』를 아주 읽기 힘든 대화편으로 만드는 데 크나큰 영향을 미쳤다. 이 구절을 통해 세 가지 문제가 제기

---

6 본문의 주석 41에서 15a의 사람, 소, 아름다움, 좋음 등을 형상으로 보아야 하는 근거 세 가지를 제시했다.

되는 것인지, 아니면 두 가지 문제만 제기되는 것인지, 그리고 두 문제든 세 문제든 그 문제들의 성격은 어떻게 이해해야 하는지 논란이 끊이질 않고 있다. 그뿐 아니라 그 문제들은 전체 논의 흐름 속에서 왜 제기된 것인지, 그리고 이 이후의 논의 속에서 어떻게 처리되고 있는 것인지도 큰 논란거리이다. 이런 문제들과 관련해서는 별도의 논문을 통해 논한 바 있으므로, 여기서는 15b에서 몇 가지 문제가 제기된 것으로 보아야 하는가에 대해 약술하기로 한다.[7]

㉮ 첫째로 그와 같은 어떤 일자들이 참으로 존재한다고 생각해야 하는가 하는 것이네. ㉯ 그리고 또한 어떻게 이 일자들 하나하나가 언제나 동일한 것이며 생성도 파멸도 받아들이지 않음에도 불구하고 (homos), 이것이 가장 확고하게 하나라고 우리가 생각해야 하는가 하는 것이네. ㉰ 그다음으로 각각의 일자가 무수한 생성하는 것들 속에 흩어져 여럿으로 된다고 생각해야 할지, 아니면 뭣보다 불가능한 것으로 보이지만, 바로 그것 전체가 그 자신으로부터 분리되어 (chōris) 동시에 하나와 여럿 속에서 하나이며 동일한 것으로 된다고

---

7 생성소멸하지 않는 사물에 있어 하나와 여럿의 문제와 관련해서 역자는 두 논문, 즉 「형상에 있어 하나와 여럿의 문제: 『필레보스』편을 중심으로」(1996)와 「개개의 사물은 형상의 전체에 관여하는가, 부분에 관여하는가?: 플라톤의 『파르메니데스』와 『필레보스』편을 중심으로」(1998)에서 살펴본 바 있다.

생각해야 하는가 하는 것이네.

이 번역은 15b에 세 가지 문제가 담겨 있다고 보는 것이다. 여기서 ㉮는 사람, 소, 아름다움, 좋음 등과 같은 일자들의 실재성에 관해 문제 제기하는 것이라는 데는 거의 이견이 없다. 그러나 ㉯를 따로 떼어 둘째 문제로 볼 수 있는지, 그리고 ㉰를 관여의 문제로 볼 수 있는지에 대해서는 실로 다양한 견해가 제시되고 있다. 세 가지 문제가 제기된 것으로 볼 경우, 우선 ㉯에서 제기된 둘째 문제의 성격을 어떻게 규정할 것인지가 어려운 과제로 남으며, 또한 ㉯에서 중간에 있는 역접접속사 'homōs'(nevertheless) 때문에 어려움을 안게 된다. 'homōs' 전후의 구절들이 서로 대립적 관계에 있지 않기 때문이다. 즉 각각의 일자가 "언제나 동일한 것이며 생성소멸을 받아들이지 않는다"는 것과 그것이 "확고하게 하나이다"라는 것은 서로 대립적인 내용으로 볼 수 없다는 것이다. 그래서 'homōs'를 'holōs'(completely)나 'ontōs'(truly)로 수정하자는 견해도 나오지만, 이렇게 수정하더라도 둘째 물음의 의미가 불분명해서 그 물음의 성격과 관련해 또 다른 논란이 남게 된다. 그리하여 ㉯와 ㉰를 하나로 결합하여 15b에서 두 가지 문제만 제기된 것으로 보는 이들도 다수 있다.

'homōs'를 수정하지 않을 경우에는 댄시(R. M. Dancy)의 설명이 설득력 있다. 그는 15b의 바로 앞 구절에서 "생성소멸하는 것들에 속하는 하나인 것은 검토할 필요가 없다고 합의되었다"
(15a)는 소크라테스의 언급을 주목하여, 역접 접속사인 'homōs'
가 쓰인 이유를 설명한다. 곧 소크라테스가 '어떻게 각각의 일
자가 생성소멸하지 않음에도 불구하고(homōs) 하나일 수 있는
가' 하는 둘째 문제를 제기할 때, 단지 그는 '어떻게 생성소멸하
는 것이 하나일 수 있는가' 하는 문제는 논란거리가 아님을 상기
시키고 있다는 것이다(Dancy, 1984. p. 165f).[8] 댄시의 해석은 아
주 기발하지만, 플라톤이 오해의 여지가 많은 방식으로 실제로
'homōs'란 단어를 써 넣었다고 단정하는 데는 어려움이 있다.
다른 한편, 텍스트의 수정을 고려한다면 'ontōs'로 수정하는 것
이 무난해 보인다. 이 경우 둘째 문제는 "어떻게 일자들 하나하
나가 … 참으로 … 하나의 것인가?" 하는 물음이 된다.

　그런데 15b2-4 부분과 관련해 우리가 주안점을 두어야 할 것
은 'homōs' 자체보다는 오히려 이 부분에서 제기된 물음 자체의
성격을 어떻게 보아야 하는가이다. 물음 자체의 성격은 'homōs'
에 대한 논란이 해소되더라도 여전히 모호하게 남게 된다. 우리

8　다시 말해, 생성소멸하는 어떤 것을 하나로 간주하는 데 아무런 문제가 없는
　까닭은 바로 그것이 생성소멸하는 것이기 때문이다. 이에 비해 생성소멸하지
　않는 어떤 것을 하나로 간주할 때 문제가 생기는 까닭은 그것이 생성소멸하
　지 않는 것이기 때문이다. 그래서 소크라테스가 'homōs'란 표현을 써서, '어
　떻게 각각의 일자가 생성소멸하지 않음에도 불구하고(homōs) 하나인가'라는
　문제를 제기하고 있다는 것이 댄시의 추정이다.

가 살펴본 바에 의하면 기존의 해석들은 '어떻게 각각의 일자가 하나일 수 있는가'라는 물음의 성격을 만족스럽게 드러내 주지 못했다. 과연 이런 물음을 어떻게 이해해야 할까?

이 문제를 이해하기 위해서는 15b의 문제가 생성소멸하지 않는 일자를 '나눔'(diairesis, 15a)과 함께 발생하는 것임을 염두에 두어야 한다. 그 나눔에 따른 문제가 특히 둘째와 셋째 물음으로 표현된 것이다. 그중 둘째 문제는, 간략하게 표현하면 '어떻게 각각의 (생성소멸하지 않는) 일자가 하나의 것일 수 있는가?' 하는 것이다. 이 문제가 일자들을 '나눔'에 따라 제기된 것임을 감안하여 좀 더 자세하게 표현하면, 둘째 문제는 '각각의 일자가 (나누어짐과 더불어 여럿으로 되는데도) 그것이 어떻게 하나일 수 있는가?' 하는 것으로 볼 수 있다. 이 문제는 일자(하나의 유적 형상)가 나누어지면 여럿(여러 종)으로 되는데, 그런데도 그것이 어떻게 하나일 수 있는가 하는 것이다. 그러니까 둘째 문제는 유와 종 사이에 성립하는 하나와 여럿의 문제라 할 수 있다. 앞에서의 즐거움과 관련한 논의가 바로 이런 차원의 논의였다고 할 수 있다. 사실 소크라테스는 빛깔과 도형의 예를 통해 그 점을 분명히 해 주었다(12e-13a).

아직 15b의 구절과 관련하여 검토해 보아야 할 또 하나의 문제가 남아 있다. 그것은 15b에서 ⊕를 『파르메니데스』(131a-c)에서 제기되었던 관여(methexis)의 문제로 볼 수 있는가 하는 것이다. 사실 ㉯에는 'chōris'(분리되어)란 단어가 『파르메니데스』 131b에서와 같은 맥락에서 나올뿐더러 두 대화편들의 관련 문장들이 대단히 유사하므로, ㉯를 관여의 문제로 보는 데는 어려움이 별로 없다. 따라서 『파르메니데스』에서처럼 『필레보스』에서도 개별적 사물들이 형상의 부분에 관여하는가, 아니면 형상의 전체에 관여하는가 하는 문제가 제기되고 있다고 보는 게 적절하다. 그러니까 둘째 문제가 하나의 유적 형상과 여러 종들 사이에서 성립하는 '하나와 여럿의 문제'라면, 셋째 문제는 하나의 형상과 무수한 개별적 사물들 사이에서 성립하는 '하나와 여럿의 문제'라 할 수 있다.

15b에서 두 가지 문제만 제기된다고 보는 학자들도 15b에 관여의 문제가 담겨 있다는 데는 대부분 동의한다. 다만 이들은 ㉯를 독립시킬 때 둘째 물음의 의미가 불분명하다고 여겨 ㉯와 ㉯를 결합해서 관여의 문제를 읽어 낸다. 이렇게 볼 경우 15b에서는 '일자들의 실재성 문제'와 '관여의 문제'만 제기된 셈이 된다. 이 해석의 가장 큰 난점은 15b의 문제가 앞서 즐거움과 관련해 제기된 하나와 여럿의 문제와 상관없는 문제가 된다는 것이다. 앞에서의 즐거움에 관한 논의에서는 하나의 유적 즐거움과 종적 즐거움들 사이에서 성립하는 하나와 여럿의 문제가 내포되어 있었는데, 이 문제는 '일자들의 실재성 문제'도 '관여의 문제'도 아니기 때문이다. 따라서 역자의 해석처럼 15b에서 세 가지 문제

를 읽어 내고, 둘째 문제를 즐거움에 대한 논의와 연관시키는 것이 논의의 연속성이란 측면에서도 더 적절할 것이다.

이제까지 살펴본 바로는 15b에서는 세 가지 문제가 제기되고 있으며, 그것들은 점진적인 이행을 보여 준다. 먼저 일자인 (유적) 형상의 실재성이, 둘째로는 일자인 유적 형상과 여러 종적 형상들의 관계가, 끝으로 일자인 (유적) 형상과 그것의 무수한 개별자들 사이의 관계가 문제로 제기되고 있다는 것이다.

소크라테스는 하나와 여럿의 문제를 제기한 다음, "이 문제들은 합의가 제대로 안 되면 온갖 곤경에 처하게 만드는 원인이 되지만, 합의가 제대로 되면 곤경이 해소되는 계기가 된다"고 말한다(15c). 이에 프로타르코스는 그 문제를 우선적으로 다룰 것을 제안하고, 소크라테스는 그의 말에 동의한다. 그러나 소크라테스는 곧바로 하나와 여럿의 문제에 대한 해결책을 모색하지 않고, 진술 자체의 역설적 속성을 쟁론적으로 이용해서 생기는 혼란을 설명한다.

(3) 진술 자체의 역설적 속성에 따른 혼란(15d-16a)

소크라테스는 진술들(logoi)이 하나를 여럿으로 만들고 여럿을 하나로 만드는 속성을 갖고 있으며, 이는 '진술들의 죽지도 늙지도 않는 속성'이라고 말한다(15d). 이런 언급은 'S는 P이다'라는 형식의 진술에서 '…이다'가 '…와 같다'는 뜻을 갖는다고 전제하는 것이다. 그런데 대화편 속의 소크라테스(혹은 플라톤)는 오늘날 계사적 용법으로 간주될 'be'동사를 동일성의 의미로 보긴 하지만, 그것을 어디까지나 부분적 동일성만을 나타내는 것으로 본다. 그러나 사유의 훈련이 덜 된 젊은이들의 경우 그것을 완전한 동일성을 나타내는 것으로 여겨서 다음과 같이 한다고 말한다.

① 어떤 때는 그것을 한쪽으로 굴려서 한 덩어리로 만들고,
② 어떤 때는 다시 펼쳐서 분할한다(15e).

우리는 이 인용절을 다음과 같이 분석해 볼 수 있다. 이를테면 지적인 즐거움과 감각적인 즐거움이 둘 다 즐거움이라고 진술될 때, 사유의 훈련이 덜 된 젊은이들은 ① 어떤 때는 'be'동사의 동일성 의미를 주목하여 지적인 즐거움과 감각적인 즐거움은 다 즐거움이므로 그 둘은 동일한 것이라고 주장하는가 하면, ② 어떤 때는 'be'동사가 동일성 의미를 지닌다면 어떤 것에도 즐거움이라는 일반용어가 적용될 수 없다고 보아, 지적 즐거움도 감각적 즐거움도 즐거움이 아니라고 주장한다는 것이다. 다시 말해 ②는 『소피스트』251b−c에서 언급되듯이 "좋은 것이 좋은 것이다", "사람이 사람이다", 혹은 "즐거움이 즐거움이다"라고만 말해야 한다고 주장하는 것을 나타낸 것이다.

그러니까 'be'동사의 동일성 의미를 주목해 ①은 일반적 진술

들 속에서 주어와 술어의 유사성을 지나치게 강조하는 경우로서, 다른 것들을 같은 것으로 여기는 잘못을 범하고, ②는 주어와 술어의 차이성을 지나치게 강조한 경우로서, 같은 것들을 다른 것들로 여기는 잘못을 범하는 것이라 할 수 있다. 프로타르코스가 어떤 즐거움들의 경우 서로 상반되기조차 하다는 것을 부정할 때 바로 ①처럼 유사성을 지나치게 강조한 것이라 할 수 있다.

만일 ①의 입장이 극단화된다면, 온갖 것 사이에 주어와 술어의 결합이 이루어지게 될 것이다. 다른 한편 ②의 입장이 극단화된다면, 주어와 술어의 온갖 결합이 부정될 것이다. 그러니까 ①의 입장으로든 ②의 입장으로든 극단화되면, 여러 불합리한 결과들이 초래되어 젊은이들 자신은 물론 다른 사람들도 곤경(aporia)에 빠뜨리고 말 것이다. 이와 같이 진술들 자체의 속성을 논쟁적으로 이용하게 되면 우선, 진술도 논의도 가능하지 않게 되고 만다. 그래서 소크라테스는 프로타고라스가 ①의 입장을 고수하자, "우리의 논의는 난파되어 사라질 것이다"(13d6) 혹은 "우리의 논의가 이야기처럼 사라져 없어져 버린다"(14a)고 언급한 것으로 볼 수 있다. 누군가가 ②의 입장을 고수하게 될 경우에도 사정은 마찬가지이다. 그런데 "논의 혹은 진술(logos)을 잃게 되면, 가장 커다란 일로서 철학을 잃게 될 것이다"(『소피스트』 260a). 곧 철학적 탐구 자체가 성립할 수 없게 될 것이다.

2) 변증술(16a-18d)[9]

(1) 변증술의 두 절차 : 모음과 나눔(16a-17a)

플라톤은 형상들의 관계를 '모음'과 '나눔'의 방법에 의해 분석하며, 이 방법을 '변증술'(dialektikē)이라 명명한다. 중기 대화편인 『파이드로스』에서 등장인물인 소크라테스는 자신이 "나눔과 모음을 애호하는 사람"(266b)이라고 밝힌 바 있는데, 후기 대화편인 『필레보스』에서도 그는 이 방법을 자신이 "늘(aei) 애호해 온 방법"(16b)이라고 말하고 있다. 이는 플라톤이 나눔과 모음의 방법에 대해 지속적으로 큰 관심을 기울이고 있음을 단적으로 보여 주는 것이다.

플라톤은 『필레보스』 이전의 대화편들, 즉 『파이드로스』, 『소피스트』, 『정치가』에서는 변증술을 주로 어떤 부류를 정의(定義)하는 데 활용하였다. 이 경우에 모음이란 정의할 부류가 속하는 하나의 유(genos)를 포착하는 절차라고 한다면, 나눔이란 그 유를 종들(eidē)로 나누되 정의할 부류의 본질적 성질이 드러날 수 있도록 최하종(最下種)들에 이르기까지 나누는 절차라 할 수 있다. 하지만 그는 변증술을 어떤 것을 정의하는 데만 활용하지는 않

---

9 변증술에 대해 역자는 「플라톤의 『필레보스』편을 통해 본 변증술(dialektikē)의 성격과 쓰임새」(1997)에서 자세히 논한 바 있으므로, 여기서는 대략적으로만 설명할 것이다.

는다. 특히 『필레보스』에서는 변증술이 다양한 문제에 활용될 수 있음을 보여 준다.

우선 이 대화편에서는 변증술이 어떤 것을 정의하는 문제가 아니라 생성소멸하지 않는 것에서 하나와 여럿의 문제와 관련해 도입되고 있음이 주목된다. 프로타르코스는 진술들의 역설적 속성을 쟁론적으로 이용해서 생기는 혼란, "그와 같은 혼란을 제거할 어떤 방식이나 방안이 있다면, 혹은 논의를 위해 이보다 더 좋은 방법을 찾을 수 있다면, 그것에 열의를 쏟아 달라"고 요청한다(16a-b). 이에 화답하여 소크라테스가 제시한 것이 변증술이다. 그런데 여기서 ① 그와 같은 혼란을 제거할 방식이나 방안과 ② 이보다 더 좋은 방법이 구분되고 있는데, 그 차이가 무엇인지 불분명하다. 아마도 ①이 하나와 여럿의 문제 자체에 대한 해결이 아니라 그 문제를 쟁론적으로 이용하여 초래하는 혼란만을 제거하는 방식이라면, ②는 그 문제 자체까지 해결하는 방법을 뜻하는 것으로 보는 게 적절할 것이다. 15c에서 그 문제의 해결의 중요성을 역설한 바 있기 때문이다. 이와 관련해서는 변증술에 관한 논의 말미에서 간단히 언급할 것이다.

변증술은 유적 형상과 종적 형상의 관계를 분석하는 방법이고, 이 방법에는 '모음'(synagogē)과 '나눔'(diairesis)이란 두 절차가 포함되어 있다.[10] 『필레보스』에 의하면 '모음'은 '하나의 형상(mia idea)을 상정하여 그것을 찾는 절차'(16d)인데, 이는 나눔의

240

대상이 될 '하나의 유적 형상'을 확정하기 위한 것이다. 그런데 모음은 나눔의 최초 대상인 유적 형상을 확정하는 데만 쓰이는 것이 아니다. 이를테면 음악적 소리를 높은 음, 낮은 음, 고른 음으로 나누는 경우를 보면, 애초의 나눔 대상인 음악적 소리를 확정하는 것은 모음이고, 그것을 세 가지로 분류하는 것은 나눔이다. 그런데 음악적 소리에 속하는 수많은 소리들의 일부를 높은 음으로 포착해 내는 과정도 모음이라고 보는 게 적절하다. 그러니까 나눔과 마찬가지로 모음도 여러 단계에서 이루어진다고 볼 수 있다. 여기서 모음이 유사성을 드러내는 절차라면, 나눔은 차이성을 드러내는 절차라 할 수 있다.

모음에 의해 하나의 유적 형상이 확보되었을 때, 변증술의 다음 절차로서 나눔이 시작된다. 『필레보스』에서 기술된 바에 따르면 나눔의 절차는 다음과 같이 이해해 볼 수 있다. 즉 하나의 유적 형상을 종적 형상들로 나누고, 다시 그 종적 형상들 각각을 하위의 종적 형상들로 나누고, 이렇게 나누어 가기를 애초의 하나, 즉 하나의 유적 형상 밑에 종적 형상들이 얼마나 있는지 드러날 때까지 계속해야 한다는 것이다(16d3-7). 곧 '나눔'은 그 유적 형상을 '종적으로 더 이상 나눌 수 없는 최하종, 즉 최하위의 종적 형상에 이를 때까지' 계속되어야 한다는 것이다. 최하종 밑

10 『파이드로스』 277b.

에 있는 무수한 것은 변증술의 분석 대상이 아니기에 나눔은 최하종에서 멈추게 된다.

이러한 변증술의 절차는 이전의 대화편들, 즉 『파이드로스』, 『소피스트』, 『정치가』에 나타난 변증술의 절차와 근본적으로 다르지 않다. 다만 『필레보스』에서는 소크라테스가 '하나의 유적 형상과 무한한 것의 중간에 있는(metaxy) 종적 형상들의 모든 수를 파악해야 한다'는 점을 강조하고 있는 점이 눈에 띈다 (16d7-e2). 그는 '중간에 있는 종들'(ta mesa)을 고려하는지의 여부에 의해 '변증적으로'(dialektikōs) 논의하는가, 아니면 '쟁론적으로'(eristikōs) 논의하는가 하는 것이 구별된다고 보고 있다 (16e-17a).

여기서 우리는 변증술의 고유한 특성이 '중간에 있는 종들'(ta mesa)을 밝혀내는 데 있음을 알 수 있다. 더 정확하게 말하면, 변증술의 고유한 특성은 하나의 유와 무한한 것들의 중간에 있는 종들이 얼마나 되는지를 밝혀내는 데 있다고 할 수 있다. 그런데 중간에 있는 종들이 얼마나 되는지는 하나의 유를 더 이상 나눌 수 없는 종들(즉 최하종들)에 이르기까지 나누어 갈 때 밝혀질 수 있다. 그러므로 변증술은 하나의 유를 최하종들에 이르기까지 나누어 감으로써 하나의 유와 무한한 것들의 중간에 있는 종들이 얼마나 되는지를 밝혀내는 방법이라 할 수 있다.

(2) 변증술의 활용 예시 : 문법과 음악(17a-18d)

플라톤은 16c-17a에서 설명한 변증술에 대한 이해를 돕기 위해 문법과 음악의 예를 들고 있다. 문법과 관련해서는 두 부분(17a-b, 18b-d)에서 다루어지고, 그 부분들 사이에서 음악(17b-e)과 관련해서도 언급되고 있다. 소크라테스는 문법이나 음악에 능통한 자가 되려면 변증술을 잘 활용할 수 있어야 한다고 본다. 즉 유-종 분류를 잘할 수 있어야 한다는 것이다. 그의 설명은 다음과 같다.

플라톤은 문법의 예를 통해, '문법에 능통한 사람'이 되려면 알아야 할 것이 무엇인지를 밝혀 보인다. 그의 설명에 따르면, 우리들 각자의 입을 통해서 나오는 말소리는 하나이면서 또한 수에 있어서 무한하다. 그러나 말소리가 무한함을 알거나 하나임을 안다고 해서 문법에 식견 있는 사람이 되는 것은 아니다. "얼마만큼의 소리가 있고 그것들이 어떤 성격의 것들인지"를 알아야 비로소 문법에 능통한 사람이 된다는 것이다(17b). 여기서 말소리의 수와 성격을 알아야 한다는 것은 곧 유로서의 하나의 말소리와 무수한 말소리들 사이에 있는 종들을 알아야 한다는 것을 뜻한다. 이를테면 무수한 말소리들 속에는 모음들, 반모음들, 자음들과 같은 종들이 있음을 식별해 내고, 모음들을 하나하나에 이르기까지 나누어 그것들이 'α, ε, η, ι, ο, υ, ω'라는 일곱 가지의 것들임을 알고 반모음과 자음과 관련해서도 같은 방식으로 나누어 그 각각이 몇 가지나 있는지를 알아야 하며, 또한 이들 모두를 자모(stoicheion)로 볼 수 있어야 한다는 것이다(18b-c).

또한 플라톤은 '음악에 능통한 사람'이 되기 위해서도 문법의 경우처럼 음악적 소리가 "몇 가지나 있으며 어떤 성격의 것들인지"를 알아야 한다는 점을 강조한다. 소리가 하나이면서 또한 이 소리에는 낮은 음, 높은 음, 고른 음도 있다는 것을 아는 것으로는 아직 음악에 식견 있는 자가 못 된다고 그는 본다. 더 나아가 음정들과 관련해서 그 수가 얼마만큼이나 있고 그것들이 어떤 성격의 것들인지 파악할 뿐 아니라, 음정들의 경계와 관련해서도, 이 경계음들로 이루어진 체계인 선법들과 아울러 몸의 율동 속에 있는 리듬들과 박자들과 관련해서도 그런 것을 파악해야 한다는 것이다(17b-e).

그런데 문법과 음악이 과연 변증술을 사용하는 기술 분야라 할 수 있는지 논란이 있을 수 있다. 16c-17a에서의 설명에 따르면 변증술은 형상들의 관계를 분석하는 것인데, — 변증술이 형상을 대상으로 한다는 점은 57e-58a, 59a-d에서도 분명히 언급된다 — 문법이나 음악은 형상들을 대상으로 하는 기술들이 아니기 때문이다. 하지만 플라톤은 "기술에 속하는 것들로서 이제까지 발견된 모든 것이 이 방법(변증술)에 의해 밝혀졌다"(16c)고 봄으로써, 변증술의 적용 범위를 확장시키고 있다. 그는 변증술이 형상을 대상으로 하는 것으로서 철학적 탐구 방법이지만,

응용 차원에서 음악이나 문법 등의 분야에도 활용될 수 있다고 생각한 것으로 보인다.

그리고 플라톤이 『필레보스』에서 변증술의 예로 든 문법과 음악의 예들은 유와 종의 유형으로 볼 수 없음을 지적하며, 그가 이 대화편에서 종래의 변증술과는 다른 새로운 방법을 제시하고 있다고 보는 견해도 있다. 이를테면 그 예들은 유와 종이라는 유형의 나눔이 아니라, 한정될 수 있는 것(determinable)과 한정된 것(determinate)의 구분을 보여 줄 뿐이라는 것이다.[11] 그러나 플라톤의 유와 종 개념은 그다지 엄밀했던 것으로 보이지 않는다. 그는 '한정될 수 있는 것과 한정된 것의 유형'도 '유와 종의 유형'과 같이 생각했다고 할 수 있다. 그가 즐거움이 유에 있어서는 하나이나 종들에 있어서는 여럿임을 설명하기 위해 12e-13a에서 제시한 '빛깔'과 '도형'의 예들이 그 점을 잘 보여 준다.[12]

3) 좋은 것의 문제와 변증술의 연관성(18d-20c)

소크라테스가 변증술에 대한 설명을 마무리하면서 15b의 문제, 즉 생성소멸하지 않는 것에 있어 하나와 여럿의 문제와 관련

---

11 J. M. Moravscik(1979), p. 87f.
12 이와 관련해서는 역자의 논문(1997) 3장 3절에서 자세하게 논했다.

해 아무런 말도 하지 않은 것은 이상해 보인다. 변증술은 하나와 여럿의 문제와 관련한 "혼란을 제거할 어떤 방식이나 방안" 혹은 "논의를 위해 이보다 더 좋은 방법"으로 도입된 것이기 때문이다. 그가 답하고 있지 않지만, 진술들의 역설적 속성을 쟁론적으로 이용해서 생기는 혼란은 변증술에 의해 충분히 해결될 수 있을 것으로 보인다. 그 혼란은 지나치게 유사성을 중시하거나 지나치게 차이성을 중시함으로써 생기는 것인데, 변증술은 모음과 나눔의 두 절차를 통해 유사성과 차이성을 균형 있게 드러낼 수 있는 것이기 때문이다. 그러면 15b의 문제들은 어떻게 되는 것인가? 첫째 생성소멸하지 않는 일자들의 실재성 문제를 보면, 플라톤은 그것을 당연한 것으로 전제했다고 볼 수도 있고, 혹은 "어떤 것과 관련해서든 늘 하나의 형상을 상정하고서 이걸 찾아야 하네. 그것이 그 안에 있음을 발견할 것이기 때문이네."(16d)란 언급을 통해 답하고 있는 것으로 볼 수도 있다. 그리고 둘째 문제는 "생성소멸하지 않는 일자가 (나누어지는데도) 어떻게 하나일 수 있는가"인데, 이것의 해소에도 변증술이 도움이 된다. 이를테면 '즐거움'이나 '소리'와 같은 일반용어로 일컬어지는 것들[13]은 모음에 의해 하나로, 나눔에 의해 여럿으로 드러날 것이기 때문이다. 실은 더 얼밀한 논의를 위해서는 형상들 간의 결합

---

13 16c에 있는 주 55에서 참고 바람.

(koinōnia) 이론도 필요하다. 그리고 ⑭의 관여 문제와 관련해서도 긴 설명이 필요해서 여기서는 생략하기로 한다.[14]

소크라테스는 변증술에 대한 논의를 무슨 취지로 한 것이냐고 필레보스가 묻자, 그것을 분별과 즐거움 중 어느 것을 우리가 택해야 하는가, 즉 어느 것이 좋은 것인가 하는 문제와 연관시킨다 (18d-e). 그는 변증술을 이용해 "즐거움의 종류들이 있는지 없는지, 그리고 얼마만큼 있으며 어떤 성격의 것들인지"(19b)를 밝히면, '즐거움들의 대부분은 나쁘고 그 일부만이 좋다'(13b)는 사실이 밝혀질 것이고, 따라서 '모든 즐거움은 좋은 것이다'(13a)라는 프로타르코스의 주장이 논박되리라고 본다.

그런데 소크라테스는 이제껏 변증술에 대해 길게 설명해 놓고서는, "즐거움의 종류들을 나누는 일은 더 이상 우리에게 전혀 필요하지 않을 것이네."라고 말한다(20c). 이 뜻밖의 언급을 어떻게 이해해야 할까? 정말 이후의 논의에서 변증술은 필요하지 않은 것일까? 그렇지는 않다. 단지 그는 즐거움이나 지식이 아니라 제삼의 것이 좋은 것이라는 점을 밝히는 데 변증술이 필요하지 않다는 것을 말하는 것뿐이다. 사실 그는 즐거움과 지식의 종류들을 나누는 긴 논의에 변증술을 활용한다(31b-59d). 이렇게 함으로써 그는 즐거움들 중 대부분은 순수하지 못하고 나쁜

---

14 관여의 문제는 역자의 논문(1998) 3장에서 살펴보았다.

것임을 드러냄으로써, 모든 즐거움이 좋은 것은 아니라는 점을 분명히 하고 있다. 여기서 유의할 점은 소크라테스가 오직 쾌락주의 비판을 위해 변증술을 활용한 것은 아니라는 점이다. 그가 변증술, 특히 나눔의 방법을 통해 즐거움이나 지식을 여러 종류로 나누어 본 것은 좋은 삶의 요소로 받아들여야 할 것과 그렇게 해서는 안 될 것을 구분하기 위해서이기도 하다. 사실 이 대화편에서는 이것이 변증술의 주된 쓰임새라고 할 수 있다.

3. 좋은 것의 세 가지 요건에 따른 판정 : 완전함, 충족함, 택함직함(20c-23b)

1) 즐거움과 분별이 혼합된 삶이 좋은 삶이다(20c-22c)

플라톤은 '좋음의 세 가지 요건'을 제시하여 즐거움도 분별도 좋은 것이 아님을 밝혀 나간다. 그는, '좋은 것의 몫'(tou agathou moira, 20d) 혹은 '좋은 것의 본성(physis)'(60b)은 완전하고(teleon), 충족적이며(hikanon), 택함 직하다(haireton)고 본다. 다시 말해 좋은 것은 '충족함', '완전함', '택함 직함'이라는 세 가지 성질들을 갖는다는 것이다. 따라서 즐거움이나 분별이 좋은 것이라면, 언급된 세 가지 성격 혹은 요건을 갖추고 있으리라는

248

것이 플라톤의 생각이다. 그리하여 그는 좋음의 세 가지 요건에 의거해 즐거움과 분별 중 어느 것이 좋은 것인지를 고찰한다.

그런데 플라톤의 고찰 방식에는 특이한 점이 있다. 그는 좋음의 요건에 의거해 즐거움과 분별이 좋은 것인가를 고찰함에 있어, 즐거움이나 분별 자체에 대해 직접적으로 살펴보지 않고, '즐거움을 지닌 삶'과 '분별을 지닌 삶'에 대해 살펴보고 있다. 그리고 그는 이 두 종류의 삶을 좋음의 요건에 의거해 고찰하여 이두 삶이 다 좋은 삶이 못 됨을 밝혀 보인 후, 즐거움도 분별(혹은 지성)도 좋은 것이 아닌 것으로 밝혀졌다고 본다(22c). 이러한 논증 방식은, '좋은 삶'이란 그 속에 '좋은 것을 지닌 삶'이며, '훌륭하지 못한 삶'이란 '좋은 것을 지니지 못한 삶'이라는 플라톤의 생각에서 비롯된 것이다.[15] 그러니까 어떤 삶이 좋은 삶으로 밝혀지면, 그 삶이 지닌 것도 좋은 것이라 볼 수 있다는 전제 아래서, 플라톤이 즐거움만을 지닌 삶과 분별만을 지닌 삶에 대해 살펴보는 것이라 할 수 있다. 다른 한편 그런 전제는 "좋은 것"이란 인간의 삶을 훌륭하게 만들어 주는 것이라는 플라톤의 생각에서

---

15 플라톤이 '좋은 삶'과 '좋은 것을 지닌 삶'을 동일시하는 것은 소크라테스나 플라톤의 기본 생각이다. 이 대화편에서는 22b와 61a–b에서 그 점이 분명히 확인된다. 61a–b에서는 혼합된 삶(좋은 삶)을 좋은 것의 집이나 거처 (oikesis)에 비유하고는, "혼합된 삶 속에서 좋은 것을 찾아야 한다"고 언급하고 있다.

비롯된 것이라 할 수 있다.[16] 『필레보스』에서 고찰하고 있는 "좋은 것"이란 바로 이런 기능을 갖는 좋은 것이다. 그래서 '무엇이 좋은 것인가' 하는 문제는 '어떤 삶이 좋은 삶인가' 하는 문제와 밀접한 연관성을 갖게 된다.

이제 '좋음의 세 가지 요건'에 의거해 즐거움과 분별에 대해 플라톤이 논의해 가는 과정을 살펴보기로 하자. 그는 어느 것이 "참으로 좋은 것"(to ontōs agathon, 21a)인가를 알아보기 위해, "즐거움의 삶 속에는 분별이 없고, 분별의 삶 속에는 즐거움이 없을" 경우를 가정한다(20ef).

먼저 플라톤은 어떤 사람이 최대의 즐거움을 완벽하게 지니고 살 경우를 가정한다. 그럴 경우에 그는 아무런 것도 더 이상 필요로 하지 않고 늘 최대의 즐거움을 향유할 수 있을까? 그렇지는 못하리라는 것이 플라톤의 생각이다. 우선 그가 지성, 분별, 혹은 인식을 결하고 있을 경우, 그는 그 자신이 즐거운지 아닌지도 모를 것이다. 그리고 기억을 갖지 못하면 즐거웠던 사실을 기억하지도 못할 것이며, 또한 참된 판단을 지니지 못할 경우 즐거울 때 즐겁다고 생각하지 못할 것이 필연적이요, 헤아림을 결하고 있다면 장차 즐거우리란 것도 헤아릴 수도 없게 된다. 그러므로 즐거움만을 지닌 삶을 영위하고자 하는 사람은 "인간의 삶을 사

16 플라톤은 특히 64c-65a에서 좋은 것의 원인적 성격을 단적으로 보여 준다.

는 것이 아니라, 일종의 해파리나 조개류의 몸을 가진 바다 생물들의 삶을 사는 것"과 다를 바 없게 된다. 따라서 이러한 삶은 다른 무언가를 필요로 하기에 완전하지도 충족적이지도 택함 직하지도 못하다고 할 수 있다(이상 21a–d 요약). 사실상 지성이나 분별 등이 없이 즐거움만을 지닌 삶이란 인간에게 '전혀 가능한 것도 이로운 것도 아니라'는 것이 플라톤의 생각이다(63b7–c1).

다음으로 어떤 사람이 분별, 지성, 지식, 그리고 온갖 기억을 가지고 사는 한편, 즐거움에도 괴로움에도 조금도 관여하지 않고 이들 모든 상태를 전혀 겪음이 없이 살기를 택하는 경우가 상정된다(21d–e). 이 경우 역시 택함 직하지 못한 것으로 간주된다. 플라톤은 즐거움도 괴로움도 없는 삶이란 "모든 삶 중에서도 가장 신적인 삶(theiotatos bios)"이라고 단언한다. 신들에게는 즐거움이나 괴로움을 느낀다는 것은 있을 법하지 않기 때문이라는 것이다(33b). 그렇다면 그는 왜 이런 삶을 택함 직하지 못한 것으로 생각했을까? 그것은 그의 주된 관심이 신이 아니라 사람에게 가능한 삶에 있기 때문이라 할 수 있다. 곧 즐거움도 괴로움도 겪음이 없는 삶이란 인간적 지성을 지닌 인간이 아니라 "참되고 신적인 지성"(22c)을 지닌 신들에게나 가능한 삶이겠기 때문이다. 따라서 그러한 삶은 인간에게 가능한 삶이 아니기에, 인간에게는 충족적이지도 완전하지도 택함 직하지도 못하다는 것이 플라톤의 생각이다.

결국 앞의 두 삶 중 어느 삶도 택함 직한 삶이 아니라는 결론에 이르게 된다(21e). 실상 "즐거움만을 지닌 삶이란 인간 이하의 삶일 것이요, 다른 한편 사유 내지 지성만을 지닌 삶이란 비인간적 내지 초인간적인 삶일 것이다."[17] 그러니 실제로 인간의 좋은 삶이 성립하려면, 즐거움과 지성이 다 필요할 것이다. 그리하여 플라톤은 이 둘이 '결합된 삶'(22a, d), 즉 "혼합된 삶"(ho meiktos bios, 22d, 27d)이야말로 충족적이고 완전하며 택함 직한 삶, 즉 "좋은 삶"(ho agathos bios)이라고 여긴 것이다.

　　그런데 즐거움과 분별로 혼합된 삶은 다 좋은 삶일까? 물론 그렇지는 않을 것이다. 만일 즐거움과 분별을 혼합해 가진 삶이 모두 좋은 삶이라면, 모든 사람들의 온갖 삶들이 다 좋은 삶이라고 할 수 있을 것이다. 그 누구도 그 두 가지 중 한쪽 것만을 지니고 살지는 않을 테니 말이다. 그래서 플라톤은 '어떤 종류의 즐거움들과 지식들로' '어떻게 혼합함으로써' '훌륭하게 혼합된 삶'(61b8-9), 즉 좋은 삶을 이루어 낼 수 있는가를 밝히고자 한 것으로 볼 수 있다. 이렇게 볼 때 『필레보스』에서 전개되어 있는 여러 갈래의 논의들 상호 간의 연관성을 파악할 수 있는 길도 열리게 된다. 『필레보스』에서 '방법론적 논의'(변증술에 관한 논의)나 '우주론적 논의'(존재론적 논의)는 논점 일탈 부분들로 간주되기도

17　Friedländer(1969), p. 323.

하는데, 실은 좋은 삶의 문제를 해결하는 데 큰 쓰임새가 있는
것들이다.

플라톤은 즐거움과 지식(지성)을 훌륭하게 혼합하려면, 우선
그 두 혼합 요소들에 대한 분석이 필요하다고 본다. 왜냐하면 그
둘 각각에는 여러 종류의 것들이 있는데, 그중에는 좋은 삶의 구
성을 위한 혼합 요소로 선택해야 할 것들과 선택해선 안 될 것들
이 있을 수 있기 때문이다. 그리하여 두 혼합 요소인 즐거움과
지식 각각의 종류들의 수와 성격을 밝혀내는 데 변증술을 활용
하고 있다. 그러니까 『필레보스』에서 변증술은 혼합 요소들의 분
석 방법으로 이용되고 있으며, 이런 점에서 이 방법은 좋은 삶의
창출을 위한 혼합에 있어 필수적인 방법으로서의 의의를 갖는다
고 할 수 있다. 그러면 나눔의 결과로 확보하게 될 즐거움의 종
류들과 지식의 종류들 가운데 어떤 종류의 즐거움들과 지식들을
선택하여 어떻게 혼합함으로써, 좋은 삶을 실현할 수 있을까?
이 문제에 대한 답을 플라톤은 우주에서 좋은 것들이 창출(생성)
되는 방식에 대한 고찰을 통해 찾고자 한 것으로 볼 수 있다.

다시 말해, 플라톤은 변증술(특히 나눔의 방법)을 즐거움과 지
식의 분석에 활용하고, 우주론적 논의를 좋은 삶의 실현을 위한
혼합 방식을 밝히는 문제에 적용함으로써, "어떤 종류의 즐거움
들과 지식들로" "어떻게 혼합함으로써" 혼합된 삶으로서의 좋은
삶을 실현할 수 있는가를 밝히고 있다고 할 수 있다. 이렇듯 변

증술에 관한 논의와 우주론적 논의는 좋은 삶의 문제를 다루는 데 중요한 쓰임새를 갖는 것으로 볼 수 있다.

2) 즐거움과 분별 중 어느 것이 혼합된 삶의 원인과 더 동류의 것이고 더 닮았는가?: 어느 것이 이등상을 받을 자격이 있는가?(22c-23b)

좋은 삶으로 판명 난 "혼합된 삶이 택함 직하고 좋은 삶으로 되게 해 주는 요소로서, 그 삶 속에 있는 것"이란 곧 혼합된 삶의 원인을 뜻하는 것이다. 이 원인은 좋은 삶 속에 있는 좋은 것이다. 이 대화편에서는 두 종류의 원인이 제시된다. 그 하나는 작용인이라 함 직한 것으로서 우주론적 논의(23b-31a)에 나오는 지성(nous)이고, 다른 하나는 형상인이라 함 직한 깃으로서 대화편 말미(65a-b)에 나오는 '아름다움과 균형(혹은 적도) 및 진실성'과 같은 것이다. 소크라테스는 현 대목에 나오는 '혼합된 것의 원인'을 우주론적인 논의 속의 '지성'과 연관시키려는 것으로 보이는데, 사실 그것은 '아름다움과 균형(혹은 적도) 및 진실성'과 더 긴밀하게 연관된 것으로 볼 수 있다. 실제로 즐거움과 지성의 상대적 가치에 대한 결정적인 평가는 "아름다움과 균형(혹은 적도) 및 진실성"을 기준으로 해서 이루어진다.

4. 우주론적 논의(23b-31b)

플라톤은 '우주론적 논의' 혹은 '존재론적 논의'(23b–31a)에서 '우주 속에 존재하는 모든 것'(23c)을 네 가지 부류로 나누고 있다. 곧 한정되지 않은 것, 한정자, 혼합된 것, 혼합의 원인이 그 것이다. 이러한 나눔은 철저하지 못하다는 점이 지적되곤 한다. 앞서 변증술을 설명할 때는 하나와 무한한 것 사이의 모든 수를 다 드러내야 한다는 점을 강조했었기 때문이다. 그러나 그는 필요에 따라 나눔의 수가 제한될 수도 있음을 보여 준다. 이 점은 다섯째 부류와 관련해서 그것이 지금은 필요하지 않다고 배제하는 데서 알 수 있다(23d). 사실 현재의 우주론적 논의는 '지성을 위해 이등상을 획득하는 방안'(23b)으로 도입된다. 다시 말해 "이 등상이 즐거움의 것이 될 것인지 아니면 분별의 것이 될 것인지" 알아내기 위한 것이다(27c). 그러니까 이런 목적을 위해 필요한 만큼 나눔이 이루어진 것이라고 이해할 수 있다. 물론 그런 점도 있지만, 더 넓게 보면 플라톤은 우주 속에서 좋은 것들이 어떻게 생성되는지를 설명하는 데 필요한 만큼 나눔을 진행한 것으로 볼 수 있다.

플라톤이 우주론적인 논의를 끌어들인 이유는 단순히 즐거움과 지성의 상대적 가치를 결정하는 데 있다기보다는, 어떻게 인간의 좋은 삶을 실현할 수 있는가를 밝히기 위한 것이다. 그는 대우주에서 좋은 것들이 생성되는 방식을 소우주인 인간의 좋은 삶을 위한 본으로 삼고자 하는 것으로 볼 수 있다. 그런데 그는 우주에서 좋은 것들의 생성이 혼합을 통해 이루어진다고 보아 혼합의 관점에서 '우주 속에 존재하는 모든 것'을 나누고자 했다고 보는 게 적절할 것이다. 그래서 그는 '혼합된 것'을 한 가지 부류로 상정하고, 혼합을 위해서는 요소들이 필요하니 그 요소들로 '한정되지 않은 것'과 '한정자'를 제시하고, 이 요소들로 혼합된 것을 만드는 것으로서 '혼합의 원인'을 상정한 것으로 보인다.

1) 우주 속에 존재하는 네 부류(23b-27c)

(1) 한정되지 않은 것과 한정자(24a-25b)

그리스철학에는 '무로부터의 창조'란 개념이 없다. 그러므로 그리스 철학자들은 무언가가 만들어지려면 항상 주어진 것이 있어야 한다고 본다. 마찬가지로 플라톤도 혼합을 통해 좋은 것들이 창출되기 위해서는 우선 질료가 되는 것이 주어져 있어야 한다고 본다. 그리고 그는 그 질료가 되는 것을 '한정되지 않은 것'이라 명명한다.

소크라테스는 '한정되지 않은 것'(to apeiron)의 부류를 '더 하고 덜하게 되거나, 격렬함과 차분함 그리고 지나침(to lian)을 받아들이는 것'으로 규정한다(24e-25a). 그런데 한정되지 않은 것에 대한 이런 규정은 일의적으로 이해되기는 힘든 것으로 보인다. 그가 한정되지 않은 것의 예로 들고 있는 것들을 보면, 적어도 차원을 달리하는 두 종류의 한정되지 않은 것을 구분해 볼 수 있다.

그 한 종류는 '더 뜨거움과 더 차가움', '더 건조함과 더 습함', '더 많음과 더 적음', '더 빠름과 더 느림', '더 큼과 더 작음', '더 강력함과 더 유약함' 등으로 언급되는 것들이다(24c, 25c). 이런 한정되지 않은 것들은 양쪽으로 무한하게 연장되는 연속체나 영역을 뜻하는 것으로 볼 수 있다. 그러니까 '더 뜨거움과 더 차가움'은 양쪽으로 무한한 온도의 영역을, '더 빠름과 더 느림'은 속도의 영역을, '더 건조함과 더 습함'은 습도의 영역 등을 지시하는 것이라 볼 수 있다. 이처럼 무한한 영역으로서의 한정되지 않은 것은 아무런 양적 한정성을 지니지 않은 것이므로 경험 세계에 존재하는 것이 아니라 가정상의 존재라 할 수 있다.

다른 한 종류로는 질병 상태(25e7), 혹독한 추위와 숨 막힐 듯한 더위(26a6), 강렬한 즐거움(52c4-5) 등으로 언급되는 것들이다. 이것들은 적어도 그 나름으로 어떤 한정 내지 한도를 갖는 것들로서 한정되지 않은 것들이라기보다는 오히려 한정된 것들, 즉 한정되지 않은 것과 한정자가 혼합된 것들로 봄이 옳을 듯하다. 그렇지만 플라톤이 그것들도 한정되지 않은 것으로 간주하는 이유는 그것들이 지나침(to lian)의 성격을 갖고 적도(適度:

to metrion) 상태에 있지 않기 때문이다. 이런 이해는 '강렬한 즐거움'에 대한 플라톤의 설명에서 단적으로 알 수 있다. 곧 그는 52c-d에서 강렬한 즐거움들에는 적도에 맞지 않음(ametria)이 있다고 보고, 그 즐거움을 한정되지 않은 것의 부류에 속하는 것으로 간주하고 있기 때문이다.

따라서 플라톤은 전혀 한정성을 지니지 못한 것뿐 아니라, 한정성을 지녔으되 적도에 맞게 한정되지 않은 것도 한정되지 않은 것으로 보고 있다고 할 수 있다. 그리고 한정되지 않은 것은 질료적인 것으로서, 어떻게 한정되느냐에 따라 좋은 것들을 창출하는 데 바탕이 될 수도 있고 그렇지 않을 수도 있는 것이다. 이런 한정되지 않은 것을 한정하는 데 이용되는 것이 바로 한정자이다.

혼합의 또 하나의 요소인 '한정자'(to peras)는 같음(1:1), 동등, 두 배(1:2), 그리고 '수 대(對) 수' 혹은 '도량(度量) 대 도량'의 온갖 관계를 가리키는 것이다(25a6-b2). 곧 한정자란 온갖 수학적, 기하학적 '비율'(ratio)을 가리키는 것이다. 플라톤은 한정되지 않은 것과 관련한 한정자의 기능을 다음과 같이 설명한다. 한정자의 종자란 "대립되는 것들(ta anatia)이 서로 불화 상태로 있는 걸 멈추게 하고, 그것들에 수를 넣어 그것들이 '균형'(symmetron)과 '조화'(symphōnon)를 이루게 하는 온갖 종자를 말하는 것이네." (25d-e) 이 구절에서 불화 상태에 있는 대립되는 것들은 '더 뜨거움과 더 차가움', '혹독한 추위와 숨 막힐 듯한 더위' 등과 같은 한정되지 않은 것들을 가리킨다고 볼 수 있다. 그러니까 한정자의 부류는 한정되지 않은 것들이 '균형'과 '조화'를 이루게 하는 기능을 갖는다고 할 수 있다.

플라톤이 한정자를 대립자들 간에 균형과 조화를 가져오는 것으로서의 수적 비율로 생각한 것은 이오니아학파의 대립자들에 관한 이론의 영향을 받은 것으로 보인다. 즉 어떤 실제 온도는 일정한 비율로 온과 냉이 섞인 것이라고 보는 견해의 영향을 받은 것으로 볼 수 있다. 그러면 한정자는 언제나 '균형'과 '조화'를 이루어 낸다는 것이 플라톤의 생각일까? 이와 관련해서는 의견이 갈린다. 그러나 역자는 '질병 상태', '강렬한 즐거움' 등에 대한 앞에서의 설명에 기초해서, 알맞은 비율로서의 한정자만이 균형과 조화를 이루어 낸다고 본다. 이런 이해는 '혼합에는 적도와 균형을 지닌 것과 그렇지 못한 것이 있다'(64d9-e1)는 구절에 의해서도 뒷받침된다.

(2) 혼합된 것과 혼합의 원인(25b-27c)

네 부류 중 하나인 '혼합된 것'(to meikton)은 '혼합되어 생성된 존재'(27b), '혼합된 부류'(to meikton genos)로도 언급된다. 소크라테스는 우주론적 논의에서, 우주에서 온갖 좋은 것이 한정되지 않은 것과 한정자가 혼합된 것이라고 본다. 온갖 좋은 것은 그런 혼합을 통해 생성된다는 것이다. 그런데 혼합의 의미에는 이중적인 면이 있다. 이 대화편에서 혼합이란 일차적으로 ① '한정되지 않은 것'과 '한정자'의 혼합을 뜻한다. 이를테면 그것은 '한정되지 않은 온·냉'과 '일정 비율'의 혼합이나, '한정되지 않은 건·습'과 '일정 비율'의 혼합 등을 가리키는 것으로 볼 수 있다. ② 그런데 25d–e의 구절을 보면, 그런 혼합은 '대립자들'(ta enatia) 사이의 혼합으로도 이해될 수 있다. 이를테면 혼합은 일정 비율로 서로 대립적인 온과 냉 사이에 이루어지는 혼합이라는 것이다. 그러니까 플라톤은 '한정되지 않은 온·냉'과 '일정 비율'이 혼합된 것을 대립적인 요소들인 온과 냉이 일정 비율로 혼합된 것으로도 생각하고 있다고 할 수 있다.

혼합된 부류에 속하는 예로는 '건강', '음악', '계절' 등이 제시된다. 이 예들 중 '계절들'에 대한 설명을 주목해 보기로 한다. 소크라테스는 한정자의 종자들이 "혹독한 추위나 숨 막힐 듯한 더위에 개입됨으로써 과도한 지나침과 한정되지 않은 상태를 없애는 한편, 적도 상태와 동시에 균형 상태를 이루어 내고", 그렇게 해서 좋은 계절들이 생기게 된다고 보고 있다(26a6–8). 이는 온과 냉이나 건과 습 등의 대립자들이 균형을 이루지 못한 상태에 있는 것 — 즉, 한정되지 않은 것 — 에 일정 비율인 한정자가 개입되어 대립자들 간에 '적도와 균형'이 이루어질 때 좋은 계절들이 생기게 된다는 것이다.

소크라테스는 "계절들을 비롯해 온갖 아름다운 것은 한정되지 않은 것들과 한정자들이 혼합될 때 우리에게 생긴다"고 단언한다(26b). 곧 온갖 좋은 것들은 혼합된 것이라는 말이다. 그런데 계절들의 예에서 알 수 있듯이, 한정되지 않은 것들과 한정자들의 혼합이란 한정자들이 한정되지 않은 것들에 개입되어 '적도'와 '균형'이 이루어질 때 가능한 것이다. 그러니까 좋은 것들은 혼합된 것이고, 혼합된 것은 '적도와 균형을 이룬 혼합'의 산물이라는 것이 그의 설명이다. 결국 혼합된 것의 주된 특성은 '적도'와 '균형'에서 찾을 수 있다. 그래서 혼합된 부류는 "한정자에 의해 이루어지는 적도(metron)로 인해 존재로 생성되는 것(genesin eis ousian)"(26d)으로 규정된다.

'적도와 균형'은 "그 어떤 혼합이든 무엇보다도 가치 있게 혹은 전혀 아무런 가치도 없게 만드는 모든 혼합의 원인(meixeōs aitia)"으로 언급되기도 한다(64d3-5). 이 말은 적도와 균형이 어떤 혼합을 좋게 혹은 나쁘게 하는 원인이라는 것을 뜻하는 것으로 일단 볼 수 있다. 그런데 '무가치하게 된다' 혹은 '가치 있게 된다'는 표현은 단순히 '좋게 혹은 나쁘게 된다'는 의미 이상을 함축하고 있다. 그 표현의 의미는 다음 구절을 통해 알 수 있다.

어떤 혼합이든 어떻게 구성되었든, 적도와 균형성을 갖지 못한 모든 혼합은 필연적으로 혼합 요소들뿐 아니라 일차적으로 그 자신을 파괴시킨다는 것이네. 그런 것은 혼합도 아니고 실제로는 혼합되지 못한 채 모아진 것으로서, 그런 것을 가진 것들에게 그때그때마다 실로 재난이 된다네(64d-e).

이 구절은, '적도와 균형성'을 지니지 못한 혼합이나 혼합된 것은 존립하거나 존속될 수 없음을 지적한 것이다. 다시 말해, '적도와 균형성'이 "어떤 현상이나 사물(혼합된 것)이 생성되어 유지되기 위한 조건임"을 보여 주고 있다.[18] 무릇 모든 사물들이나 현상들은, 자연적인 것이건 인위적인 것이건, 혼합의 산물들로서 제 나름으로 혼합 요소들 간에 일정한 비율 관계를 갖고 있는데, 이 비율 관계가 요소들 사이에 적도와 균형이 이루어지게 할 경우에만 생성되어 지속적으로 존속할 수 있다는 것이 플라톤의 생각이라 할 수 있다.

그러니까 '적도와 균형'은 온갖 '혼합의 원인'으로서, 어떤 혼합이나 혼합된 것을 아름답고 훌륭하게 해 주는 것일뿐더러, 어떤 혼합된 것이 생성되어 존속할 수 있게 해 주는 것이라 할 수 있다. 요컨대 적도와 균형은 혼합된 것을 훌륭한 상태의 것으로 생성되어 존속할 수 있게 하는 원인 혹은 조건이라고 할 수 있다.

플라톤은 『정치가』에서도 그와 같은 견해를 펼쳐 보이고 있

18 박종현(1994), p. 106.

다. 그는 측정술을 '대소 상호 간의 관계와 관련된' 측정술과 '생성의 불가결한 성립 혹은 존립과 관련된'(kata tēn tēs geneseōs anankaian ousian)[19] 측정술로 구분한다(283d7-9). 앞의 것은 반대되는 것들 상호 간의 비교에 의한 측정술인 데 반해, 뒤의 것은 '적도를 기준으로 한'(pros to metrion) 측정술을 뜻한다(283e). 그러니까 '적도를 기준으로 한' 측정술이란 곧 '생성의 불가결한 성립과 관련된' 측정술이라 할 수 있다. 이는 적도가 어떤 산물이 생성되어 존립하는 데 필요 불가결한 조건임을 뜻하는 것으로 볼 수 있다. 아울러 플라톤은 바로 적도를 통해 나쁜 사람들과 좋은 사람들이 확연히 구분된다고 부언하고 있다(283e5-6). 이런 언급에서 우리는 적도가 좋음과 나쁨의 기준 혹은 조건으로도 간주되고 있음을 보게 된다. 이 점을 플라톤은 '모든 좋고 아름다운 것들은 적도(to metron)를 보존함으로써 이루어진다'(284b)는 언급을 통해 분명히 해 주고 있다. 결국 『정치가』에서도 적도는 어떤 산물이 훌륭한 상태의 것으로 생성되어 존속하는 데 필요한 원인 혹은 조건으로 간주되고 있음을 알 수 있다.

19 위의 표현은 『필레보스』에서 혼합된 부류를 가리키는 'genesin eis ousian' (26d)이나 'gegenēmenē ousia'(27b)라는 표현과 같은 의미를 지닌다고 보는 게 적절하다. 이 두 표현은 혼합된 부류가 한정자에 의해 이루어지는 적도(metron)로 인해 '생성되어 존립(존속)하는 것'임을 나타내는 것으로 볼 수 있다.

그렇다면 적도와 균형에 맞게 혼합되지 못한 것은 어떻게 될까? 그것은 나쁜 상태의 것으로서, 생성되지도 존속할 수도 없다는 것이 플라톤의 견해일까? 그렇지는 않다. '적도에 맞게 혼합된 것'은 '생성되어 존속하는' 반면, '적도에 맞지 않게 혼합된 것'은 생성되더라도 쉬이 소멸하고 지속적으로 존속하지 못한다는 것이 플라톤의 생각이라 할 수 있다. 물론 적도에 맞게 혼합된 것들도 형상들처럼 영원히 존속하는 것은 아니다. 그것들은 적도에 맞는 것들이기에 쉽게 소멸하지 않고 존속하지만, 어느 시점에서는 적도 혹은 균형 상태가 파괴되고 그 상태를 회복할 수 없게 되면 소멸하고 말 것이다.

어기서 우리는 적도와 균형이 우주에서 어떤 혼합을 좋은 상태로 만들어 주는 원인이라고 보았는데, 이 원인은 네 부류 중 하나로 제시되는 '혼합의 원인'과는 다른 것이다. 이를테면 무엇이 이 아름다운 우주를, 그리고 우주의 몸이나 우주의 혼을 만들었는가 하는 물음에 적도와 균형을 답으로 제시할 수는 없을 것이다. 그 물음은 적도와 균형을 가진 아름다운 우주를 무엇이 만들었는가를 묻는 것이기 때문이다. 그런데 네 부류 중 하나인 '혼합의 원인'은 바로 그런 물음에 대한 답으로 제시될 수 있는 것이다.

소크라테스는 "생성되는 것들은 모두 어떤 원인(aitia)으로 인해 생성되는 게 필연적이다"라고 말한다. 그리고 만드는 것과 원인은 같고, 다른 한편 생성되는 것과 만들어지는 것도 같다고 한다(26e). 여기서 그가 혼합의 원인을 '만드는 것'(to poioun)이라고 말하는 데 주목할 필요가 있다. 그는 'to poioun' 대신 같은 의미의 용어로 'to dēmiourgoun'(27b)을 사용하기도 하는데, 이 용어는 『티마이오스』에서 우주 창조자로 등장하는 '데미우르고스'(dēmiourgos)를 떠올리게 한다. 실제로 『티마이오스』와 『필레보스』는 상당히 유사한 우주론적 견해를 보여 준다. 조금 뒤에 살펴볼 28a-31b 부분에서 그 점을 더 분명히 볼 수 있다.

2) 혼합된 삶이나 즐거움과 네 부류 사이의 관계(27c-28a)

플라톤은 지성과 즐거움이 '혼합된 삶'을 한정되지 않은 것과 한정자가 '혼합된 부류'의 일부라고 본다(27d). 따라서 우리는 혼합된 삶 속에서 한정되지 않은 것과 한정자라 할 수 있는 요소들을 찾을 수 있으리라는 기대를 갖게 된다. 우선 그가 즐거움을 한정되지 않은 것으로 간주하는 것을 볼 때(27e-28a, 31a), 그는 혼합된 삶의 다른 한 요소인 지성을 한정자의 부류에 속하는 것으로 생각했을 성싶다. 그러나 플라톤은 지성(nous)을 원인(aitia)의 부류에 속하는 것으로 언급하고 있다(31a). 즐거움과 지성에 관련한 이런 언급들에만 의거한다면, 플라톤은 혼합된 삶을 한정되지 않은 것과 한정자가 아니라, 한정되지 않은 것과 원인이 혼합된 것이라고 말하고 있는 셈이다. 그렇다면 '혼합된 삶' 속에서 한정자는 어떻게 설명될 수 있을까 하는 문제가 남는다. '지성과 즐거움이 혼합된 삶'에서 한정되지 않은 것과 한정자의 요소들을 밝혀내는 일은 그리 간단한 문제가 아니다. 남은 가능성으로 진지하게 생각해 볼 수 있는 것은 혼합된 삶의 구성 요소로 선택되는 즐거움들과 지식들이 각기 한정자와 한정되지 않은 것의 겹합체라고 보는 것이다.[20]

3) 지성(분별)과 '원인의 부류' 사이의 관계(28a–31b)

플라톤은 우주에서 좋은 것들이 생성되는 방식을 설명하기 위해서 이제까지 살펴본 한정되지 않은 것, 한정자, 혼합된 것에 더하여 혼합의 원인을 제시한다. 이것은 '만드는 자'(to poioun, 26e; to dēmiourgoun, 27b), 혹은 '혼합과 생성의 원인'(meixeōs aitia kai geneseōs, 27b)이라고 언급되기도 했는데, 이번에는 '원인의 부류'(to tēs aitias genos, 30a)라 일컬어진다. 이 부류에 대한 설명은 앞서 짧게 이야기된 후(26e–27c), 다시 좀 더 길게 이루어진다. 원인의 부류에 대한 두 번째 설명 부분에서는 바로 지성(nous)이 원인의 부류임을 다음과 같이 밝힌다.

"모든 것과 이른바 이 우주는 비이성적이며 아무렇게나 되는

---

20 J. M. Cooper(1977), p. 718.

대로 작용하는 힘과 우연적인 것이 지배한다고 우리가 말해야 할까? 아니면 반대로, 우리의 선인들이 말했듯이, 지성과 어떤 놀라운 분별이 규제하고 조종한다고 말해야 할까?"(28d) 이 물음과 관련하여 당연히 플라톤은 뒤쪽 견해를 지지하며, 그 근거로 우선 우주와 태양, 달, 별들 그리고 모든 회전 운동하는 것들이 보여 주는 광경을 들고 있다(28e). 이것들이 보여 주는 규칙성, 질서, 아름다움 등은 지성이 우주를 지배한다는 것을 확실하게 입증해 준다는 것이다. 그리고 그는 이른바 '소우주와 대우주 사상'에 의거한 유비 논증에 의해 인간의 몸이 혼을 가지고 있듯이, 한결 더 아름다운 우주의 몸도 혼을 가지고 있음을 밝히고, 우주의 몸이 혼을 가진 것은 원인의 부류에 의한 것이고, 그 원인의 부류는 계절들과 연·월을 질서 짓고 규제하는 것으로서, 지혜와 지성이라고 불리는 것이 지극히 정당할 것이라고 역설한다(29a−30c).

이러한 논증을 통해 플라톤은 지성이 우주를 지배하는 원인의 부류라는 결론을 확보하는데, 이 결론은 "(인간의) 지성이 모든 것의 원인이라고 불리는 부류에 속한다"(30e)는 것을 함축한다. 그는 "지성이 원인과 동류의 것이며 거의 이 부류에 속한다"(31a)고도 말한다. 결국 우주론적 논의를 통해 플라톤이 말하고자 한 것은, 우주에서 지성이 원인으로 작용하여 한정되지 않은 것을 한정하여 적도와 균형을 이루어 냄으로써 온갖 아름다운

것을 창출해 내듯이, 우리의 지성도 같은 방식으로 인간의 좋은
삶을 실현하는 데 원인 역할을 할 수 있음을 암시하는 것이다.

5. 즐거움의 종류들의 분류(31b-55c)

플라톤은 변증술에 대한 설명을 마치고 그것을 활용하여 "즐
거움의 종류들이 얼마만큼 있으며 어떤 성격의 것들인지"(19b)
를 밝혀야 할 상황에서 이 일을 하지 않았는데, 이제 그 일을 하
게 된 셈이다. 그는 나눔을 통해 즐거움들의 종류와 성격을 구분
해 낸 후, 나중에(61d-64b) 이것들 가운데 일부를 선택해서 지식
들과 혼합된 삶을 구성한다.[21] 그런 선택을 위해 그는 궁극적으
로 진실성(alētheia)이나 순수성(katharotēs)을 기준으로 즐거움의
종류들을 나눈다.

우주론적 논의와 관련해서와 마찬가지로 즐거움과 지식의 나
눔과 관련해서도 나눔이 철저하지 못하다는 점이 지적되곤 한
다. 이런 지적에서 한 걸음 더 나아가 이것들의 분석에는 변증술
이 사용되었다고 보기 힘들다는 견해들도 있다. 그러나 즐거움
의 종류들을 나누는 일을 하면서 플라톤이 스스로 이런 일에 고

21 〈작품 해설〉 7장 2절에서 관련 내용을 정리했다.

유한 방법으로 내세운 변증술을 사용하지 않았다고 보는 것은 적절하지 않다. 나눔이 철저하지 못한 점이 있다면 그것은 다음 두 가지 이유 중 어느 하나로 보면 좋을 것이다. 혹은 그 두 이유가 복합적으로 작용한 것일지도 모른다. 그 하나는 플라톤 자신이 소크라테스의 입을 통하여 실토하고 있듯이, "그것에 대해선 설명하긴 그리 어렵지 않으나, 그걸 이용하긴 아주 어렵다"(16c)는 것이다. 그런 만큼 나눔이 엄밀하지 못했다고 볼 수 있다는 것이다. 다른 하나는 우주론적 논의의 경우처럼 여기서도 플라톤은 나눔을 필요한 만큼만 진행했다고 볼 수도 있다는 것이다. 즉 모든 즐거움이 좋은 것이 아니고, 오히려 대부분은 거짓되고 나쁜 즐거움임을 밝히고, 또한 좋은 삶의 구성을 위한 혼합에 받아들일 것들과 그래선 안 될 것들을 가려낼 수 있을 만큼 나눔을 진행했다는 것이다.

『필레보스』에서의, 즐거움에 관한 논의는 다음과 같이 전개된다. ① 몸이나 혼의 상태와 관련해서 생기는 세 가지 종류의 즐거움과 괴로움에 대해 논함(31b-36c). ② 거짓된 즐거움이 있으며, 거짓된 즐거움에는 세 종류가 있음을 밝힘(36c-44a). ③ 극단적인 반쾌락주의자들인 "엄격한 사람들"(dyschereis, 46a)의 견해를 이용해서, 혼합된(거짓된) 즐거움이 있을 뿐 아니라 대부분의 즐거움이 혼합된(거짓된) 것임을 밝힘(44a-50e). ④ 세 종류의 참된(순수한) 즐거움에 대한 설명(50e-52b). ⑤ 기타 한정되지 않은 것의 부류에 속하는 즐거움과 그렇지 않은 즐거움, 즐거움의 진실성의 기준, 즐거움의 생성과 존재에 관한 설명(52c-d). 이제 즐거움에 관한 플라톤의 분석에 대해 상술해 보기로 한다.

1) 몸이나 혼의 상태와 관련해 생기는 세 종류의 즐거움과 괴로움 (31b-36c)

(1) 몸과 관련된 즐거움과 괴로움(31b-32b)

플라톤은 우선 '몸과 관련된 즐거움과 괴로움'이 어떤 경우에 생기게 되는가를 신체적 건강과 조화 상태와 관련해서 다음과 같이 설명한다. 동물인 우리들 속에 있는 조화 상태가 해체될 때, 자연 상태의 해체와 괴로움의 발생이 동시에 있게 된다. 그러나 다시 조화가 이루어지고 자연 상태로 되돌아갈 때, 즐거움이 생긴다(31d). 이를테면 배고픔은 해체이며 괴로움인 반면, 다시 채움인 먹는 행위는 즐거움이다(31e). 마찬가지로 목마름(dipsos)은 와해이고 괴로움이지만, 바싹 마른 상태를 다시 수분으로 채우는 작용은 즐거움이다(31e-32a).

(2) 혼과 관련된 즐거움과 괴로움(32b-35d)

몸과 관련된 즐거움이나 괴로움과는 다른 종류의 것으로서 혼과 관련된 즐거움과 괴로움이 혼 자체의 예상을 통해서 생긴다고 플라톤은 본다.[22] 이를테면 즐거움에 앞서 예상하게 되는 즐겁고 고무된 상태와 괴로움에 앞서 예상하게 되는 두렵고 괴로운 상태가 있다는 것이다(32c). 곧 우리는 자연 상태의 해체나 회복을 예상함으로써 혼과 관련된 즐거움이나 괴로움을 가질 수 있다는 것이다.

(3) 몸과 혼에 관련된 즐거움과 괴로움(35d-36c)

플라톤은 몸과 혼, 양편과 관련된 것인 셋째 종류의 즐거움과 괴로움에 대해 논한다. 이 종류의 것은 어떤 이가 몸의 상태로 인해 괴로워하지만, 괴로움을 멈추게 할 수 있는 즐거움을 기억할 때 생기는 것이다(35e). 이러한 때에는 두 가지 경우가 있을 수 있다. 그 하나는 기억에 의해 채워짐을 기대하여 그가 즐거워하지만, 동시에 그 순간에 비어 있음으로 인해서 괴로워하는 경우이다. 이는 즐거움과 괴로움이 동시에 생기는 경우이다. 다른 하나는 몸이 비워진 상태로 있을뿐더러, 혼의 기억에 의해 채워지리라는 기대감도 없는 경우로서, 이는 이중적 괴로움의 상태가 생기는 경우이다(36b-c). 플라톤은 셋째 종류의 것과 관련해 여기서는 두 가지 경우만을 들고 있지만, 나중에 그는 몸에는

---

22 플라톤은 예상한다는 것이 이미 과거의 경험에 대한 기억에 의존한다고 보아, 둘째 종류의 즐거움은 전적으로 기억(mnēmē)을 통해 생긴다고 언급하기도 한다(33c).

즐거움이 있으나 혼에는 괴로움이 있게 되는 경우도 상정한다 (47c). 더 나아가 우리는 몸에도 혼에도 동시에 즐거움이 있게 되는 경우도 또한 상정해 볼 수 있을 것이다.

이상에서 살펴본 바에 의하면, 플라톤은 몸과 관련된 즐거움이나 괴로움을 혼과 관련된 것과 다른 것으로 간주하고 세 종류의 즐거움과 괴로움을 구분하고 있다. 그러나 엄밀하게 보면 몸과 관련된 즐거움과 괴로움이라는 것도 몸에 의해 생기는 것이 아니라 혼에 의해 생기는 것이라고 그는 본다. 그는 이 점을 갈증과 굶주림과 같은 욕구들(epithymiai)에 대한 분석을 통해 밝히고 있다. 갈증이란 마실 것(pōma)에 대한 욕구가 아니라, 마실 것의 채워짐에 대한 욕구이다. 그리고 채워짐에 생각이 미치게 되는 것은 몸에 의해서가 아니라, 혼의 기억에 의해서이다. 따라서 욕구란 몸의 것이 아니라, 혼의 것이다(35a–d). 그렇다면 욕구에 수반되는 괴로움도, 욕구 충족의 과정에 수반되는 즐거움도 몸의 것이 아니라 혼의 것이라고 할 수 있다. 이 점은 기억에 대한 분석(33c–34a)에서도 확인된다.

2) 세 종류의 거짓된 즐거움(36c–44a)

플라톤은 몸이나 혼의 상태와 관련해서 생기는 즐거움의 세 종류에 대해 고찰한 후, 즐거움에는 거짓된 것과 참된 것이 있음을 밝힌다. 첫째 종류의 거짓된 혹은 참된 즐거움에 대한 그의 견해를 먼저 살펴보자.[23] "즐거움과 괴로움은 종종 참된 판단이나 거짓된 판단에 뒤따른다(hepetai)"(38b). "옳은 판단과 지식에 뒤따르는 즐거움"이 참된 즐거움이라면, "거짓과 무지에 뒤따라서 우리들 각자에게 종종 생기는 즐거움"이 바로 거짓된 즐거움이다(38a6-8). 이를테면, — 사실은 그런 일이 생기지 않을 것이지만 — 때때로 누군가가 자신에게 엄청난 양의 황금이 생길 것으로 잘못 판단하고, 그리하여 그가 즐거워할 경우, 이때 거짓된 판단에 뒤따라 거짓된 즐거움이 생기게 된다는 것이 플라톤의 생각이라 할 수 있다. 이처럼 거짓된 판단에서 거짓된 즐거움이 생기는 점을 플라톤은 기록자(grammateus, 39a)나 화가(zōgraphos, 39b)의 비유를 통해서도 설명한다.

더 나아가 플라톤은 유비 논증에 의해 거짓된 즐거움이 생기는 조건을 분명히 밝힌다. 때때로 전혀 과거와 현재와 미래의 사실이 아닌 것들에 대해 아무튼 판단하는 자에게는 언제나 '실제로 판단함'(doxazein ontōs)이 있으며, 이런 경우에 '거짓된 판단' (doxa pseudēs)과 '거짓되게 판단함'(to pseudōs doxazein)이 생긴다. 이와 같이 때때로 과거와 현재의, 그리고 종종 아마 제일 많게는 미래의 전혀 실제적이지 않은 사실들에 대해 아무튼 기

---

23 첫째 종류의 거짓된 즐거움에 대한 설명은 36c-41a에서 제시된다.

뻐하는 자에게는 언제나 '실제로 기뻐함'이 있으며, 이런 경우에 바로 '거짓된 기쁨'과 '거짓되게 기뻐함'이 생긴다(40c-d). 요컨대 과거, 현재, 미래의 실제적인 사실이 아닌 사건들에 상응하여 어떤 즐거움이 생길 수 있는데, 이렇듯 사실에 상응하지 않는 즐거움이 바로 거짓된 즐거움이라는 것이다.

둘째 종류의 거짓된 즐거움은[24] 앞서 살펴본 셋째 종류의 즐거움과 괴로움의 경우에 생기는 것이다. 몸은 어떤 상태(pathos)로 인한 괴로움이나 즐거움을 가져다주는 데 반해, 혼은 몸의 상태와 반대되는 상태를 욕구한다(41c). 그리하여 몸은 괴로우나, 혼은 욕구가 충족되리라는 기대에 의해 즐거울 경우가 있을 수 있다. 이 경우 괴로움과 즐거움이 동시에 나란히 있게 되고, 이 정반대의 것들에 대한 감각적 지각들이 동시에 서로의 곁에 생기게 된다(41d). 이때 즐거움과 괴로움이 멀리서 혹은 가까이서 그때그때마다 바뀌고 서로 대비되어 관찰됨으로써, 즐거움이 괴로움에 비해 더 크게 혹은 더 강렬하게 보이는 반면, 괴로움은 즐거움과 대비됨을 통해서 즐거움들과는 반대로 그와 같이 된다(42b). 여기서 실제보다 더 크거나 더 작게 보이는 그만큼의 것, 즉 '그렇게 보이지만 실제로는 그렇지 않은'(phainomenon alla ouk on) 그만큼의 것은 즐거움과 괴로움의 거짓된 부분이다

---

24 둘째 종류의 거짓된 즐거움에 대한 설명은 41a-42c에서 제시된다.

(42b-c). 그러니까 즐거움과 괴로움이 공존할 때 서로 대비되어 지각됨으로써, 그것들의 강도와 관련해서 거짓된 즐거움과 괴로움이 생긴다는 것이 플라톤의 생각이다.

셋째 종류는 다음과 같이 설명된다.[25] 생명체의 자연 상태가 와해될 때 괴로움이 생기는 반면, 자연 상태가 회복될 때 이 회복은 즐거움이다(42c-d). 따라서 와해되거나 회복되지 않을 때는 즐거움도 괴로움도 결코 생기지 않음이 분명하다(42e). 그러나 모든 것은 늘 위아래로 흐르므로, 우리에게는 필연적으로 와해나 회복이 언제나 일어난다(43a). 그러므로 우리는 언제나 불가피하게 즐겁거나 괴로울 수밖에 없을 듯하다. 그렇지만 꼭 그러한 것은 아니다. 왜냐하면 우리가 즐거워하거나 괴로워하게 되려면, 적어도 붕괴나 회복 과정이 지각되거나 의식되어야 하는데, 늘 그러한 것이 지각되거나 의식되는 것은 아니기 때문이다. 이를테면 사람의 성장 과정 등은 늘 의식되는 것은 아니다(43b). 그러니까 "큰 변화들은 괴로움들과 즐거움들을 우리에게 생기게 하지만, 적절하고 작은 변화들은 이들 중 어떤 것도 전혀 생기게 하지 않는다"(43c). 이렇게 볼 때, 세 가지 삶, 즉 즐거운 삶, 괴로운 삶, 그리고 즐겁지도 괴롭지도 않은 삶(중간적인 삶)이 있다고 볼 수 있다(43c-d). 이런 삶들은 각기 그 성격을 달리

---

25 셋째 종류의 거짓된 즐거움은 42c-44a에서 제시된다.

하는 것이므로, 중간적인 삶을 즐거운 것이라거나 괴로운 것이라고 생각하거나 말하는 것은 옳지 않다(43e). 따라서 괴롭지 않을 때(곧 중간적 상태에 있음으로 인해서 괴롭지 않을 때) 즐겁다고 생각하는 사람들은 즐거움에 대해 거짓된 판단을 하는 것이다(44a). 요컨대 플라톤은 즐거움이라고 여겨지지만 실제로는 즐거움이라고 볼 수 없는 것을 셋째 종류의 거짓된 즐거움으로 분류하고 있다고 할 수 있다.

플라톤은 세 가지 종류의 거짓된 즐거움이 있음을 지적한 후, 다음 소절에서 알 수 있듯이, 극단적인 반쾌락주의자들로 간주되는 '엄격한 사람들'(dyschereis)의 견해를 이용하여 뒤섞인(거짓된) 즐거움이 있을 뿐 아니라 대부분의 즐거움이 뒤섞인(거짓된) 것임을 역설한다.

3) 괴로움과 혼합된 즐거움(44a-50e)

플라톤의 견해에 따르면, '필레보스의 진정한 적들'인 '엄격한 사람들'(46a)은 "즐거움이란 전혀 존재하지 않으며", "필레보스 쪽의 무리가 즐거움이라고 하는 그 모든 것을 괴로움에서의 탈피"라고 주장한다(44b-c). 곧 이들의 주장은 즐거움이라 일컬어지는 모든 것들은 즐거움인 듯이 보이지만, 실제로는 괴로움으로부터 벗어남에 따른 느낌일 뿐이지 즐거움이 아니며, 즐거움이란 존재하지 않는다는 것이다.

플라톤은 즐거움이 실제로 있다고 보는 점에서 엄격한 사람들과 견해를 달리한다. 그는 두 종류의 즐거움, 즉 순수한 즐거움과 순수하지 않은 즐거움이 있다고 본다. 순수하지 않은 즐거움이란 곧 괴로움과 "뒤섞인 즐거움"이다. 뒤섞인 즐거움은 "괴로움으로부터 벗어남"과 관련된 측면이 있지만, 단순히 그런 상태의 것으로 이해될 수는 없는 것이다. 왜냐하면 이 즐거움은 괴로움과 즐거움이 동시에 생김으로써 성립하는 것으로 간주되기 때문이다. 이에 비해 순수한 즐거움이란 괴로움과 뒤섞이지 않은 즐거움이며, 괴로움으로부터 벗어남에 따른 느낌과도 다른 것이다.

다른 한편 플라톤은 엄격한 사람들의 견해에 동의하지는 않지만, 다음과 같은 사실들에 대한 증인들로 이용할 수 있다고 본다(51a). ① 어떤 즐거움들은 즐거움들인 듯이 보이지만 실제로는 즐거움들이 아니며, ② 다른 어떤 즐거움들은 크고 수많은 것으로 보이지만, 실제로는 몸과 혼이 처한 곤경과 관련된 가장 큰 아픔들로부터의 안식들과 괴로움으로 뒤범벅된 것들이다. 위의 두 진술은 한결같이 '…인 듯이 보이지만, 실제로는 그렇지 않다'는 식의 표현을 담고 있는데, 이는 즐거움에 대한 사람들의 인식이 잘못되었음을 지적하는 것이다. 다시 말해, 사람들이 거짓된 즐거움들을 갖고 있다는 것이다. ①과 ②를 보면, 플라톤은 앞서 설명한 거짓된 즐거움과 관련해서 엄격한 사람들을 이용하려는 것임을 일단 알 수 있다.

사실 진술 ①은 플라톤이 셋째 종류의 거짓된 즐거움으로 들고 있는 것과 관련된 언급이다. 그리고 진술 ②는 둘째 종류의 거짓된 즐거움과 관련된 언급이다. 다만 앞에서는 '괴로움으로부터의 안식'에 대한 언급이 없었고, 또한 혼과 몸이 상이한 느낌을 동시에 갖게 될 경우만 주되게 고려되었는 데 비해, 이제는 몸에서 괴로움과 뒤섞인 즐거움과 혼에서 괴로움과 뒤섞인 즐거움도 고려된다. 곧 플라톤은 혼이나 몸과 관련하여 세 가지 종류의 뒤섞인 즐거움에 대해 분석을 한다. 이 뒤섞인 즐거움들은 한결같이 '거짓된 즐거움'이라 할 수 있다. 왜냐하면 괴로움과 뒤섞여 있는 즐거움은 괴로움과 대비됨으로 인해서 실제의 즐거움보다 더 크게 혹은 더 강렬하게 느껴질 것이기 때문이다. 그러니까 플라톤은 엄격한 사람들을 이용해서 거짓된 즐거움에 대한 논의를 확장하고 있는 것으로 보인다. 그렇게 함으로써 플라톤은 사실 대부분의 즐거움이 뒤섞인, 따라서 거짓된 즐거움임을 밝혀 보려 한 것으로 볼 수 있다. 그러면 어떻게 대부분의 즐거움들이 뒤섞인 것들로 이해될 수 있는가를 알아보자. 플라톤은 '엄격한 사람들'의 견해를 따라, 즐거움의 부류가 도대체 어떤 성격(physis)을 갖는가를 알고자 할 경우, 가장 작은 즐거움이 아니라 "가장 극단적이고 가장 강렬하다고 일컬어지는 즐거움들"을 주목해야 한다고 본다(44ef). 그는 강렬한 즐거움들에 대한 분석을 통해 몸과 혼 각각에 있어서 최대의 즐거움이 생기는 경우를 먼저 살펴본 뒤에, 그것들의 성격을 고찰한다.

플라톤은 최대의 즐거움이 어떤 상태에서 생기는지에 대해 다음과 같이 설명한다(45a-e). 즐거움들 중에 우리에게 친숙하고 가장 큰 즐거움은 몸과 관련된 것들이며, 또한 이런 즐거움들 중에서도 월등한 즐거움에는 가장 큰 욕구들이 선행한다. 그런데 건강한 사람보다 질병에 걸린 사람이 더 큰 욕구들을 가지며, 욕구가 충족될 때 더 큰 즐거움을 누리므로, "가장 큰 즐거움을 살펴보고자 할 경우, 건강이 아니라 질병 쪽으로 향해서 찾아야 한다." 마찬가지로 혼과 관련해서도, 절제적인 삶에서보다 방자한 삶에서 '더 큰' 즐거움, 즉 "더 많은 즐거움이 아니라 강렬함이나 정도에 있어서" 더 큰 즐거움을 볼 수 있다. 따라서 "몸이나 혼의 좋은 상태(aretē)에서가 아니라, 어떤 나쁜 상태(ponēria)에서 최대의 즐거움들과 또한 최대의 괴로움들이 생김이 분명하다."[26]

그런데 "나쁜 상태에서 생기는 즐거움"은 괴로움과 뒤섞여 있는 상태의 것임을 플라톤은 지적한다. 이를테면 가려움증과 같은 "나쁜 상태"를 문지름에 의해 치유할 때, 우리에게는 즐거움

---

26 플라톤은 몸의 '건강'이나 혼의 '절제'와 같은 "좋은 상태(aretē)에서 생기는 즐거움들"의 성격에 대해서는 아무런 언급도 하지 않는다. 그러나 그는 대화편 말미(63e)에서 이런 즐거움들을 "참되고 순수한 즐거움들"과 더불어 좋은 삶의 구성을 위한 혼합의 요소들로 받아들이고 있다.

과 괴로움이 "뒤섞여 있는 나쁜 느낌"(46a), 즉 괴로움과 뒤섞인 즐거움이 생긴다는 것이다. 플라톤은, 대부분의 즐거움은 이와 같이 괴로움과 뒤섞인 것이며, 괴로움과 즐거움의 섞임(meixis)에는 세 가지 종류가 있다고 본다.

한 종류는 몸에서의 괴로움과 즐거움의 섞임이다. 이러한 종류에도 또한 괴로움과 즐거움이 똑같이 섞여진 것들이 있는가 하면, 때로는 한쪽 것이 더 많이 섞여진 것들이 있을 수 있다(46d). 괴로움들이 즐거움들보다 더 많이 섞여진 것의 예로 플라톤은 가려움증을 찜질로 치료하는 예를 들고 있다(46d-47a). 그리고 즐거움이 보다 더 많이 섞인 경우로는 욕정과 관련된 것으로 보이는 예들을 들고 있다(47a-b).

둘째 종류는 1)에서의 셋째 종류의 즐거움과 2)에서의 둘째 종류의 거짓된 즐거움과 관련된 것으로, 혼과 몸이 각기 반대되는 느낌들을 갖게 될 경우의 섞임이다. 즉 혼이 몸의 즐거움에 대비되게 괴로움을 혹은 몸의 괴로움에 대비되게 즐거움을 제공함으로써 이루어지는, 즐거움과 괴로움의 섞임이다. 이를테면, 우리가 결핍 상태에 있을 때, 채워짐을 욕구하고 기대하여 즐거워하는 한편 결핍 상태에 있음으로 인해서 괴로워하는 경우에 이루어지는 섞임이다(47c-d).

셋째 종류는 혼 자체가 단독으로 갖는 섞임이다(47d). 예컨대, 분노, 두려움, 그리움, 비탄, 사랑, 질투, 시기 등과 같은 것들은 혼 자체의 괴로움들이지만, 이것들은 또한 굉장한 즐거움들로 가득 차 있다(47e). 더 나아가 사람들은 비극적인 장면을 즐기면서 동시에 슬퍼한다(48a). 다른 한편 희극의 경우에서의 우리 혼의 상태조차도 괴로움과 즐거움이 뒤섞여 있다(48a). 플라톤은 "비탄들과 비극들과 희극들 속에나, 무대에서뿐만 아니라 실제 삶의 온갖 희비극들 속에는 괴로움들이 즐거움들과 동시에 혼합되어 있으며, 그 밖의 무수한 것들 속에도 그러하다"(50b)고 본다.

이상에서 살펴본 것은 몸이나 혼의 좋은 상태에서가 아니라 나쁜 상태에서 생기는 즐거움들에 대한 플라톤의 분석이다. 이런 즐거움들은 심한 괴로움과 뒤섞인 것들로서, 그런 괴로움과 대비됨으로써 강렬한 성격을 띠게 된다. 그리고 이런 즐거움들은 실제의 즐거움보다 크게 느껴지게 되기에 둘째 종류의 거짓된 즐거움의 부류에 넣어 생각될 수 있다. 플라톤은 대부분의 즐거움들이 이처럼 뒤섞이고 거짓되며, 강렬하게 보인다고 생각하고 있다고 할 수 있다. 이러한 분석을 통해 그는 적어도 이런 종류의 즐거움들은 좋은 삶을 위한 혼합의 요소로는 부적합함을 분명히 하고자 했다고 볼 수 있다.

4) 세 가지 종류의 참된(순수한) 즐거움(50e–52b)

이제 플라톤은 좋은 삶의 일차적인 구성 요소로 될 수 있는 즐거움, 즉 "뒤섞이지 않은 즐거움들"(50e) 혹은 "참된 즐거움들"(51b)을 제시한다. 이를테면 이른바 아름다운 빛깔이나 모양, 대부분의 냄새나 소리와 관련된 즐거움들, 그리고 결핍될 땐 지각도 괴로움도 주지 않지만 채워질 땐 지각과 즐거움을 제공하는 모든 것과 관련된 즐거움들을 참된 즐거움들로 제시한다(51b).

플라톤은 우선 참된 즐거움을 주는 것으로 "모양들의 아름다움"을 들고 있다. 이를테면 직선과 원, 그리고 선반이나 곧은 자와 곱자에 의해 직선과 원으로 이루어지는 평면들과 입체들은 다른 것들과 같이 '어떤 것에 비해서'(pros ti) 아름다운 것이 아니라, '언제나 그 자체로'(aei ⋯ kata hauta) 아름다운 것일뿐더러, 그것들 자체에 고유한 어떤 즐거움들을 준다는 것이다(51c-d). 그리고 빛깔들(chrōmata)이나 소리들 중에도 이런 성격을 지니는 것들이 있다고 플라톤은 본다. 그리하여 그는 도형들, 빛깔들, 소리들의 아름다움과 관련된 즐거움을 포괄하여 첫째 종류의 참된 즐거움으로 간주한다.

둘째 종류의 참된 즐거움으로는 냄새(향기, osmē)와 관련된 것이 제시된다. 플라톤에 따르면, 이것은 첫번째 종류보다 "덜 신적인(hētton theion) 종류의 즐거움"(51e)이다. 그러나 이런 즐거움 속에는 '불가피한 괴로움들'(anankaiai lypai)이 뒤섞여 있지 않다는 점에서, 그것이 어떻게 그리고 어떤 것에서 우리에게 생기든 간에 첫째 종류와 대등한 것으로 간주된다(51e).

더 나아가 플라톤은 셋째 종류의 참된 즐거움으로 배움(앎, mathēma)과 관련된 즐거움들을 들고 있다(51e-52b). 배움과 관련된 즐거움 중에서도, "배우는 것에 대한 굶주림과 관계가 없고, 배움에 대한 굶주림에서 비롯된 고통과도 관계가 없는 즐거움"이 참된 즐거움으로 간주된다. 그리고 이런 배움들로 충만되어 있는 사람에게 나중에 망각을 통해 그것들의 상실이 있게 되는 경우에도 고통이 생기지 않을 것이라고 플라톤은 본다. 더 나아가 그는 배움과 관련된 순수한 즐거움을, "다수의 사람들에 속하는 것이 아니라 아주 소수의 사람들에게 속하는 즐거움"이라고 말한다(52b). 이를 볼 때, 그가 배움을 매우 제한된 의미로, 즉 일상적 경험에서의 보통의 배움이 아니라 학문에서의 진리 획득을 뜻하는 것으로 보인다.[27]

플라톤은 배움과 관련된 순수한 즐거움에 대해서만 매우 소수의 사람들의 즐거움이라는 언급을 덧붙이고 있지만, 그렇다고 해서 앞에서의 두 종류의 순수한 즐거움들이 대부분의 사람들이 빈번하게 향유하는 즐거움이라고 그가 생각한 것 같지는 않다. 즐거움과 관련해 이제까지 살펴본 바에 의하면, 플라톤은 순수하고 참된 즐거움과 뒤섞이고 거짓된 즐거움을 구분할뿐더러,

---

27 핵크포스는 여기서의 배움을 아리스토텔레스의 '관상적 인식'(theōrētikē epistēmē)에 견주어보기까지 한다. Hackforth(1972), p. 100.

대부분의 즐거움이 뒤섞이고 거짓된 것임을 밝히고자 하는 것으로 보이기 때문이다. 그가 순수하고 참된 즐거움들에 대한 분석에 비해, 뒤섞이고 거짓된 즐거움과 관련해서는 다양한 예들을 제시하며 길게 논하고 있는 것도, 대부분의 즐거움이 뒤섞이고 참되지 못하며 일부의 즐거움만이 순수하고 참되다는 그의 생각에 기인한 것으로 보아도 무방할 것 같다.

결국 플라톤은 즐거움에 대한 분석을 통해 대부분의 즐거움이 뒤섞이고 거짓된 것일뿐더러 나쁜 것임을 밝히려 한 것으로 보인다. 그런데 그는 왜 이 점을 밝히고자 했을까? 이와 관련해서 우리는 두 가지 이유를 생각해 볼 수 있을 것이다. 우선 그는 필레보스와 프로타르코스의 주장이 잘못되었음을 분명히 하고자 했다고 할 수 있다. 대화편의 도입부에 의하면, "무엇이 좋은 것인가" 하는 물음과 관련하여 그들은 "모든 즐거움이 좋은 것이다"(13a8)라고 주장하는 데 반해, 플라톤의 대변자 격인 소크라테스는 "대부분의 즐거움은 나쁜 것이며, 그것들의 일부만이 좋은 것이다"(13b1)라는 주장으로 맞선다. 소크라테스는 프로타르코스의 주장의 부당성을 지적하기 위해 변증술을 도입하지만, 곧바로 변증술에 의해 즐거움을 분석하지 않고 이 일을 유보해 두었었다. 그렇지만 마침내 31b 이후의 논의에서 그는 변증술(특히 나눔의 방법)을 이용하여 즐거움을 분석함으로써, 즐거움에는 여러 종류의 것들이 있을 뿐 아니라, 즐거움의 대부분의 종류들은 나쁘며 그 일부만이 좋다는 점을 밝히게 된 것으로 볼 수 있다. 더 나아가 그렇게 함으로써 그는 모든 즐거움이 아니라 일부의 즐거움만이 좋은 삶을 위한 혼합의 일차적 요소로 될 수 있음을 명백히 하고 있다고 할 수 있다.

5) 즐거움에 대한 그 밖의 논의(52c-55c)

이 부분에서 플라톤은 (1) 한정되지 않은 것의 부류에 속하는 즐거움과 그렇지 않은 즐거움(52c-d), (2) 즐거움의 진실성의 기준(52d-53c), (3) 즐거움의 생성과 존재(53c-55c)에 대해 논한다. 여기서는 역자가 보기에 중요한 부분이라고 여겨지는 (1)과 관련해 집중적으로 살펴보기로 한다. 플라톤은 우주론적 논의(23b-31a) 속에서 네 부류의 존재에 대해 설명한 후, "즐거움 자체는 한정되지 않은 것이며 자신 속에 그 자체로는 시작도, 중간도, 끝도 갖고 있지 않으며 결코 갖지 못할 부류에 속한다"고 언급한 바 있다(31a). 이 구절은 곧 원인으로서의 지성이나 분별을 비롯한 혼의 능력이나 작용 없이는 즐거움이란 그 자체만으로는 양이나 정도에 있어서 한정되지 않은 것임을 뜻하는 것으로 볼 수 있다. 하지만 한정되지 않은 것으로서의 즐거움은 어떻게 한정되느냐에 따라 적도에 맞는 즐거움으로도 적도에 맞지 않는 즐거움으로도 될 수 있다고 플라톤은 보고 있다. 그래서 그는 뒤섞인 즐거움과 순수한 즐거움에 대해 논한 후, 다음과 같이 언급하고 있다.

이제 순수한 즐거움들과 거의 순수하지 않다고 옳게 언급될 수 있는 즐거움들을 따로 적절하게 구분하였으니, 우리의 설명에다 이 점을 보태 두세. 강렬한 즐거움들에는 적도에 맞지 않음이 있는 데 반해, 강렬하지 않은 즐거움들에는 적도에 맞음이 있다는 걸 말이네. 더 나아가 큼과 강렬함을 받아들이는 즐거움들은, 그것들이 빈번히 생기든 거의 안 생기든, 몸이나 혼에서 작용하는, 앞서 언급된 한정되지 않은 것의 부류, 즉 덜함과 더함의 부류에 속하는 것으로 생각하고, 그렇지 않은 것들은 적도에 맞는 것들의 부류에 속하는 것으로 생각하게(52c-d).

우주론적 논의 부분에서 플라톤이 '한정되지 않은 것'에 이중적인 의미를 부여하고 있음을 지적한 바 있다. 곧 그는 양이나 정도에 있어 전혀 한정되지 않은 것을 일차적으로 한정되지 않은 것으로 보지만, 이 인용절에서의 '큼과 강렬함을 받아들이는 즐거움'과 같이 한정되었으되 적도에 맞지 않는 상태의 것도 한정되지 않은 것으로 간주하고 있다. '큼과 강렬함을 받아들이는 즐거움'이란 질병과 같이 나쁜 상태에서 생기는 것으로서, 양이나 정도에 있어서 한정되지 않았다는 의미에서가 아니라, 한정되기는 하였으되 적도에 맞게 한정되지 못했다는 의미에서 한정되지 않은 것의 부류에 속하는 것으로 간주될 수 있다.

다른 한편으로 위의 인용절에서 플라톤이 '큼과 강렬함을 받아들이는 즐거움들'을 '한정되지 않은 것의 부류'에 귀속시키고 있는 점을 볼 때, 그가 강렬한 즐거움과 그렇지 않은 즐거움 각각을 네 가지 존재의 부류들 중 어느 하나에 귀속시키려 하고 있는 것으로 볼 수 있다. 그런데 예기치 않게 그는 강렬하지 않은 즐거움을 '적도에 맞는 것들의 부류'에 속하는 것으로 언급하고 있다. 그래서 우리는, 도대체 '적도에 맞는 것들'이란 네 가지 존재의 부류와 관련이 있는가, 관련이 있다면 그것은 어떤 부류와 연관되는 것인가 하는 의문을 갖게 된다. 필자의 견해로는, 플라톤은 '적도에 맞는 것들'이란 표현으로 '한정되지 않은 것과 한정자가 혼합된 것들'을 지칭하고 있음에 틀림없는 것으로 보인다. 왜냐하면 혼합된 것들은 "한정자에 의해 이루어지는 적도(metron)로 인해 존재로 생성되는 것"이기 때문이다(26d). 따라서 혼합된 것들은 적도에 맞는 상태나 그런 성격을 갖게 되며, 그런 점에서 그것들이 '적도에 맞는 것들'이라고 일컬어지는 것은 그다지 이상할 것이 없을 것이다.

따라서 '크고 강렬한 즐거움'은 '한정되지 않은 것의 부류'에 속하고, '크지도 강렬하지도 않은 즐거움들'은 '적도에 맞는 것들의 부류', 즉 '혼합된 것들의 부류'에 속한다는 것이 플라톤의 생각이라고 할 수 있다. 그런데 크지도 강렬하지도 않은 즐거움들이 혼합된 것들, 즉 적도에 맞게 혼합된 것에 속하는 것이라면, 그 것들은 좋은 것들임에 틀림없다.

이제까지 우리는 '크고 강렬한 즐거움'이란 뒤섞인 즐거움을, 그리고 '그렇지 않은 즐거움'이란 특히 순수한 즐거움을 가리킨 다고 보았는데, 이 두 부류의 즐거움에 대해서는 좀 더 자세히 살펴볼 필요가 있다. '크고 강렬한 즐거움'이란, 앞서 3)에서 살 펴보았듯이, '몸이나 혼의 나쁜 상태(ponēria)', 즉 '질병'이나 '무 절제함'에서 생기는 것으로서, 큰 괴로움과 '뒤섞인 즐거움'을 가 리킨다. 반면에 '강렬하지 않은 즐거움'이란 단순히 순수한 즐거 움만을 가리키는 것으로 보이지 않는다. 이 즐거움에는 '순수하 고 참된 즐거움'뿐 아니라, '몸이나 혼의 좋은 상태(aretē)', 즉 '건 강'이나 '절제'에서 생기는 즐거움도 포함되는 것으로 보인다.

플라톤은 '좋은 상태에서 생기는 즐거움'에 대해서는 별도로 분석하지 않는다. 그러나 그가 대화편의 끝 부분(63e)에서 '순 수하고 참된 즐거움'을 '건강'과 '절제'를 비롯해 '온갖 좋은 상태 에 수반되는 즐거움'과 구분하고 있는 것을 볼 때, 이런 즐거움 을 '순수하지 않은 것'으로 간주하고 있음이 분명하다. 그렇다고 이 즐거움이 강렬한 즐거움인 것은 아니다. 결국 '좋은 상태'에서 생기는 즐거움은 강렬하지 않은 즐거움이라고 보는 것이 적절할 것이고, 따라서 이런 즐거움은 적도에 맞는 것들, 즉 혼합된 것들의 부류에 속하는 것으로 간주될 수 있을 것이다. 그리고 그런 즐거움이 적도에 맞는 것이라면, 그것은 좋은 것이라고도 말할 수 있을 것이다. 플라톤이 이런 즐거움을 '참되고 순수한 즐거움들'과 더불어 좋은 삶의 구성을 위한 혼합의 요소로 간주하고 있다고 볼 수 있다(63e). 하지만 플라톤은 그 즐거움이 순수하지는 못하다는 점에서, 좋은 삶을 위해 어쩔 수 없이 받아들여야 할 즐거움이라고 여겨 '불가피한 즐거움'(62e)으로 본 것 같다.

즐거움과 관련해 이제껏 살펴본 바로는, 플라톤의 주된 견해는 다음과 같이 요약될 수 있다. 지성이나 분별 등과 같은 혼의 능력이나 활동 없이는, 즐거움은 그 자체로는 한정되지 못한 것으로서 좋은 것이 못 된다. 그렇다고 즐거움이 그 자체로 나쁜 것이라고도 할 수는 없다. 그것은 그 자체로는 '한정되지 않은 것'으로서 좋은 것도 나쁜 것도 아니며, 그것이 어떻게 한정되는가에 의해 좋은 것으로도 나쁜 것으로도 될 수 있다. 적도 상태를 갖는 즐거움은 인간의 좋은 삶의 요소가 될 수 있지만, 그렇지 못한 즐거움은 그런 요소가 될 수 없다. 이런 점이 플라톤이 궁극적으로 말하고자 한 것이 아닐까 싶다.

플라톤은 순수한 즐거움에 대한 논의 다음으로, 존재와 생성에 관한 고찰을 통해 즐거움은 생성이고, 따라서 좋음의 부류와는 다른 부류에 넣어 생각해야 함을 역설하고, 즐거움을 좋은 것이라고 간주할 때 생길 수 있는 불합리한 점들을 지적한다

(53c–55c). 이 대화편에서 생성과 존재에 관한 논의가 꼭 필요한 부분인가에 대해서는 논란이 있다. 이 부분과 관련해서는 다음에 다루기로 한다.

6. 지식의 종류들의 분류(55c-59d)

1) 순수성과 정확성에 의한 지식의 분류(55c–57e)

플라톤은 즐거움에 대한 분석에 비해 '기술 내지 지식'에 대해서는 한결 간략하게 다루고 있다.[28] 반면에 그는 즐거움의 분석에 비해 지식의 분석에 '나눔의 방법'을 다소 더 분명하게 적용하는 측면도 있다. 특히『소피스트』나『정치가』에서 전형적인 나눔의 방법으로 쓰이던 이분법이 활용되고 있는 점이 주목된다.[29] 그러나 이들 대화편에 비해『필레보스』에서 지식들의 나눔은 좋은 삶의 구성 요소들을 선별하는 데 필요한 만큼만 전개되었다

---

28 프리드랜더는 이에 대한 이유는 이미 대화편 전체에 학문의 방법이 활용되었기 때문이라고 본다. 이를테면 나눔의 방법이나 존재의 네 종류들, 그리고 이런 범주들에 의해 즐거움과 지성을 분류하는 문제 등은 그 자체로 학문적 내지 철학적 분석이라는 것이다. P. Friedländer(1969), pp. 344–45.

29 『소피스트』219e,『정치가』262a8–9, 302e.

고 보는 게 옳을 것이다.

플라톤은 좋은 삶의 요소를 선택할 때 일차적으로 순수성을
고려한다. 따라서 지식을 나누는 데도 순수성을 주요 기준으로
삼는다. 즉 그는 즐거움에 대한 분석에 있어 "어떤 즐거움이 다
른 즐거움보다 더 순수하듯이, 어떤 지식이 다른 지식보다 더 순
수한지"를 알아보고자 한다(57b). 괴로움과 뒤섞이지 않은 즐거
움을 순수한 즐거움으로 플라톤이 간주하는 점을 고려할 때, 순
수한 지식(epistēmē)이란 무지(agnoia)와 뒤섞이지 않은 지식을
뜻하는 것으로 볼 수 있다. 다른 한편, 순수하지 않은 지식이란
무지와 뒤섞인 지식으로서,『국가』의 표현을 빌리면(477a-b), '무
지와 인식 사이의 것'인 '의견'의 수준에 있는 것이라 할 수 있다.
플라톤은 지식의 순수성을 진리성뿐 아니라, 명확성(saphēneia,
57c)[30]이나 정확성(akribeia)과도 연관시키고 있으며, 지식이나
기술의 이러한 성격들은 탐구 방법이나 대상의 성격에서 유래하
는 것으로 여긴다.

그는 우선 '배움과 관련된 지식'을 '제작적인 기술(to
dēmiourgikon)'과 '교육이나 보육과 관련된 것'으로 나누고는
(55d), 제작적 기술을 다시 '주도적인 기술들'(55d) 혹은 '으뜸가

---

30 『필레보스』에서의 지식의 분류에서와 같은 의미로『국가』에서도 '명확성'
   (saphēneia)이란 단어를 쓰고 있다(478c, 509d, 511e).

는 기술들'(prōtas, 56c)과 '이른바 기술들'(56c)로 구분한다. 이어서 그는 이 두 종류의 기술들 각각을 다시 또 두 종류로 나누고 있다.

플라톤은 '이른바 기술들'에 속하는 두 종류의 것을 다음과 같이 기술한다. 그 한 종류는 음악과 같은 기술들이다. 음악은 "척도(metron)에 의해서가 아니라 연마로 인한 어림잡음에 의해 협화음을 조성한다"(56a). 마찬가지로 의술, 농사술, 조타술, 지휘술 등도 짐작을 이용하는 기술들이다. 다른 한 종류는 목공술과 같은 기술들이다. 목공술은 '자(metron)와 도구(organon)'를 가장 많이 이용하는데, "이것들은 목공술에 큰 정확성을 주어서 그것을 다른 많은 기술들보다 더 기술답게 만든다"(56b). 따라서 목공술과 같은 기술들은 음악과 같은 기술들보다 더 '정확성'(akribeia)을 지니는 기술들이다(56c).

다른 한편 음악이나 목공술과 같은 기술들에 비한다면 '가장 정확한 기술들'(56c)이라 할 수 있는 '으뜸가는 기술들'로 플라톤은 산술(arithmētikē)과 측정술 및 중량 계량술을 들고(55e), 이 기술들도 다시 두 종류로 나누고 있다. 그 한 종류는 이를테면 사람들이나 소들을 둘로 셋으로 세듯이 '똑같지 않은 계산 단위들'의 수를 세는 '대중들의 산술'이며, 다른 하나는 '똑같은 계산 단위들'의 수를 세는 철학자들의 산술이다(56d-e). 아울러 플라톤은 "목공술과 상업술에서 활용되는 계산술(logistikē)과 측정술"을 "철학과 관련해 익히게 되는 계산법(logismos)과 기하학"과 구분한다(56e-57a). 그는 측정술과 기하학의 차이도 역시 측정 단위들의 성격에서 찾았을 것이다. 결국 철학자들의 기술들은 대중들의 기술들에 비해 '척도(metron)와 수(arithmos)'와 관련된 '정확성'(akribeia)과 '진실성'(alētheia)의 측면에서 엄청나게 월등한 것으로 간주된다(57c-d).

2) 변증술과 설득술의 비교(57e-58e)

플라톤은 더 나아가 철학자들의 계산술이나 측정술보다 더 월등한 것으로 '변증적 능력'(57e)을 들고 있다. 그에 따르면 이것은 "존재하는 것, 즉 참으로 있으며 본디 언제나 같은 상태로 있는 것에 대한 지식"으로서 "가장 참된 앎"(gnōsis)이다(58a). 플라톤은 '변증적 능력'을 고르기아스의 '설득술'(58a)과 대비시켜, 설득술이 유용성(chreia)에서 우월하지만, 변증적 능력은 '명확성'(to saphes)과 '정확성'(to akribes), 그리고 '최고의 진실성'(to alēthestaton)에서 월등하다는 견해를 편다(58c-d). 그렇다면 변증적 능력은 단지 '관상적 인식'(theōrētikē epistēmē)과 같은 것일까?[31] 플라톤이 그렇게 생각하지는 않았음이 분명한 것으로 보

31 헥크포스는 변증적 능력의 개념이 아리스토텔레스가 말하는 '관상

인다. 그는 논증적 능력이 어떤 '유용성'(ōpheleia)이나 '좋은 평판'(eudokimia)에서 월등하지는 않을지라도, "진실을 사랑하고 진실을 위해서 모든 걸 행하는 어떤 능력"(58d)이라고 여기고 있기 때문이다. 곧 변증적 능력은 이론적이며 실천적인 성격을 갖는 것으로서 순전히 이론적인 차원에만 머무는 것도, 순전히 실제적인 유용성만을 추구하는 것도 아니라는 것이 플라톤의 생각이라 할 수 있다.[32]

3) 변증술의 대상: 언제나 같은 상태로 동일하게 있는 것들 (59a–59d)

탐구 대상의 측면에서도, '변증적 능력'은 대부분의 기술들과 현격히 다르다고 플라톤은 보고 있다. 대부분의 기술들에 종사하는 사람들은 의견(doxa)들을 이용하고 의견들과 관련된 것들을 열심히 연구한다. 즉 그들은 언제나 존재하는 것(ta onta aei)이 아니라, 생성되거나 생성될, 혹은 생성된 것들을 다루는데, 이러한 것들과 관련해서는 최고의 진리성을 지니는 지성도 지식도 존재하지 않는다(58e–59b). 곧 플라톤은, "언제나 같은 상태

적 인식'(theōrētikē epistēmē)이란 개념에 근접해 있다고 본다. R. Hackforth(1972), p. 114.
32 Friedländer(1969), p. 346.

로 동일하게 있고 전혀 섞임이 없는 것들"에 대해서만, "확실한 것, 순수한 것, 진실된 것"이 존재한다고 본다(59c). 그리고 "참으로 있는 것에 대한 사유"(peri to on ontōs ennoia)를 플라톤은 '지성'(nous)과 '분별'(phronēsis)이라고 일컫는다(59d). 그러니까 기술 혹은 지식들 가운데 가장 순수하고 가장 참된 것으로 간주되는 '변증적 능력'이란 바로 '지성'과 '분별'을 가리키는 것으로 볼 수 있다.[33]

이상의 논의에서 우리는 순수성의 정도에 따라 지식이 다섯 종류로 나누어짐을 보았다. 즉 음악, 목공술, 대중들의 산술, 철학자들의 산술, 그리고 변증적 능력이 바로 그것이다. 대화편의 논의 전개상으로 볼 때, 플라톤은 '배움과 관련된 지식' 중에서 '제작적 기술'(to dēmiourgikon)'만을 나눔의 대상으로 고려하고 있는 듯하며, '교육이나 보육과 관련된 것'을 나누고 있다는 아무런 암시도 없다. 따라서 위의 다섯 종류의 기술 내지 지식들은 모두 '제작적 기술'에 속하는 것으로 플라톤이 생각하고 있는 듯하다. 하지만 적어도 철학자들의 산술과 변증적 능력은 '장인의 기술'에 속한다기보다는, '교육이나 보육과 관련된 것'에 속한다고 보는 것이 더 옳을 것이다. 그런데도 플라톤은 왜 그것들을 '제작적 기술'에 속하는 것처럼 다루고 있는 것일까? 그 이유로

33 Hampton(1990). p. 28.

지식에 대한 나눔에서 플라톤의 관심이 순수성의 정도에 따라 지식들의 서열을 정하는 데 있다는 점을 지적할 수 있을 것이다. 따라서 철학자들의 산술이나 변증적 능력을 어느 쪽에 위치시키는가는 부차적 문제로 생각했던 것으로 보인다.

7. 혼합된 삶으로서의 좋은 삶과 좋은 것들(59d-67b)

1) 훌륭하게 혼합된 삶이 좋은 삶이며, 이런 삶 속에서 좋은 것을 찾을 수 있다(59d-61c)

소크라테스에 따르면, 좋은 삶은 즐거움과 지성(지식)의 혼합을 통해 이루어지는데, 즐거움과 지식은 각기 하나의 것이 아니라 상이한 여러 종류로 구분될 수 있고, 그것들 가운데는 좋은 삶을 위한 혼합에 받아들일 만한 것과 그렇지 않은 것이 있으므로, 즐거움과 지식 각각을 나누어 보아야 한다. 그리하여 5장과 6장에서 살펴보았듯이, 그는 그 각각을 순수성과 진실성을 기준으로 즐거움의 여러 종류와 지식의 여러 종류를 적어도 필요한 만큼은 다 나누었다.

여기서 그는 혼합(meixis)을 위한 재료들(ex hōn)과 도구들(en hois)이 마치 장인(匠人)들(dēmiourgoi)에게처럼 우리에게 주어져 있는 것처럼 본다(59e). 그가 우리를 장인들에 비유하는 것은 우주적 원인(aitia), 즉 우주적인 지성(nous)을 '만드는 자'(to poioun, to dēmiourgoun, 26e-27b)라 일컬은 것과 무관하지 않다. 이는 그가 앞에서의 우주론적 논의를 이제 인간의 삶에 적용하려는 것으로 볼 수 있다. 그는 먼저 즐거움들과 지식들 가운데 어떤 것들을 선택해 혼합할 때, '훌륭하게 혼합된 삶'(61b)으로서의 '좋은 삶'이 이루어질 수 있는가를 고찰한다. 다음으로 그는 혼합된 삶을 훌륭하게 해 주는 원인이 무엇인지를 밝혀 주고 있다. 이 두 가지 논의를 순차적으로 살펴보기로 한다.

2) 지식들과 즐거움들을 선별하여 '혼합된 삶'을 구성함(61d-64b)

소크라테스는 '훌륭하게 혼합된 삶'이 이루어지도록 하려면, 즐거움들과 지식들 중 어떤 것들을 혼합의 요소들로 선택해야 하는지 살펴본다. 그는 모든 종류의 즐거움을 모든 종류의 지식과 무차별적으로 혼합할 경우에는, '훌륭하게 혼합된 삶'이 이루어지기 힘들다고 본다. 그래서 그는 더 무난한 혼합의 방식으로서 우선 '양쪽의 가장 참된 부분들'을, 즉 가장 참된 즐거움의 종류들과 가장 참된 지식의 종류들을 혼합하는 방식을 택하고, 이 경우에 가장 만족할 만한 삶이 마련될는지, 아니면 여전히 다른 어떤 것이 더 필요할지를 고찰한다(61d-e).

그는 먼저 지식들 가운데 가장 참된 지식들만을 혼합의 요소로 받아들일 경우를 상정하는데, 이 경우에도 좋은 삶을 기대할 수 없다고 본다. 왜냐하면 누군가가 정의(dikaiosynē) 자체가 무엇인지를 인식하고 개념 정의를 갖고 있으며, 더 나아가 존재하는 다른 모든 것에 대해 같은 방식으로 사고한다고 해도, 그에게는 여전히 다른 지식이 더 필요할 것이기 때문이다. 다시 말해 이런 사람이 신적인 원(圓)과 구(球) 및 자에 대해서는 잘 알고 있으되, 인간 세상의 그런 것들을 알지 못한 채, 집을 짓는 데 신적인 것들을 이용한다면, 그는 지식을 충분하게 가지고 있는 것이 아니며, 이렇듯 신적인 지식에만 머물러 있는 상태는 우스운 상태라 할 수 있기 때문이다(62a-b). 그래서 그는, "우리의 삶이 어떻게든 진정 삶이려면", 잘못된 자와 원을 이용하는, 확고하지도 순수하지도 못한 기술뿐 아니라, 어림잡기와 모방으로 가득차 있어서 순수성이 부족한 음악도 불가피하게 함께 혼합되어야 한다고 역설한다(62b-c). 결국 그는 모든 지식들을 좋은 삶의 구성을 위한 혼합에 받아들이는 셈인데, 으뜸가는 지식들을 가지고 있을 경우, 다른 모든 지식들을 갖는 것은 해롭지 않다고 본다(62d). 곧 "일생에 걸쳐 모든 기술을 알게 되는 것은 해롭지 않고 이롭다"(63a)는 것이다.

다른 한편 그는 즐거움들과 관련해서도 '참되고 순수한 즐거움들'만으로는 좋은 삶이 이루어질 수 없다고 본다. 그리하여 이런 즐거움들 이외에도, '불가피한 어떤 즐거움들'이 있다면, 이것들 또한 좋은 삶을 위한 혼합에 받아들여져야 한다는 입장을 취한다(62e). — '불가피한 어떤 즐거움'이란 '건강'이나 '절제'를 비롯한 '온갖 좋은 상태에 따른 즐거움'을 가리키는 것이다(63e). 이런 즐거움은 순수한 즐거움이 아니지만, 5장 5절에서 살펴보았듯이, 순수한 즐거움과 더불어 '적도에 맞는 것들'에 속하는 것으로서, 좋은 것이라 할 수 있다. — 하지만 "대단히 크고 강렬한 즐거움들"은 혼합의 요소로 받아들여져서는 안 된다고 본다. 이 즐거움들은 혼을 광기로 혼란시켜서 지성과 분별이 아예 생기지 못하게 할뿐더러, 이것들의 자손들 대부분도 완전히 파멸시키기 때문이라는 것이다(63d-e). 그는 어리석음과 그 밖의 나쁜 상태에 따르는 즐거움들도 언급하는데(63e), 이것들은 강렬한 즐거움들과 같은 것으로 볼 수 있다. "혼과 몸의 좋은 상태가 아니라 어떤 나쁜 상태에서 가장 큰 즐거움들이 … 생긴다"는 것이 소크라테스의 생각이기 때문이다(45e).

이와 같이 하여 즐거움과 지식, 각각의 것 중에서 좋은 삶을 위해 받아들여야 할 것들이 확정됐다. 그는 강렬한 즐거움들은 단호히 배제한다. 하지만 그는 가장 순수하고 참된 지식들과 즐거움들뿐 아니라 불가피한 지식들과 즐거움들도 받아들인다. 인간의 삶의 성립에 '불가피한' 지식들과 즐거움들도 함께 혼합시킬 때, 인간의 좋은 삶이 가능하다는 것이 플라톤의 생각이다.

그가 좋은 삶을 위한 혼합의 요소들로 '불가피한' 지식들과 즐거움들도 수용하는 것은 사람들이 실제적으로 영위할 수 있는 좋은 삶을 그려보려는 그의 생각을 보여 주는 것이다. 그는 이러한 생각을 '진실성'(alētheia)이라는 개념을 도입하여 더욱 분명히 해 주고 있다. 그는 "우리가 어떤 것에다 진실성을 혼합해 넣지 않는다면, 그것은 진실로 생성될 수는 없을 것이며, 생성되었다 해도 존속하지 못할 것이다"(64b)라고 말한다. 이런 언급은 플라톤이 '진실성'을 혼합된 것들의 생성과 존속의 조건으로 생각하고 있음을 보여 준다. 아울러 이러한 성격의 '진실성'이 함께 혼합되어야 한다는 플라톤의 견해는 『필레보스』에서 논의를 통해 구성해 본 혼합된 삶이 인간 세상에서 실현 가능한 삶이어야 한다는 그의 생각을 분명히 해 주는 것이라 할 수 있다.[34] 다시 말해, 그는 '진실성'을 '논의를 통해 구성해 본 좋은 삶'에 부여함으로써 이러한 삶에 상응하는 실제적 삶이 존재할 수 있는 가능성을 확보하고자 하는 것이라 할 수 있다.

플라톤은 지식들과 즐거움들에 진실성을 추가한 후, 좋은 삶의 구성을 위한 혼합에 있어 더 이상 어떤 요소도 필요하지 않다고 보고 다음과 같이 언급한다. "지금의 우리의 논의(logos)는 마치 혼을 지닌 몸을 훌륭하게 다스릴 어떤 비물질적인 질서 체계

---

34 Hackforth(1972), pp. 123-33; Guthrie(1978), p. 234.

(우주: kosmos)와도 같이 완성되었다"(64b)고 말이다. 이 비유적
언급에서 '지금의 우리의 논의'란 곧 좋은 삶으로서의 혼합된 삶
을 구성해 보이기 위한 논의를 가리킨다. 따라서 그런 논의가 완
결되었다는 것은 혼합된 삶이 논의를 통해 마침내 완성되었다는
의미를 함축한다. 결국 위의 비유적 언급은, 논의를 통해 혼합된
삶이 훌륭하게 질서 잡힌 우주와도 같이, 혹은 우주를 닮은 형태
로 구성되었음을 뜻하는 것이라 할 수 있다.[35] 또한 이렇게 우주
와도 같이 완성된 혼합된 삶 속에서는 당연히 좋은 것을 찾을 수
있을 텐데, 그 좋은 것은 "사람과 우주에 있어 좋은 것"(64a)이라
할 수 있다.

3) 혼합된 삶 속에 있는 좋은 것(혼합의 원인)은 아름다움, 진실성,
   적도이며, 분별(지성)이 즐거움보다 이것들과 더 동류의 것이다
   (64c~66a)

소크라테스는 "이제 우리가 이미 좋은 것의 거처의 현관에 서
있다"고 말하고, 완성된 혼합 속에서 "무슨 요소가 가장 존귀한
것이고 아울러 그런 혼합 상태를 모든 이가 사랑하게 만드는 가

---

35 헥크포스가 적절히 지적하고 있듯이, 'kosmos'란 단어는 "대우주와 소우주
    의 비교"와 "우리들이 우주의 질서를 우리 자신 속에 재창출해야 한다는 윤
    리적 이론"을 암시해 준다. Hackforth(1972), p. 135 주 1.

장 주된 원인이 되는 것"인지를 묻는다(64c). 그는 혼합된 삶 속에 있는 좋은 것을 혼합의 원인으로 보고 그 원인이 무엇인지를 묻는 것이다. 이 원인은 우주론적 논의에서 언급된 '혼합의 원인', 즉 '원인의 부류'와는 다른 것이다. 거기서 혼합의 원인이란 '혼합된 것을 산출하는 것이 무엇인가' 하는 물음과 관련된 것이라면, 여기서 문제 삼고 있는 혼합의 원인은 '무엇 때문에 혼합된 것이 좋은가' 하는 물음과 관련된 것이라 할 수 있다. 그리하여 거기서는 지성이 혼합의 원인으로 제시되었다면, 여기서는 적도, 균형, 아름다움, 진실성이 혼합의 원인으로 제시된다. 앞의 것은 작용인이라 함 직하고, 뒤의 것은 형상인이라 함 직하다. 그런데 무엇 때문에 혼합된 삶이 좋은가 하는 문제는, 대화편의 모두에서 제기된 문제, 즉 "도대체 무엇이 좋은 것인가?"(13e), 더 정확히 표현하면, "무엇이 사람의 소유물들 중에서 가장 좋은 것인가?"(19c) 하는 문제와 다른 것이 아니라는 점을 유의해 둘 필요가 있다.

소크라테스는 혼합된 것의 좋음의 원인을 "모든 혼합의 원인, 즉 그 어떤 혼합이든 무엇보다도 가치 있게 혹은 전혀 아무런 가치가 없게 만드는 원인"(64d)이라고 다시 언급하고는, 그 원인에 대해 다음과 같이 설명한다. 소크라테스의 언급을 통해 플라톤이 무엇을 이야기하고자 한 것인지를 살펴보자.

① 어떤 혼합이든 어떻게 구성되었든, 적도와 균형성을 갖지 못한 모든 혼합은 필연적으로 혼합 요소들뿐 아니라 일차적으로 그 자신을 파괴시킨다는 것이네(64d-e).

② 우리가 보기에, 이제 좋은 것의 힘은 아름다운 것의 성질로 달아나 숨어 버렸네. 분명 적도와 균형은 모든 경우에 아름다움과 훌륭함으로 드러나기 때문이네(64e).

③ 더 나아가 혼합 속에는 진실성이 이것들과 혼합되어 있다고 우리는 말했네(64e).

①을 통해 우리는 '적도와 균형성'이 어떤 현상이나 사물이 생성되어 유지되기 위한 조건이라는 플라톤의 생각을 읽을 수 있다. 앞 절에서 살펴본 혼합된 삶을 예로 삼아 ①이 뜻하는 바를 알아보자. '가장 아름답고 가장 불화가 없는(astasiastotatē)[36] 혼합'(63e-64a), 즉 적도에 맞고 균형 잡힌 혼합을 위해서는 지성과 분별이 대단히 크고 강렬한 즐거움들과 혼합되어서는 안 된다고 플라톤은 보고 있다. 왜냐하면 강렬한 즐거움들은 지성과

---

36 플라톤은 『티마이오스』에서 인체를 구성하고 있는 요소들(4원소)의 '자연스럽지 못한 지나침과 모자람', 곧 요소들 간의 불균형 혹은 적도에 맞지 않는 관계가 불화(갈등: stasis)와 질병을 가져온다고 보고 있다(82a). 그러니까 적도에 맞지 않고 불균형할 때 불화가 생기는 반면, 적도에 맞고 균형이 잡혀 있을 때 불화 없는 상태(astasia)가 생긴다는 것이 플라톤의 생각이다.

분별이 내재해 있는 혼을 광기로 혼란시켜서 이들이 당초 생기지 못하게 할뿐더러, 무관심으로 인한 망각을 초래하여 대체로 지성과 분별의 자손들을 완전히 소멸시키기 때문이라는 것이다 (63d-e). 이러할 경우 지성과 분별의 소멸과 아울러, 필레보스와 프로타르코스가 좋은 것으로 내세우는 즐거움도 존속할 수는 없으리라는 것이 플라톤의 생각일 것이다. 그러니까 지성과 강렬한 즐거움을 혼합할 경우, 적도와 균형 상태를 지닌 혼합된 삶이 이루어지지 못하고, 혼합의 요소인 지성도 즐거움도 소멸하게 될뿐더러 즐거움들과 지식들이 혼합된 삶 혹은 그런 혼합 자체가 유지될 수 없게 된다는 의미가 ①에 함축되어 있는 것으로 보인다. 여기서 우리는 적도와 균형이란 혼합 요소들의 불화 없는 양립을 가능하게 해 줌으로써 혼합된 삶이 생성되어 존속할 수 있게 하는 조건이라는 것이 소크라테스의 생각임을 알 수 있다.

그리고 ②는 어떤 것이 적도와 균형성을 지닐 경우에는 언제나 아름다움과 훌륭함을 지니게 된다는 것을 뜻하는 것으로 볼 수 있다. 플라톤은 '적도와 균형'뿐 아니라 '아름다움'도 혼합의 좋음의 원인으로 간주한다. 어떤 것이 좋은 것은 아름다움의 성질을 갖고 있기 때문이라는 것이 그의 생각이다. 하지만 그는 적도와 균형을 아름다움보다 더 궁극적인 원인이라고 생각하고 있다고 볼 수 있다. 물론 진정으로 궁극적인 원인이 되는 것은 형상들, 특히 좋음의 형상이라 할 수 있다. 그러나 1장 모두에서 밝혔듯이, 플라톤은 『필레보스』에서 형상이 아니라 "인간의 소유물들 가운데 가장 좋은 것"(19c)을 문제 삼고 있으며, 이것을 혼합된 것의 좋음의 원인으로 간주하고 있음을 염두에 둘 필요가 있다.

플라톤은 ③에서 '적도와 균형' 및 '아름다움'과 더불어 '진리성'도 혼합의 원인으로 간주하고 있다. 앞의 소절에서 살펴보았듯이, 플라톤은 "우리가 어떤 것에다 진실성을 혼합해 넣지 않는다면, 그것은 진실로 생성될 수는 없을 것이며, 생성되었다 해도 존속하지 못하리라는 거네."(64b)라고 언급하고 있다. 이 언급도 '진실성'이 적도와 균형과 같이 혼합된 것들의 생성과 존속의 원인(조건)으로 기능한다는 것을 뜻하는 것으로 보인다.

결국 세 가지의 것들이 혼합의 원인으로 간주되는 셈인데, 이것들과 관련하여 플라톤은 다음과 같이 언급하고 있다.

만일 우리가 좋은 것을 하나의 특성에 의해서는 포착할 수 없다면, 세 가지, 즉 아름다움과 균형 및 진실성에 의해서 파악하고서, 이것들을 하나의 것처럼 여겨 혼합의 요소들 중 이것을 원인으로 내세우는 것이 가장 옳으며, 또한 이것이 좋으므로 이것으로 인해 그 섞임도 그런 것으로 되었다고 말하세나(65a).

그러니까 아름다움과 균형성(혹은 적도) 및 진실성은 그 자체로 좋은 것이며, 혼합 내지 혼합된 삶을 좋은 것으로 되게 해 준 원인이라는 것이다. 이 세 가지 것은 바로 플라톤이 대화편 전체를 통해 탐구해 온 것, 즉 "사람의 소유물들 중에서 가장 좋은 것"(19c), 혹은 "잘 삶을 위해서는 우리에게 가장 좋은 것"(67b)이라 할 수 있다. 그런데 적도나 균형과 아름다움 및 진실성은 비단 인간의 혼합된 삶뿐 아니라, 자연 내지 우주에 있어 온갖 혼합된 것을 좋은 것이게끔 해 주는 원인이라는 것이 플라톤의 생각이다. 그래서 그는 세 가지 것을 "인간과 우주에 있어 좋은 것"(64a) 혹은 "인간들과 신들에 있어 가장 좋은 것"(65b)이라고 언급하고 있다. 여기서 우리는 플라톤이 "인간적인 것과 우주적인 것" 혹은 "윤리적인 것과 우주론적인 것"을 통일적으로 이해하고 있음을 보게 된다.

4) 인간의 소유물인 좋은 것들의 서열(66a-67b)

소크라테스는 좋은 삶(혼합된 삶)의 실현을 위해 인간이 지녀야 할 '소유물들'(ktēmata)인 '좋은 것들'에 대해 다음과 같이 서열을 정한다(66a-c). ① 적도(to metrion)와 적시성(to kairion) 등등. ② 균형(to symmetron)과 아름다움(to kalon), 그리고 완전함(to teleon)과 충족함(to hikanon) 등등. ③ 지성(nous)과 분별(phronēsis). ④ 지식들(epistēmai), 기술들(technai), 그리고 이른바 옳은 판단들(doxai orthai). ⑤ 순수한 즐거움들(hēdonai katharai). ⑥ '불가피한 즐거움들'(hēdonai anankaiai).

인간의 소유물인 좋은 것들을 여섯 가지로 정리했지만, 소크라테스는 마지막 '불가피한 즐거움들'을 언급하지 않고 다섯 가지만 열거한다. 하지만 논의 맥락에 따르면, 여섯째 위치에 올 수 있는 것은 '불가피한 즐거움들'(hēdonai anankaiai, 62e)이라고 할 수 있다. 그러면 여섯째 것은 왜 열거되지 않았을까? 그 이유로 '불가피한 즐거움들'이 좋은 삶의 구성 요소로 선택되긴 하지만, 불가피해서 선택한 것이기에 열거가 안 된 것으로 설명되곤 한다. 그러나 그렇게 말하면 지식의 종류들 중에서 불가피한 지식들도 열거되지 않아야 할 것이다.[37] 그러나 그런 지식들은 ④에 열거된 것으로 보인다. 그러므로 불가피하다는 것이 서열에서 배제될 이유는 안 된다. 따라서 왜 여섯째 것이 열거되지 않았는지는 쉽게 답을 얻기 힘들 것 같다.

다섯 가지 소유물은 두 부류로 나눌 수 있다. 즉 형상적인 측

---

37 소크라테스가 "우리의 삶이 어떻게든 진정 삶이려면", 잘못된 자와 원을 이용하는, 확고하지도 순수하지도 못한 기술뿐 아니라, 어림잡기와 모방으로 가득 차 있어서 순수성이 부족한 음악도 불가피하게(anankaion) 함께 혼합되어야 한다고 역설하는데(62b-c), 여기서 불가피한 지식들에 대한 그의 생각을 읽을 수 있다. 'anankaion'은 프로타르코스의 대답에서 두 번 나온다. 더욱이 "지식들의 경우처럼 불가피한 즐거움들이 있다면"(62e)이라는 언급은 단적으로 불가피한 즐거움의 존재를 전제한다.

면의 것과 질료적인 측면의 것으로 나눌 수 있다.[38] 즐거움의 종류들과 지식의 종류들이 혼합을 위한 재료들(ex hōn)과 같이 간주되고 있는 점을 고려할 때(59e), ③~⑤는 혼합된 삶의 질료적인 측면의 것들이라고 할 수 있다. 이에 비해, 적도나 균형, 아름다움은 혼합의 원인이고, 원인들 중에서는 형상인에 가까운 것으로 보이므로, 이것들을 포함한 ①과 ②는 형상적 측면의 것이라 할 수 있다. 다른 한편 앞 소절에서 살펴보았듯이, ①과 ②가 형상인이라면, ③과 ④는 작용인이라 할 수 있는 것이므로 적어도 ①~④는 형상인과 작용인으로 이루어진 원인들의 모음이다. 즐거움도, 어떤 원인으로 분류되든 간에, 좋은 삶을 위한 원인으로 제시된 것으로 볼 수 있다.

그런데 첫째 소유물과 둘째 소유물의 차이점을 무엇으로 보아야 할 것인가는 실로 난해한 문제가 아닐 수 없다. 왜냐하면 플라톤은 특히 적도와 균형이라는 두 개념을 66a-b 이외의 곳에서는 사실상 동의어와 같이 취급하고 있기 때문이다. 그는 혼합의 문제와 관련해서 '적도'란 단어와 아울러 '균형'이란 단어를 핵심적인 용어로 몇 차례 동원한다. 이를테면 그는 'metron kai he symmetros physis'(64d9), 'metriotēs kai symmetria'(64e6) 등과 같이 두 단어를 나란히 사용하는가 하면, 이 한 짝의 단어들 대

38 Hackforth(1972), p. 138 참조.

신 65a-b에서는 'symmetria'(a2)나 'metriotēs'(b8)를 교체해 가면서 사용하기도 한다. 이는 그가 적도와 균형이라는 두 단어를 경우에 따라 거의 동의어처럼 간주하고 있음을 보여 주는 것이다. 또한 그는 '적도와 균형'(to emmetron kai hama symmetron)이 한정자에 의해 이루어진다고 말하는가 하면(26a6-8), '적도와 균형' 대신 '균형과 조화'(symmetra de kai symphōna, 25e1) 혹은 '적도'(metron, 26d9)가 역시 한정자에 의해 이루어진다고 말하기도 한다. 그러니까 그는 적도와 균형을 서로 떼려야 뗄 수 없는 것들로 보아 병렬하여 쓰는가 하면, 거의 동의어처럼 교체적으로 쓰기도 함을 알 수 있다. 그러나 그는 이처럼 두 개념을 사용하다가 66a-b에서 아무런 설명도 없이 불쑥 그 둘 사이에 서열을 정한다.

첫째 소유물과 둘째 소유물은 다음과 같이 해석할 수 있을 것으로 보인다. 첫째 소유물은 준칙의 형태로 표현될 수 있다. '적도'(to metrion)는 '무엇이나 지나치지 않도록 하라'는 뜻을, 그리고 '적시성'(to kairion)은 '적절한 때를 놓치지 말라'는 뜻을 담고 있다. 둘째 소유물은 첫째 준칙들이 준수될 때 뒤따르는 결과이다. 이를테면 첫째 것에 담긴 두 준칙이 준수되면, 그에 따라 인간의 삶은 균형 잡히고, 아름다우며, 그리고 완전하게 된다는 것이다.[39]

그런데 왜 플라톤은 지성도 즐거움과 같이 첫째 것도, 둘째 것도 아니라고 보고 있는 것일까? 그 이유는 다음과 같이 생각할 수 있다. 바로 앞 소절에서 언급했듯이, 그 두 소유물에 있는 적도와 균형은 인간의 혼합된 삶뿐 아니라 우주에서 온갖 혼합된 것들을 좋은 것으로 되게 해 주는 원인이다. 이런 점에서 이것들은 "인간과 우주에 있어 좋은 것"(64a) 혹은 "인간들과 신들에게 있어 가장 좋은 것"(65b)으로 언급된 것이다. 적도나 균형에 비하면 인간의 이성은 단지 인간에게 좋은 것이기 때문에 셋째 것이라고 할 수 있다. 하지만 우주적 지성이 우주에서 적도에 맞는 혼합을 통해 온갖 좋은 것을 창출하듯이, 인간의 지성은 우주적 지성의 활동을 본받아 인간 세상에서 적도에 맞는 혼합을 통해 좋은 삶을 실현할 수 있다는 점을 주목해야 한다. 다시 말해 인간의 이성은 셋째 것이지만, 첫째와 둘째 것인 적도나 균형을 우리 삶 속에 구현하여 우리가 좋은 삶을 살 수 있게 해주는 원인 (작용인) 역할을 하는 능력이라는 것이다.

그런데 넷째 소유물인 지식들이나 기술들도 원인 역할을 하는 것은 마찬가지일 것이다. 다만 이것들은 셋째 소유물인 지성

---

39 역자는 첫째, 둘째 소유물의 관계를 기본적으로 크롬의 해석을 따른다. 크로비의 견해를 크롬비는 'metron', 'to metrion', 'to kairion'을 첫째 소유물에 속하는 대등한 세 준칙으로 해석한다. 이에 반해 역자는 'metron'(척도), 즉 'to metrion'(적도), 'to kairion'(적시성)으로 보아, 첫째 소유물에는 척도 역할을 하는 두 개의 준칙이 담겨 있다고 보았다. Crombie(1962), pp. 264-65.

이나 분별과는 대상부터 본질적 다를뿐더러 지식의 순수성, 정확성, 명확성, 진실성 등에서 격이 다른 것이다. 그리고 즐거움이 지식보다 상대적으로 낮은 위상을 갖는다는 점은 바로 앞에서 적도나 균형, 아름다움, 진실성[40]을 기준으로 이미 밝혀졌다 (65a-66a).

이제 좋은 것과 좋은 삶의 문제, 즉 즐거움과 지식 중 어느 것이 좋은 것인지, 혹은 어느 것이 제삼의 것에 더 동류의 것인지, 그리고 어떤 삶이 좋은 삶인지는 다 살펴보았다. 이쯤에서 소크라테스와 프로타르코스는 논의를 마무리해도 좋을 것 같다. 그러나 이것이 논의의 끝은 아니다. 프로타르코스는 "아직 사소한 것이 남아 있다"(67b)며 소크라테스를 놓아주지 않는다. 여기서 많은 이들의 상상력을 자극한다. 과연 무슨 문제가 남아 있는 것일까? 일반 독자 입장에서도 한번 생각해 봄 직한 것이다. 소크라테스에게 무엇을 묻고 싶은가? 이를테면 다음과 같은 물음을 던져볼 수도 있을 것이다.

"소크라테스 선생님, 선생님께서는 적도가 인간과 우주에 있

---

40 플라톤은 적도 내지 균형, 아름다움, 진실성 등의 '혼합의 원인들' 가운데 "진실성"을 소유물들 가운데 분류해 놓고 있지 않다. 그 이유에 대해서는 여러 견해가 제시되는데, 진실성이란 혼합의 요소들이 아니라 혼합의 원인이므로 적어도 첫째 내지 둘째 소유물로 간주됨이 옳을 것이다. 그러나 그것이 첫째 것인가 둘째 것인가는 텍스트의 범위 내에서는 결정하기 힘든 문제로 남는다. Hackforth(1972), p. 133 및 Guthrie(1978), p. 234 주 2.

어 좋은 것, 혹은 인간의 소유물들 중 가장 좋은 것이라고 생각하고 계십니다. 물론 선생님 말씀대로 적도가 좋다는 건 알겠습니다. 그런데 적도, 즉 알맞음의 기준은 무엇인가요? 어떤 것은 적도에 맞고, 어떤 것은 그렇지 않은지 어떻게 판단할 수 있습니까?"[41]

---

41 적도의 기준에 대해서는 이기백(2011) 111-116에서 살펴보았다.

참고문헌

1. 『필레보스』 원전, 주석, 번역

박종현 역주, 『필레보스』, 서광사, 2004.

유원기 역주, 『필레보스』, 계명대학교출판부, 2013.

Badham, C., *The Philebus of Plato*, Williams and Norgate, 1878.

Benardete, S., *The Tragedy and Comedy of Life, Plato's Philebus*, Chicago and London, The Univ. of Chicago Press, 1993.

Burnet, J.(ed.), *Platonis Opera*, Tomus II, Oxford, Clarendon Press, 1901.[이 버넷 판에 기초해 번역했음]

Bury, R. G., *The Philebus of Plato*, Cambridge Univ. Press, 1897.

Diès, A., *Platon, Œuvres Complètes* Bd 9, Texte établi et traduit, Paris, 1941.

Fowler, H. N., *Plato* III : *The Statesman and Philebus*, Loeb Classical Library, Harvard Univ. Press, 1952.

Frede, D., *Philebus*, Indianapolis, Hackett, 1993.

_____, *Platon, Philebos*, Göttingen, Vandenhoeck & Ruprecht, 1997.

Gosling, J. C. B., *Plato : Philebus*, Oxford, Clarendon Press, 1975.

Hackforth, R., *Plato's Philebus*, Cambridge, Cambridge Univ. Press, 1972.

Muller, H. und Schleiermacher, F., *Platon Werke* VII : *Timaios·Kritias·Philebos*(herausgegeben von G. Eigler), Darmstadt, Wissenschaftliche Buchgesellschaft, 1972.

Poste, E., *The Philebus of Plato*, Oxford, Oxford Univ. Press, 1860.

Pradeau, J.-F., *Platon: Philèbe*, Traduction et Présentation, Flammarion, Paris, 2002.

Robin, L. et Moreau, M. J., *Platon Œuvres Completes* II-1 : Philèbe, traduction et notes, Editions Gallimard, 1950.

Waterfield, R. A. H., *Plato : Philebus*, Penguin Books Ltd., 1982.

Westerink, L. G., *Damascius : Lecture on the Philebus*, Amsterdam, North-Holland Publishing Company, 1959.

2. 기타 원전, 주석, 번역

강성훈 역, 『프로타고라스』, 이제이북스, 2012.

강철웅 역, 『향연』, 아카넷, 2020.

_____, 『소크라테스의 변명』, 아카넷, 2020.

김유석 역, 『티마이오스』, 아카넷, 2019.

김주일 역, 『파이드로스』, 이제이북스, 2012.

김인곤 역, 『고르기아스』, 이제이북스, 2011.

_____, 이기백 역, 『크라튈로스』, 아카넷, 2020.

김태경 역, 『정치가』, 한길사, 2000.

박종현 역주, 『국가·정체』, 서광사, 1997.

_____, 《플라톤의 네 대화편》, 서광사, 2003.

박종현, 김영균 공동 역주, 『티마이오스』, 서광사, 2000.

이창우 역, 『소피스트』, 아카넷, 2019.

전헌상 역, 『파이돈』, 이제이북스, 2013.

정준영 역, 『테아이테토스』, 이제이북스, 2013.

Adam, J., *The Republic of Plato* Vol. 1, 2, Cambridge Univ. Press, 1902.

Burnet, J.(ed.), *Platonis Opera*, Tomus I, III-V, Oxford, Clarendon Press, 1900-1907.

Bury, R. G., *Plato VII : Timaeus*, Loeb Classical Library, Harvard Univ. Press, 1952.

_____, *The Symposium of Plato*, Cambridge, W. Heffer and Sons Ltd., 1932.

Campbell, R. L., *Sophistes and Politikus of Plato*, an revised text and English notes, Oxford, Clarendon Press, 1867.

Cornford, F. M., *Plato and Parmenides*, New York, The Liberal Arts Press, 1957.

_____, *Plato's Theory of Knowledge*, London, Routledge & Kegan Paul Ltd., 1973.

_____, *Plato's Cosmology*, New York, R & K, 1971.

Duke, E. A., Hicken, W. F., Nicoll, W. S. M., Robinson, D. B., Strachan, J. C. G.(ed.), *Platonis Opera*, Tomus I, Oxford, Clarendon Press, 1995

Fowler, H. N., *Plato II, Theaetetus and Sophist*, Loeb Classical Library, Harvard Univ. Press, 1952.

Hackforth, R., *Plato's Phaedrus*, Cambridge, Cambridge Univ. Press, 1972.

3. 그 밖의 논문 및 저서

강유선, 「『필레보스』를 통해 본 소크라테스의 엘렝코스」, 《철학연구》 제125호, 2019, 91~127쪽.

김대오, 「플라톤의 『필레보스』에 나오는 하나와 여럿, 그리고 한정과 무한정에 대하여」, 《철학연구》 35(가을호), 1994, 133~153쪽.

김영균, 「플라톤의 『티마이오스』편에 있어서 생성(genesis)에 대한 연구」, 성 균관대학교 박사학위논문, 1990.

박윤호, 「『필레보스』편에서의 하나―여럿의 문제」, 《서양고전학연구》 2, 1988, 35~64쪽.

박종현, 「존재 탐구와 삶」, 『사회와 인식』, 민음사, 1984, 15~74쪽.

_____, 「플라톤의 결합이론」, 《서양고전학연구》 창간호, 1987, 1~41쪽.

_____, 「희랍철학에서 본 중용 사상」, 《동서사상의 대비적 조명》, 성균관 대학교 인문과학연구소, 1994, 101~124쪽.

_____, 『적도(適度) 또는 중용의 사상 ― 헬라스 사상을 중심 삼아 살핌』, 아카넷, 2014.

신춘호, 「플라톤 대화편 『필레보스』의 교육학적 해석」, 《도덕교육연구》 제31 집 1호, 2019, 87~106쪽.

염수균, 「플라톤의 대화편 『필레보스』연구」, 서울대학교 석사학위논문, 1982.

오현석, 「『필레보스』의 예기 쾌락과 거짓 쾌락」, 《철학연구》 제110호, 2015, 1~23쪽.

이강서, 「문자화되지 않은 이론(agrapha dogmata)과 『필레보스』篇」, 《서양 고전학 연구》 10, 1996, 155~181쪽.

이기백, 「『필레보스』篇을 통해 본 플라톤의 混和思想」, 성균관대학교 박사학 위논문, 1994.

_____, 「형상에 있어 하나와 여럿의 문제 : 『필레보스』편을 중심으로」, 《철학》 48, 1996, 65~94쪽.

_____, 「플라톤의 『필레보스』편을 통해 본 변증술(dialektike)의 성격과 쓰임새」, 《서양고전학연구》 11, 1997, 137~162쪽.

_____, 「개개의 사물은 형상의 전체에 관여하는가, 부분에 관여하는가?: 플라톤의 『파르메니데스』와 『필레보스』편을 중심으로」, 《철학연구》 43(가을호), 1998, 71~94쪽.

_____, 「『티마이오스』편과 연관해서 본, 『필레보스』편의 네 부류의 존재 와 형상의 관계」, 《철학연구》 47(겨울호), 1999, 223~244쪽.

_____, 「플라톤의 적도(適度; to metrion) 사상」, 《철학논집》, 2011, 95~121쪽.

_____, 「우주나 자연에 따른 좋은 삶: 플라톤의 후기 대화편에서 좋은 삶의 문제」, 《대동철학》 제74집, 2016, 1~24쪽.

이종환, 「『필레보스』편의 극적 구조와 대화편 전체의 통일성」, 《서양고전학연구》 53(2), 2014, 37~65쪽.

이종환, 「플라톤 『필레보스』에서 사용된 철학적 탐구 방법」, 《철학연구》 제123호, 2018, 27~59쪽.

이종환, 「플라톤 『필레보스』에서의 참된 즐거움과 좋은 삶」, 《철학사상》 제58집, 2015, 61~93쪽.

최우석, 「칸트와 플라톤의 '가치—실천론'에서의 유비적 유사성: 『필레보스』로 보는 칸트의 '도덕적 행복'과 '최고선' 이해」, 《현상학과 현대철학》 제77집, 2018, 1~22쪽.

Adam, J., "Emendation of Plato, *Philebus*, 17 E", *The Classical Review* 14(5), 1900, p. 264.

Barker, A., "Text and Sense at *Philebus* 56a", *The Classical Quarterly* 37(1), 1987, pp. 103−109.

_____, "Plato's *Philebus* : The Numbering of a Unity", *Apeiron* 29(4), 1996, pp. 143−164.

Barney, R., "Notes on Plato on the Kalon and the Good", *Classical Philology* 105(4), 2010, pp. 363−377.

Bartlett, R. C., "Plato's Critique of Hedonism in the *Philebus*", *The American Political Science Review* 102(1), 2008, pp. 141−151.

Benitez, E. E., *Forms in Plato's Philebus*, Assen, Van Gorcum, 1989.

_____, "The Good or The Demiurge : Causation and the Unity of Good in Plato", *Apeiron* 28(2), 1995, pp. 113−140.

Betegh, G., "Cosmological Ethics in the *Timaeus* and Early Stoicism", *Oxford Studies in Ancient Philosophy* 24, 2003, pp. 273−302.

Bobonich, C., "Plato's Theory of Goods in the *Laws* and *Philebus*",

Proceedings of the Boston Area Colloquium in Ancient Philosophy 11, 1995, pp. 101-53.

Borthwick, E. K. O., "Text and Interpretation of *Philebus* 56A", *Classical Philology* 98(3), 2003, pp. 274-280.

Brandwood, L., *A Word Index to Plato*, Leeds, W. S. Maney & Son Ltd., 1976.

_____, *Chronology of Plato's Dialogues*, Cambridge, Cambridge Univ. Press, 1990.

Bringmann, K., "Platons Philebos und Herakleides Pontikos' Dialog ΠΕΡΙ ΉΔΟΝΗΣ", *Hermes* 100(4), 1972, pp. 523-530.

Broos, H. J. M., "Plato and Art : A New Analysis of the *Philebus*", *Mnemosyne* 4(2), 1951, pp. 113-128.

Burnyeat, M. F., "Fathers and Sons in Plato's *Republic* and *Philebus*", *The Classical Quarterly* 54(1), 2004, pp. 80-87.

Bury, R. G., "Plato : *Philebus* 66a", *Classical Quarterly* 33(2), 1939, p. 108.

Calvo, T. & Brisson, L.(ed.), *Interpreting the Timaeus-Critias*, Sankt Augustin, Academia Verlag, 1997.

Carpenter, A. D., "Phileban Gods", *Ancient Philosophy* 23, 2003, pp. 93-112.

_____, "Pleasure as Genesis in Plato's *Philebus*", *Ancient Philosophy* 31(1), 2011, pp. 73-94.

Carone, G. R. "Hedonism and the Pleasureless Life in Plato's *Philebus*", *Phronesis* 45(4), 2000, pp. 257-283.

_____, *Plato's Cosmology and its Ethical Dimensions*, Cambridge, Cambridge Univ. Press, 2005.

Casper, D. J., "Is There a Third One and Many Problem in Plato?", *Apeiron* 11(2), 1977, pp. 20-26.

Chiara-quenzer, D. D., "A Method for Pleasure and Reason : Plato's

Philebus", *Apeiron* 26(1), 1993, pp. 37−55.

Colvin, C. O. P., "The one/many Problem in Plato's *Philebus*", Univ. of Texas at Austin, Dissertation in Philosophy, 1987.

Compton, T., "What Are the Topnoi in *Philebus* 51C?", *The Classical Quarterly* 40(2), 1990, pp. 549−552.

Cooper, J. M., "Plato's Theory of Human Good in the *Philebus*", *The Journal of Philosophy* 74(11), 1977, pp. 714−730.

Cooper, N., "Pleasure and Goodness in Plato's *Philebus*", *The Philosophical Quarterly* 18(70), 1968, pp. 12−15.

Cresswell, M. J., "Is There One or Are There Many One and Many Problems in Plato?", *The Philosophical Quarterly* 22(87), 1972, pp. 149−154.

Crombie, I. M., *An Examination of Plato's Doctrines*, Vol. I−II, London, Routledge & Keagan Paul, 1963.

Dancy, R. M., "The One, The Many, and the Forms : *Philebus* 15b1− 8", *Ancient Philosophy* 4(2), 1984, pp. 160−193.

_____, "The limits in the *Philebus* of Being", *Apeiron* 40(1), 2007, pp. 35−70.

Davis, P. J., "The Fourfold Classification in Plato's *Philebus*", *Apeiron* 13(2), 1979, pp. 124−134.

Davidson, D., "Plato's *Philebus*", New York, Harvard Dissertation in Philosophy, 1949.

Delcomminette, S., "False Pleasures, Appearance and Imagination in the *Philebus*", *Phronesis* 48(3), 2003, pp. 215−237.

_____, "The Fourth Genus and the Other Three. A Note on *Philebus* 27a8−9", *The Classical Quarterly* 55(2), 2005, pp. 614−616.

Dimas, P., Jones, R. E., et Lear, G. R.(ed.), *Plato's Philebus: A Philosophical Discussion*, Oxford, Oxford University Press, 2019.

Dybikowski, J., "False Pleasure and the *Philebus*", *Phronesis* 15(2),

1970, pp. 147−165.

_____, "Mixed and False Pleasure in the *Philebus* : A Reply(Discussions)", *The Philosophical Quarterly* 20(80), 1970, pp. 244−247.

Evans, M., "Plato's Rejection of Thoughtless and Pleasureless Lives", *Phronesis* 52(4), 2007, pp. 337−363.

Fahrnkopf, R., "Forms in the *Philebus*", *Journal of the History of Philosophy* 15(2), 1977, pp. 202−207.

Findlay, J. N. *Plato : The Written and Unwritten Doctrines*, London, Routledge & Keagan Paul, 1974.

Frede, D., "Rumpelstiltskin's Pleasures : True and False Pleasures in Plato's *Philebus*", *Phronesis* 30(2), 1985, pp. 151−180.

_____, "Disintegration and Restoration", *The Cambridge Companion to Plato*(ed. by R. Kraut), New York, Cambridge Univ. Press, 1992, pp. 425−463.

Frede, M., "Being and Becoming in Plato", *Oxford Studies in Ancient Philosophy* 6, 1988, pp. 37−52.

Friedländer, P., *Plato : The Dialogues, Second and Third Periods*(trans. by Hans Meyerhoff), London, Routledge & Keagan Paul, 1969.

Gadamer, H. G., *Platos dialektische Ethik und andere Studien zur platonischen Philosophie*, Hamburg, Felix Meiner Verlag, 1968.

_____, *Die Idee des Guten zwischen Plato Und Aristoteles*, Heidelberg, Carl Winter, Universitätsverlag, 1978.

_____, *Dialogue and Dialectic*, New Heaven and London, Yale Univ., 1980.

_____, *The Idea of Good on Platonic-Aristotelian Philosopy*(trans. by Smith), New Haven and London, Yale Univ. press, 1986.

Gallop, D., "True and False Pleasures", *The Philosophical Quarterly* 10(41), 1960, pp. 331−342.

_____, "Plato and the Alphabet", *The Philosophical Review* 72(3), 1963, pp. 364–376.

Gardeya, P., *Platon's Philebos : Interpretation und Bibliographie*, Köningshausen & Neumann, 1993.

Gibbons, S., & Legg, C., "Higher-Order One-Many Problems in Plato's *Philebus* and Recent Australian Metaphysics", *Australasian Journal of Philosophy* 91(1), 2011, pp. 1–20.

Gosling, J. C. B., *PLATO*, London, RKP, 1973.

_____, "Flase Pleasure : *Philebus* 35c–41b", *Phronesis* 4(1), 1959, pp. 44–53.

_____, "Father Kenny on False Pleasure", *Phronesis* 6(1), 1961, pp. 41–45

Gosling, J. C. B. & Taylor, C. C. W., *The Greeks on Pleasure*, Oxford, Clarendon Press, 1982.

Gould, J., *The Development of Plato's Ethics*, Cambridge, Cambridge Univ. Press, 1955.

Grube, G. M. A., *Plato's Thought*, with new introduction, bibliographic essay, and bibliography by Donald J. Zeyl, London, The Athlone Press, 1980.

Gulley, N., *Plato's Theory of Knowledge*, London, Methuen & Co. Ltd., 1973.

Guthrie, W. K. C., *A History of Greek Philosophy 5 : The Later Plato and the Academy*, Cambridge, Cambridge Univ. Press, 1978.

Hackforth, R., "On Some Passages of Plato's *Philebus*", *Classical Quarterly* 33(1), 1939, pp. 23–29.

Hahn, R., "On Plato's *Philebus* 15B1–8.", *Phronesis* 23(2), 1978, pp. 158–172.

Hampton, C., "Pleasure, Truth and Being in Plato's *Philebus* : A Reply to Professor Frede", *Phronesis* 32(2), 1987, pp. 253–262.

_____, *Pleasure, Knowledge, and Being : An Analysis of Plato's*

Philebus, New York State Univ. Press, 1990.

Harte, V., "The *Philebus* on Pleasure : The Good, the Bad and the False", *Proceedings of the Aristotelian Society* 104, 2004, pp. 113–130.

Isenberg, M. W., "The Unity of Plato's *Philebus*", *Classical Philology* 35(2), 1940, pp. 154–179.

Jackson, H., "Plato's Later Theory of Ideas", *Journal of Philology* 10, 1882, pp. 253–298.

_____, "Plato *Philebus* 66b", *The Journal of Philology* 24, 1896, p. 48.

Joachim, H. H., "The Platonic Distinction Between 'True' and 'False' Pleasures and Pains", *The Philosophical Review* 20(5), 1911, pp. 471–97.

Kahn, C. H., Plato and the post-Socratic dialogue : the return to the philosophy of nature, Cambridge, Cambridge Univ. Press, 2013.

Klein, J., "About Plato's *Philebus*", *Interpretation* 2, 1972, pp. 157–182.

Kuscharski, P., "La conception de l'art de la mesure dans le Politique", *Bulletin de l'Association Guillaume Budé : Lettres d'humanité* 19, 1960, pp. 459–480.

Kenny, A., "False Pleasures in the Philebus : A Reply to Mr. Gosling", *Phronesis* 5(1), 1960, pp. 45–52.

Kolb, D., "Pythagoras Bound : Limit and Unlimited in Plato's *Philebus*", *Journal of the History of Philosophy* 21(4), 1983, pp. 497–511.

Kube, J., *TEXNH UND APETH : Sophistisches und Platonistes Tugedwissen*, Berlin, Walter de Gruyter & Co., 1969.

Lang, P. M., "The Ranking of the Goods at *Philebus* 66a–67b", *Phronesis* 55(2), 2010, pp. 153–169.

Lee, J. H., "The Unity of the *Philebus* : Continuity in Plato's Philosophy", Emory Univ., Dissertation in Philosophy, 2013.

Lee, J. M., "*Philebus*, 35a6–10", *Phronesis* 11(1), 1966, pp. 31–34.

Letwin, O., "Interpreting the *Philebus*", *Phronesis* 26(3), 1981, pp. 187–206.

Liddell, H. G. & Scott, R. (Jones, H. S. & McKenzie, R.), *A Greek-English Lexicon*(9th ed.), Oxford, Clarendon Press, 1968.

Lloyd, G. E. R., "Review : The *Philebus*", *The Classical Review* 27(2), 1977, pp. 173–175.

Löhr, G., *Das Problem des Einen und Vielen in Platons "Philebos"*, Göttingen, Vandenhoeck & Ruprecht, 1990.

Lovibond, S., "True and False Pleasures", *Proceedings of the Aristotelian Society* 90, 1989, pp. 213–230.

MacClinstock, S., "More on the Structure of the *Philebus*", *Phronesis* 6(1), 1961, pp. 46–52.

MacKinnon, F. I., "The Doctrine of Measure in the *Philebus*", *The Philosophical Review* 34(2), 1925, pp. 144–153.

Mason, D., "Note on Plato, *Philebus* 31c", *Classical Quarterly* 3(1), 1909, pp. 13–14.

McGinley, J., "The Doctrine of the Good in *Philebus*", *Apeiron* 11(2), 1977, pp. 27–57.

McLaughlin, A., "A Note on False Pleasure in The *Philebus*(Discussions)", *The Philosophical Quarterly* 19(74), 1969, pp. 57–61.

McNeill, D. N., *An Image of the Soul in Speech : Plato and the Problem of Socrate,* Penn. State Press, 2009.

Meinwald, C. C., "One/Many Problems : *Philebus* 14c1–15c3", *Phronesis* 41(1), 1996, pp. 95–103.

Mirhady, D. C., "The Great Fuss over *Philebus* 15b", *Apeiron* 25(3), 1992, pp. 171–177.

Mohr, R., "*Philebus* 55c–62a and Revisionism", *New Essays on Plato*(ed. by Pelletier, F. J. and King-Farlow, J.), Univ. of Calgary Press, 1983, pp. 165–170.

_____, "The Number Theory in Plato's *Republic* VII and *Philebus*", *Isis* 72(4), 1981, pp. 620-627.

Mooradian, N., "What To Do About False Pleasures of Overestimation? *Philebus* 41a5-42c5", *Apeiron* 28(2), 1995, pp. 91-112.

Moravcsik, J. M., "Forms, Nature and the Good in the *Philebus*", *Phronesis* 24(1), 1979, pp. 81-104.

_____, "The Anatomy of Plato's Divisions", *Phronesis*, Suppl. 1, 1973.

Mueller, G. E., "The Unity of Plato's *Philebus*", *The Classical Journal* 50(1), 1954, pp. 21-27.

Muniz, F., & Rudebusch, G., "Plato, *Philebus* 15B : A Problem Solved", *The Classical Quarterly* 54(2), 2004, pp. 394-405.

Murphy, N. R., "The 'Comparison of Lives' in Plato's *Philebus*", *Classical Quarterly* 32(2), 1938, pp. 116-124.

Nettleship, R. L., *Philosophical Remains*(ed. by A. C. Bradley), London, Macmillan, 1901.

Obdrzalek, S., "Next to Godliness : Pleasure and Assimilation in God in the *Philebus*", *Apeiron* 45(1), 2012, pp. 1-31.

Ostenfeld, E. N., Forms, *Matter and Mind : Three Strands in Plato's Metaphysics*, Springer, Martinus Nijhoff Publischers, 1982.

Page, B. S., "Two Notes on Plato's *Philebus*", *The Classical Review* 61(1), 1947, p. 8.

Parry, R. D., "Truth, Falsity, and Pleasures in *Philebus* and *Republic* 9", *Plato's Philebus—Selected Papers from the Eighth Symposium Platonicum*, Germany, Academia Verlag, 2010, pp. 221-226.

Patterson, R., "The *Philebus* and the Unity of Platonic Method", *Plato's Philebus—Selected Papers from the Eighth Symposium Platonicum*, Germany, Academia Verlag, 2010, pp. 80-91.

Penner, T., "False Anticipatory Pleasures : *Philebus* 36a3-41a6", *Phronesis* 15(2), 1970, pp. 166-178.

Peponi, A. E., "Mixed Pleasures, Blended Discourses : Poetry, Medicine, and the Body in Plato's *Philebus* 46–47c", *Classical Antiquity* 21(1), 2002, pp. 135–160.

Randall, J. H., *Plato : Dramatist of The Life of Reason*, New York, Columbia Univ. Press, 1969.

Rees, D. A., "Plato, *Philebus* 65c", *The Classical Review* 61(3), 1947, p. 75.

Rist, J. M., "The Immanence and Transcendence of the Platonnic Form", *Philologus* 108, 1964, pp. 217–32.

Robinson, T. M., *Plato's Psychology*, Toronto and Bufalo, Univ. of Toronto Press, 1970.

Ross, D., *Plato's Theory of Ideas*, Oxford, Clarendon Press, 1951.

Russell, D. C., *Plato on Pleasure and the Good Life*, Oxford, Clarendon press, 2005.

Sayre, K. M., *Plato's Later Ontology : A Riddle Resolved*, Princeton, Princeton Univ. Press, 1983.

_____, "The *Philebus* and the Good", *Proceedings of the Boston Area Colloquium in Ancient Philosophy* 2, 1987, pp. 45–47.

Schipper, E. W., *Forms in Plato's Later Dailogues*, The Hague, Martinus Nijhoff, 1965.

Schmidt-Wiborg, P., *Dialektik in Platons Philebos*, Mohr Siebeck e.K., 2005.

Schofield, M., "Who were hoi duschereis in Plato, *Philebus* 44a ff?", *Museum Helveticum* 28, 1971, pp. 2–20.

Shiner, R. A., *Knowledge and Reality in Plato's Philebus*, Assen, Van Gorcum, 1974.

_____, "Knowledge in *Philebus* 55c–62a : A Response", *New Essays on Plato*(ed. by Pelletier, F. J. and King-Farlow, J.), Ontario, The Univ. of Calgary Press, 1983.

Shorey, P., "Note on Plato *Philebus* 11 B, C", *Classical Philology* 3(3), 1908, pp. 343–345.

_____, "Note on Plato *Philebus* 64A", *Classical Philology* 20(4), 1925, p. 347.

Stenzel, J., *Plato's Method of Dialectic*(trans. and ed. by D. J. Allan), Oxford, Clarendon Press, 1940.

Striker, G., *Peras und Apeiron : Das Problem der Formen in Platons Philebos*, Gottingen, Vandenhoeck & Ruprecht, 1970.

Teloh. H., *The Development of Plato's Metaphysics*, University Park and London, The Pennsylvania State Univ. Press, 1981.

Tracy, T. J., *Physiologycal Theory and The Doctrine of the Mean in Plato and Aristotle*, The Hague, Mouton, 1969.

Trevaskis, J. R., "Classification in the *Philebus*", *Phronesis* 5(1), 1960, pp. 39–44.

_____, "Division and its Relation to Dialectic and Ontology in Plato", *Phronesis* 12(2), 1967, pp. 118–129.

Tuozzo, T., "The General Account of Pleasure in Plato's Philebus", *Journal of the History of philosophy* 34, 1996, pp. 495–513.

Vahlen, J., "Über eine Stelle in Platons *Philebus*", *Hermes* 14(2), 1879, pp. 202–211.

Vancamp, B., "New Light on an Old Crux : Plato, *Philebus* 66a8", *The Classical Quarterly* 52(1), 2002, pp. 388–390.

Vogt, K. M., "Why Pleasure Gains Fifth Rank : Against the Anti-Hedonist Interpretation of the *Philebus*", *Plato's Philebus*(ed. by John Dillon and Luc Brisson), St. Augustin, Akademia Verlag, 2010, pp. 250–255.

Warren, J., *The Pleasures of Reason in Plato, Aristotle, and the Hellenistic Hedonists*, Cambridge, Cambridge University Press, 2014.

_____, "Plato on the Pleasures and pains of knowing", *Oxford Studies in Ancient Philosophy* 39, 2010, pp. 1–32.

Wasserstein, A., "Review : Ancient Lecture Notes on the *Philebus*", *The Classical Review* 10(3), 1960, pp. 212–213.

Waterfield, R. A. H., "The Place of the *Philebus* in Plato's Dialogues", *Phronesis* 25(3), 1980, pp. 270–305.

_____, "An Inconsistency in Plato's *Philebus*?", *Apeiron* 18(1), 1984, pp. 46–49.

_____, "On the Text of Some Passages of Plato's *Philebus*", *Liverpool Classical Monthly* 5, 1980, pp. 57–64.

Williams, C. J. F., "False Pleasures", *Philosophical Studies : An International Journal for Philosophy in the Analytic Tradition* 26(3), 1974, pp. 295–297.

Wilson, J. C., "Plato, *Philebus*, 31 c", *The Classical Quarterly* 3(2), 1909, pp. 125–126.

Wolfsdorf, D., *Pleasure in Ancient Greek Philosophy*, Cambridge, Cambridge University Press, 2013.

찾아보기

일러두기

1. 찾아보기는 그리스어 원전의 번역문에 한정해서 작성했다.
2. 그리스어로는 한 단어인데 우리말로는 여러 단어로 번역된 항목은 '그리스 어–한국어' 찾아보기에서 확인할 수 있다.

일반용어

한국어 – 그리스어

가려움 psōra 46a, d
가장 강렬한 즐거움 sphodrotatē hēdonē 60d, 63d
가장 만족할 만한 삶 agapētotatos bios 61e
가장 신적인 삶 theiotatos bios 33b
가장 아름답고 불화가 없는 섞임 kallistē kai astasiastotatē meixis 63e
가장 좋은 것 to ariston 19c, 65b
가장 좋은 사람 aristos 55b
감각 aisthēsis 55e
감염시키다 anapimplanai 42a

감지하지 못하다 lanthanein 33d, e, 43b
강렬하게(강력하게) sphodra 24b, c, 37c, 40a, 42b, 45a
강렬한 즐거움 hē sphodra hēdonē 45e, 52c
강렬함(강력함) to sphodra 24c, e, 45c, d
— to sphodron 52c
개념 정의 logos 62a
거짓 pseudos 37b, 38a
거짓된 즐거움 pseudēs hēdonē 36e, 39d, 40c, 41a, 42c
거짓된 판단 pseudēs doxa 37e, 38b, 39c, 42a, 44a, 49b

거처 oikēsis 61a, 64c

건강 hygieia 25e, 26b, 31c, 45c, 63e

건강에 좋은 hygieinos 61c

건강한 사람 hygiainōn 45a, b

격조 없이 para melos 28b

겪은 것 pathēma 33d

겪음 pathos 41c

결핍 endeia 45b, 51b

결합 koinōnia 25e

결합된 것 koinon 30a

결합된 느낌 to koinon pathēma 47c

결합된 부류 koinon genos 31c

결합된 삶 ho koinos bios 22a, c, d

경건한 eusebēs 39e

— hosios 28e

경계 horos 17d

경험과 연습 empeiria kai tribē 55e

계산술 logistikē 56e

고통 algēdōn 31d, 32e, 35e, 41c, 42d, 52a

고통스러운 algeinos 32c

고통스러워하다 algein 35e, 36b, 47c, 55b

곤경 aporia 15c, e, 20a, 51a

곤경 해소 euporia 15c

관여하는 metochos 60b

관여하다 metechein 11c, 18c, 21e

— metalambanein 11b, 65e

광기 상태 mania 45e, 63d

괴로움 lypē 21e, 27e, 28a, 31b−e, 32a−d, 36a−c, 37c, e, 38b, 39d, 40c, d, 41a, d−42e, 43b−d, 44b, c, 45e, 46a, c−47a, c−48b, 49a, c, d, 50a, b, d, 51a, b, e, 52b, 53c

괴로움에서 벗어남 apallagē tōn lypōn 44b

괴로움에서의 탈피 apophygē lypōn 44c

괴로움의 멈춤 lypōn paula 51a

괴로움이 없는 즐거움 hēdonē alypos 66c

교육 paideia 55d

교육받다 paideuein 17b

구 sphaira 62a

구조 systasis 29a

굶주림 peinē 52a

규제하다 syntattein 28d

균형 symmetria 64e, 65a

균형 (상태) to symmetron 26a, 66b

균형성 hē symmetros physis 64d

균형을 이루는 symmetros 25e

그려진 상 phantasma 40a

그리움 pothos 47e, 48a, 50b

그림 zōgraphēma 39d

기대 elpis 12d, 36a, b, 39e, 40a

기대하다 elpizein 47c

기록자 grammateus 39a

— grammatistēs 39b

기뻐하는 자 ho chairōn 32e, 40d,
    55b

기뻐하다 chairein 21b, c, 33a, b,
    35e—36b, 37b, 40a, 45c, 47c,
    54e, 55b, 60d, 67b

기뻐함 (to) chairein 11b, d, 33a,
    40d, 44a, 49d, 55a, 67b

기쁨 chara 19c

— charmonē 43c

— to chairein 21b

기술 technē 16c, 17c, 18d, 19d,
    44c, 55e, 56c, 57b—d, 58a—
    c, e, 61d, 62b, 63a, 66b

— epistēmē 56b

기술다운 teknikos 56b

기억 mnēmē 19d, 20b, 21b, c, e,
    33c, e—34b, 35a—d, 36b,
    38b, 39a, 60d, e, 64a

기억하다 memnēsthai 20b, 21c,
    25a, 31a, 33a, 35e, 41b, c,
    48a

기억함 memnēsthai 11b, 21c, 36b,
    41b, c

기하학 geōmetria 56e

끈 desmos 18c

끝 teleutē 24b

— telos 24b, 31a

나누다 diairein 14e, 18c, 20a, 27c,
    48d, 49a, b

— dialambanein 23c

— diistanai 23d

— diorizein 27b

— temnein 48d

— titēnai … dichēi 56c

나눔 diairesis 15a, 20c

나쁜 사람들 ho kakos 39e, 40b

나쁜 판단과 좋은 판단 ponēra doxa
    kai chrēstē 40e

나쁨(나쁜 상태) kakia 63e

— ponēria 37d, 41a, 45e, 48c

난처함 aporia 34d

낱말 onoma 48b, 60a

너 자신을 알라 gnōthi sauton 48c

놀이 paidia 30e

느낌 pathēma 39a, 41c, 47c, 50d

— pathos 34a, 46a, 48b, 60d, e

느낌이 없이 apathēs 21e

다수 plēthos 16d, 17e, 18b

다수의 사람 hoi polloi 49a, 52b,
    56d, 67b

다양한 것 poikilon 12c

단단함의 본성 physis tou sklērou
    44e

단련하다 katameletan 55e

단위 monas 56d, e

닮은 homoios 12d, e, 13c, d, 19b, 22d, 65d

닮지 않은 anomoios 12c, 13a−14a

대립되는 것들 ta enantia 25d

대화하다 dialegesthai 14a

더 많음과 더 적음 to pleon kai to elatton 25c

더함과 그 반대되는 것 to mallon kai enation 26d

더함과 덜함 to mallon te kai hētton 24a−c, 25c, 27e, 41d

— to pleon kai to elatton 24c

덕 aretē 48e, 49a, 55b, 63e

덜함과 더함 hētton kai mallon 52c

도량(度量) metron 25a

도형 schēma 12e

동류인 것 syngenēs 11b, e, 12a, 46b, 59c, 65b, c, 66b

두려움 deos 12c

리듬 rhythmos 17d

마력 goēteuma 44c

만드는 것 to poioun 17b, 26e, 27a

— to dēmiourgoun 27b

만들어지는 것 to poioumenon 27a

말문이 막히는 상태 aphasia 21d

말소리 phōnē 18b

망각 lēthē 33e, 52a, b, 63e

망실 apobolē 33e, 52a

명확성 saphēneia 57c

— to saphes 58c

모방 mimēsis 62c

모방하다 mimeisthai 40c

모양 schēma 51b, c

모으다 synagein 23e, 25a, d

모음 synagōgē 15a, b, 16b−d, 23e, 25a, d

모음(母音) phōnē 18c

— phōnēen 18b

목공 xylourgikē 56b

목공술 tektonikē 56b, c, e

목마르다 dipsan 34e, 35b, 45b

목마름 dipsos 31e, 34d, e, 35d, 54e

몫 moira 20d, 60b

몸 sōma 17d, 21c, 29a, d−30b, 32c, 33d−34c, 35b−d, 36a, 39d, 41c, 42d, e, 45a, b, e, 46b, c, 47c, d, 48e, 50d, 51a, 52c, 55b, 64b

못된 자들 ho ponēros 40c

무서움 phobos 12c, 36c, 40e, 47e, 50b, c

무엇이나 지나치지 않게 하라 mēden agan 45e

무지 agnoia 22b, 38a, 48c, 49c-e
무지각 anaisthēsia 34a
무한성 apeiria 16c
무한정성 hē tou apeirou physis 28a
무한한 apeiros 14e, 16d, 17b, e, 18e
무한한 것 to aperion 16d-17a, 18a, b
무한함 to apeiron 17b, 18b
문법에 능통한 자 grammatikos 17b
문자 gramma 17a, b, 18b, c
문자에 관한 기술 grammatikē 18d

바른 결합 orthē koinōnia 25e
박자 metron 17d
방자한 hybristos 45e
방자함 hybris 26b, 45d
방탕하다 akolastainein 12c
방탕한 akolastos 47b
배고픔 peinē 31e, 34d, 35d, 54e
배우는 것 manthanein 52a
배운 것 mathēma 34b
배움 mathēma 52a, b, 55d
법칙 nomos 26b
변증적 능력 hē tou dialegesthai dynamis 57e
변증적으로 dialektikōs 17a
변화 metabolē 35e, 43b, c, 46e
보복하다 timōrein 49b

보육 trophē 55d
본성 physis 12c, 14c, 22b, 24e, 25a, c, d, 26d-27a, 29a, b, 30b, d, 31c, 32d, 44a, d, e, 45c, 53d, 55c, 60a, b, 65d
본질적 상태 ousia 32b
부류 genesis 26c
— genos 11b, 23d-24b, 25a-c, 26d-28a, c, 30a, b, 31a-c, 32d, 44e, 51e, 52d-53a, 63b, c, 64e, 66b
— idea 60d
— moira 54c, d
부분 meros 12e, 14e, 27d, 28a, 42c
— morion 62d
분노 orgē 47d, 50b, c
분리 diakrisis 23d, 32a, 42c
분리해 내다 apagein 39b
분별 phronēsis 12a, 13e, 14b, 18e, 19b, 20b, e, 21b, d, 22a, 27c, d, 28a, d, 33a, 58d, 59d, e, 60b-e, 61c, d, 63a-c, 65a, d, e, 66b
분별 있게 emphronōs 23a, 64a
분별 있는 emphrōn 17e
분별 있는 사람 ho phronōn 12d
분별없이 meta aphrosynēs 47a
분별의 삶 ho tēs phronēseōs bios

12a, 20e, 33a

분별하다 phronein 62a

분별함 phronein 11b, d, 12d, 17e,
21a, 33a, b, 55a, 63b

분별함의 삶 ho tou phronein bios
33a, b

분석하다 diorizein 37a

불가피한 괴로움 anankaia lypē 51e

불가피한 즐거움 anankaia hēdonē
62e

비워짐 kenōsis 35b, 42d

— to kenousthai 35e

비탄 thrēnos 47e, 48a, 50b, c

빛깔 chrōma 12e, 51b, d, 53a

사랑 erōs 47e, 50b, c, 67b

사랑하는 사람 erastēs 23a, 53d

사랑하다 eran 58d

사유 ennoia 59d

산수 logismoi 57a

산술 arithmetikē 55e, 56c−e, 57d

삶 bios 11d−12a, 20e, 21c−22d,
27d, e, 33a, b, 35d, e, 43c−
e, 45d, 50b, 55a, 60c, 61b, e,
62c, 66e

상기 anamnēsis 34b, c

상기시키다 anamimnēskein 19d,
24c, 34b, 59e

— hypomimnēskein 31c, 47e

상실 exodos 34e

상실하다 sterein 52b

상태 diathesis 11d, 32e, 33a, 48a,
62b, 64c

— hexis 32e, 40d, 41c, 48c, 49e

— pathēma 35c, 36a, c, 42a, 52b

— pathos 17d, 31b, 32b, 35e,
36b, 46c, 48c−49a

— physis 25e

샘 krēnē 61c

— pēgē 62d

생성 genesis 15b, 25e, 26d, 27b,
31b, 34c, 53c, 54a, c, 55a,
59a, 61e, 64a, b

생성도 소멸도 하지 않는 것 to
mēte gignomenon mēte
apollymenon 61e

생성되는 것 to gignomenon 15a,
26e, 27a

생성된 존재 gegenēmenē ousia 27b

생성하는 무수한 것들 ta gignomena
kai apeira 15b

선법 harmonia 17d

성질 physis 18a, 64e

— dynamis 49c, 67a

성향 hexis 11d

소년 애인 paidika 53d

소리 phōnē 17b, c, 18b

— phthongos 51b, d

— ēchē 51d

소리의 높낮이 phōnēs oxytēs te kai barytēs 17c

소멸 olethros 15b

— phthora 35e, 55a

소유물 ktēma 19c, 66a

속성 pathos 15d

수 arithmos 16d, 17c-18c, 19a, 25a, e, 56d, e, 57d

수공 기술 cheirotechnikē 55d

수를 개입시킴으로써 entheis arithmon 25e

순수성 to katharon 57c, 58d

— katharotēs 53a, 62c

순수한 것 to katharon 59c

승리욕에 논쟁하다 philonikein 14b, 50b

식견 있는 sophos 17d

식견 있는 자 ho sophos 17b, c

식자 ho sophos 16e

신 theos 12c, 16c, e, 20b, 25b, 30d, 33b, 39e, 40b, 61b, 65b, c

신이 사랑하는 사람 theophilēs 39e, 40b

아름다운 것 kalon 26b, 30a, 43e, 51b, c, 55b

— pankalon 26b

— to kalōs echon 59e

아름다움 to kalon 15a

— kallos 26b, 29c, 51c, 64e-65b, e, 66b

아름다움에 대한 자만 doxokalia 49d

아울로스 연주법 aulētikē 56a

아픔 odynē 42d

아픔들로부터의 안식 anapansis odynōn 51a

악의 phthonos 47e, 48b, 49a, 50a-c

악의의 성질 phthonou dynamis 49c

앎 gnōsis 58a

애호자 erastēs 16b

어떤 성격의 hopoia 17b, c, 19b

어리석음 aphrosynē 63e

어림잡기 stochasis 62c

어림잡다 stochazesthai 56a

어림잡음 stochastikē 55e

— stochasmos 56a

언제나 같은 상태로 동일하게 있는 것 to aei kata ta auta hōsautōs … echon (on) 59c

— to … kata tauta kai hōsautōs on aei 61e

언제나 본디 같은 상태로 있는 것 to kata tauton aei pephykos 58a

언제나 있는 것들 ta onta aei 59a

얼마나(얼마만큼) hoposa 16d, 17c, 19b

— posa 17b

엄격한 사람 ho dyscherēs 44e, 46a

엄격함 dyschereia 44c, d

엄격함에 따른 귀결 dyscherasma 44d

여러 polys 13e, 14a, 26d

여럿 polla 14c−e, 15b−d, 16c, d, 17a, d, 18e, 23e, 24a, 26d, 62e

여신 hē theos 12b, 22c, 26b, 28b

열의 spoudē 15a

— hormē 57d

영악한 deinos 19a

예상 prosdokēma 32b

— prosdokia 32c, 36a, c

온 천구 holos ouranos 30b

옳은 판단 orthē doxa 11b, 37e, 38a, 64a, 66b

옳음 orthotēs 37d

와해 phthora 31a, 32b

— diaphthora 46c

완벽하게 pantelōs 21a

— pantēi 60c

완전하게 teleon 26a

완전하고 모두가 택함 직한 것 to teleon kai pasin haireton 61a

완전한 teleos 20d, 22b, 61a, 65b, 66b, 67a

완전히 좋은 것 pan agathon 27e

욕구 epithymia 34c−35d, 41c, 45b

욕망하다 eran 35a

우스운 geloios 19a, 23d, 48c, 49b, c, e, 50a, 62b

우주 kosmos 28e, 29e, 59a

— to holon 28d

— to pan 23c, 29b−d, 30a, c, d, 64a

운동 kinēsis 34a

운동하다 kineisthai 34a, 42e

원 kyklos 62a, b

원인 aitia 15c, 23d, 26e−27b, 30b−d, 31a, 64d

— aition 22d, 30e, 64c

원인으로 내세우다 aitiasthai 65a

유 genos 12e

유약하게 ērema 24c

유약함 to ērema 24c, e

유용성 chreia 58c

유쾌함 terpsis 11b, 19c

유형 genos 26d

음악 mousikē 17b, c, 26a, 56a, c, 62c

음악에 능통한 mousikos 17b

음정 diastēma 17c

의견 doxa 59a

의술 iatrikē 30b, 56b

이로움 ōpheleia 58d

이름 onoma 12b, c, 13a, 26e, 27a,
    33e, 34e, 37e, 42d, 43e,
    57d, 59c, d, 60a, b

이야기 mythos 14a

이해 synesis 19d

익히다 katameletan 56e

인식함 noein 11b, 21a, 33b, 58d,
    62a

일자 monas 15b

일정한 양 to poson 24c, d

자 kanōn 56b, 62b

자모 stoicheion 18c

자연 physis 44b, 59a

자연 상태 physis 31d, 32a, 42c, d

자음들 aphōna 18c

자족성 autarkeia 67a

잘 삶 eu zēn 67b

장인 dēmiourgos 39b, 59e

재난 symphora 64e

재물 chrēma 48e

재산 ousia 48e

쟁론적으로 eristikōs 17a

적도 to metron 26d, 64d
    — to metrion 24c, 66a
    — metriotēs 64e, 65b, d

적도 상태와 균형 상태 to emmetron
    kai hama symmetron 26a

적도에 맞는 것 (to) emmetron 52d,
    65d

적도에 맞음 emmetria 52c

적도에 맞지 않는 것 ametron 65d

적도에 맞지 않음 ametria 52c

적도와 균형 metriotēs kai
    symmetria 64e

적도와 균형성 metron kai he
    symmetros physis 64d

적시성 to kairion 66a

적정 지점 to metron 56a

전적으로 좋은 것 to pantapasin
    agathon 61a

절제 sōphrosynē 55b

절제 있는 사람 ho sōphrōn 12d,
    19c, 45d

절제 있는 삶 ho sōphrōn bios 45d

절제함 to sōphronein 12d, 63e

정의 dikaiosynē 62a

정의롭고 경건하며 전적으로 좋은
    사람 dikaios anēr kai eusebēs
    agathos pantōs 39e

정의롭지 못하고 전적으로 나쁜 사람
    adikos te kai pantapasi kakos
    39e

정확성 akribeia 56b, c, 57d
    — takribes 58c

조각상 agalma 38d

조종하다 diakybernan 28d

조화 상태 harmonia 31c, d
조화를 이루는 symphōnos 25e
존재 ousia 26d, 27b, 53c, 54a, c, d
존재로 생성되는 것 genesin eis
　　ousian 26d
종류 eidos 18c, 19b, 20a, c, 23c, d,
　　32b, c, 33c, 35d, 44e, 48e,
　　51e
종자 genna 25d, e
좋은 것 t'agathon 11b, d, 13a, b, e,
　　14b, 19c, d, 20b-21a, 22b-
　　d, 27e, 28a, 32d, 44b, 54c, d,
　　55a, b, 60a-c, 61a, b, 64a, c,
　　e-65b, 66c, d, 67a
좋은 것의 거처의 현관 to tou
　　agathou prothyron tēs
　　oikēseōs 64c
좋은 것의 몫 hē tou agathou moira
　　20d, 60b
좋은 것의 본성 he tagathou physis
　　60b
좋은 것의 부류 hē tou agathou
　　moira 54c, d
좋은 것의 힘 hē tou agathou
　　dynamis 64e
좋은 사람 ho agathos 39e, 40b, c
좋은 상태 aretē 45e
좋음 to agathon 15a, 28a
중간 meson 31a, 35e, 36a

중간 음 to meson 18c
중간의 것 to meson 17a
중간적인 삶 ho mesos bios 43e
중량 계량술 statikē 55e
즐거운 것 (to) hēdy 13a, 32c, 35e,
　　43d, 44b, 60b
즐거움 hēdonē 11b, e-12d, 13a-
　　c, 14a, b, 15e, 18e, 19b-
　　d, 20a-c, e-21c, 22a,
　　d-23b, 26b, 27c-28a, 31a-
　　e, 33a, c, 34c, 36c, e-38b,
　　39d, 40a-42e, 43b, c,
　　44b-48b, 49a, c, d, 50a,
　　b, d-52d, 53b, c, 54c-55c,
　　57a, b, 59d, 60a-e, 61c,
　　d, 62d-63e, 64c, 65a-66a,
　　c-67b
즐거움의 삶 ho tēs hēdonēs bios
　　12a, 20e
즐거움의 크기 megethos hēdonēs
　　45c
즐거움의 힘 hē tēs hēdonēs
　　dynamis 44c, d, 67a
지각 aisthēsis 33c, 34a, b, 35a,
　　38b, 39a, b, 41d, 51b, 66c
지각하다 aisthanesthai 43b
지나친 기쁨 perichareia 65d
지배 archē 35d
지배하다 archein 30d

— epitropeuein 28d

지성 nous 13e, 19d, 21b, d, 22a, c—23b, 28a, c—e, 30c—31a, 33c, 55b, c, 58a, d, 59b, d, 63c, e, 64a, c, 65b—e, 66b, e, 67a

지성의 삶 ho tou nou bios 21d

지식 epistēmē 13e, 14a, 19d, 20a, 21b, d 28a, c, 38a, 52d, 55c, d, 57b, c, e, 58a, c—e, 59b, 60d, 61d, e, 62b— e, 65d, 66b, c

지혜 sophia 15e, 30b, 49a

지혜를 사랑하는 무사 mousa philosopos 67b

지혜에 대한 자만 doxosophia 49a, d

진술 logos 15d, e, 38e—39c, 40a

진실 alētheia 42a, 58d, 66b

진실된 것 to alēthes 59c

진실성 alētheia 52d, 57d, 58e, 59b, 64b, e—65d

— to alēthes 58c, 59b, 61e

진지함 spoudē 30e

질병 nosēma 45b, c, 46a

— nosos 25e, 45a

질서 taxis 26b

질서 짓다 diakosmein 16d, 28e

— kosmein 30c

질서 체계 kosmos 64b

질투 zēlos 47e, 50b

짐승들의 사랑 ho thērion erōs 67b

징표 sēmeion 24e

차선 ho deuteros plous 19c

차이 diaphora 38b, 56e, 57c

— to diapheron 45d

차이성 diaphorotēs 13a, 14b

착오가 있다 hamartanein 37e

참 alēthes 37b

참되고 순수한 … 즐거움 hēdonē alēthēs kai kathara 63e

참된 즐거움 alēthēs hēdonē 36e, 40c, 63d

참된 진술 logos alēthēs 39a

참된 판단 alēthēs doxa 21b, c, 38b, 39a, c, 60d

참된 헤아림 alēthēs logismos 11b

참으로 있는 것 to on ontōs 58a, 59d

참으로 좋은 것 to ontōs agathon 21a

참으로 택함 직한 것 to alēthōs haireton 22b

채움 plērōsis 31e, 42c

채워짐 plērōsis 35a, b, e, 36b, 47c, 51b

척도 metron 56a, 57d, 66a

철학 philosophia 56e

철학하는 사람 ho philosophōn
56d, 57c, d
첫째 소유물 prōton ktēma 66a
체계 systēma 17d
추한 aischros 49c, 65e, 66a
충동 hormē 35c, d
충족적(충족함) hikanos 20d, 22b,
60c, d, 66b, 67a
측정술 metrētikē 55e, 56e, 57d

탁한 음 phthongos 18c
탐구 방법 pragmateia 58c
택하다 hairein 22d, 55a
택함 직한 hairetos 21d, e, 22b, d,
61a
특싱 idea 25b, 64a, 65a, 67a

판단 doxa 11b, 12d, 21b, c, 32c,
36c, d, 37a-e, 38b, e-39c,
40c-e, 41b, 42a, 49b, 50d,
57a, b, d, 60d, 64a, 66b
판단함 doxazein 37a, 40c, d
판정 krisis 20e, 33a, 41b, e, 44d,
50e, 52e, 55c, 59d, 64d, 67a
판정하는 자 kritēs 65a

하나(한 가지) hen 12c, e, 13a,
14c-15e, 16c-18e, 19b, 23c,
e, 25a, c, d, 26c-e, 32b,

34a, e, 47c, d, 52e, 57b,
60a, b, 65a
하나인 것 hē henas 15a
하늘과 땅에서 왕 basileus ouranou
te kai gēs 28c
한도 peras 24a, 26a, b
한정 peras 27e
한정 없는 것들의 부류 tōn
aperantōn genos 28a
한정되지 않은 apeiros 24b, d, 26a,
27e, 31a
한정되지 않은 것 to apeiron 23c,
24a, b, e, 25a, d, 26b, c,
27b, d, 28a, 30a, c, 31c,
32a, 41d, 52c
한정되지 않은 것의 부류 to tou
apeirou genos 25a
한정되지 않은 것의 종자 hē tou
apeirou genna 25d
한정되지 않은 상태 to apeiron 26a
한정성 peras 16c
한정을 가진 것 to peras echon 24a,
26b
한정의 성격을 가진 종자 hē tou
peratoeidous genna 25d
한정자 peras 27b, 30a, 31c, 32a
— to peras 23c, 25b, 26c, d, 27d
한정자의 종자 hē tou peratos
genna 25d

해체 dialysis 32a

— lysis 31d, e

행복한 eudaimōn 11d, 47b

향기 osmē 51b, e

헤아림 logismos 11b, 21c, 52b

— to logizesthai 21a

현자 ho sophos 28c, 43a

형상 idea 16d

형태 morphē 12c, 34d

혼 psychē 11d, 26b, 30a−d, 32b,
    c, 33c−34c, 35b−d, 36a,
    38e−39b, d, 40c, 41c, 43a,
    45e, 46b, c, 47c−48b, e,
    50a, d, 51a, 52c, 55b, 58d,
    63d, 64b, 66b, c

혼의 성향이나 상태 hexis psychēs
    kai diathesis 11d

혼합(섞임) krasis 47c, 50d, 64a, e

— synkrasis 47d, 61c, 63c, 64b, d

— meixis 27b, 46b, d, 47d, 48a, b,
    49a, c, 50c, 59e, 63e, 64d

— symmeixis 23d, 64c, 65a

혼합되어 결합된 삶 ho sym-
    meichtheis koinos bios 22a

혼합되어 생성된 존재 meiktē kai
    gegenēmenē ousia 27b

혼합되지 않은 삶 ho ameiktos bios
    61b

혼합된 것 to meikton 25b, 27d

— ti symmisgomenon 23d

혼합된 삶 ho meiktos bios 22d,
    27d, 61b

혼합하다(섞다) kerannynai 50a, b,
    61b, 64d

— synkerannynai 46e, 50a, d,
    61e

— meignynai 25e, 46c, 50c, e,
    53b, 56a, 59e, 61d, 62c, d,
    63e, 64b, e

— anameignynai 48a

— symmeignynai 22a, 25d, 26b,
    47a, 51e, 61c, e

혼합해야 하다 synkrateon 62b, 63a

— symmeichteon 62e

화가 zōgraphos 39b

확실성 bebaiotēs 59b

확실한 bebaion 56a, 59b, c

회복 katastasis 42d, 46c

훌륭하게 혼합된 삶 ho meichtheis
    kalōs bios 61b, d

훌륭한 것은 두 번이든 세 번이든 dis
    kai tris to ge kalōs echon 60a

훌륭함 aretē 64e

그리스어 – 한국어

adikos te kai pantapasi kakos 정
   의롭지 못하고 전적으로 나쁜
   사람
aei kata ta auta hōsautōs 언제나 같
   은 상태로 동일하게
agalma 조각상
agapētotatos bios 가장 만족할 만한
   삶
(to) agathon 좋은 것, 좋음
(hē) tou agathou dynamis 좋은 것
   의 힘
(hē) tou agathou moira 좋은 것의
   몫, 좋은 것의 부류
(hē) tagathou physis 좋은 것의 본성
(to) tou agathou prothyron tēs
   oikēseōs 좋은 것의 거처의 현관
(ho) agathos 좋은 사람
agnoia 무지
aischros 추한
aisthanesthai 지각하다
aisthēsis 감각, 지각
aitia 원인
aitiasthai 원인으로 내세우다
aition 원인
akolastainein 방탕하다
akolastos 방탕한
akribeia 정확성

(to) akribes (takribes) 정확성
alētheia 진실, 진실성
(to) alēthes 진실된 것, 진실성, 참
alēthēs doxa 참된 판단
alēthēs hēdonē 참된 즐거움
alēthēs logismos 참된 헤아림
(to) alēthōs haireton 참으로 택함 직
   한 것
algēdōn 고통
algein 고통스러워하다
algeinos 고통스러운
(ho) ameiktos bios 혼합되지 않은 삶
ametria 적도에 맞지 않음
ametron 적도에 맞지 않는 것
anaisthēsia 무지각
anameignynai 혼합하다(섞다)
anamimnēskein 상기시키다
anamnēsis 상기
anankaia hēdonē 불가피한 즐거움
anankaia lypē 불가피한 괴로움
anapansis odynōn 아픔들로부터의
   안식
anapimplanai 감염시키다
anomoios 닮지 않은
apagein 분리해 내다
apallagē tōn lypōn 괴로움들에서 벗
   어남
apathēs 느낌이 없이
apeiria 무한성

(to) apeiron 무한한 것, 무한함, 한 정되지 않은 것, 한정되지 않은 상태

apeiros 무한한, 한정되지 않은

(hē) tou apeirou genna 한정되지 않은 것의 종자

(to) tou apeirou genos 한정되지 않은 것의 부류

(hē) tou apeirou physis 무한정성

(tōn) aperantōn genos 한정 없는 것들의 부류

apergazesthai 생기게 하다, 이루게 하다, 이루어 내다

aphasia 말문이 막히는 상태

aphōna 자음들

aphrosynē 어리석음

apobolē 망실

apophygē lypōn 괴로움들에서의 탈피

aporia 곤경, 난처함

archē 지배

archein 지배하다

aretē 덕, 좋은 상태, 훌륭함

(to) ariston 가장 좋은 것

aristos 가장 좋은 사람

arithmetikē 산술

arithmos 수

aulētikē 아울로스 연주법

autarkeia 자족성

basileus ouranou te kai gēs 하늘과 땅에서 왕

bebaion 확실한

bebaiotēs 확실성

bios 삶

chairein 기뻐하다

(to) chairein 기뻐함, 기쁨

(ho) chairōn 기뻐하는 자

chara 기쁨

charmonē 기쁨

cheirotechnikē 수공 기술

chreia 유용성

chrēma 재물

chrōma 빛깔

deinos 영악한

dēmiourgos 장인

(to) dēmiourgoun 만드는 것

deos 두려움

desmos 끈

deuteros plous 차선

diairein 나누다

diairesis 나눔

diakosmein 질서 짓다

diakrisis 분리

diakybernan 조종하다

dialambanein 나누다

dialegesthai 대화하다

(hē) tou dialegesthai dynamis 변증적 능력

dialektikōs 변증적으로

dialysis 해체

(to) diapheron 차이

diaphora 차이

diaphorotēs 차이성

diaphthora 와해

diastēma 음정

diathesis 상태

diistanai 나누다

dikaios anēr kai eusebēs agathos
    pantos 정의롭고 경건하며 전
    적으로 좋은 사람

dikaiosynē 정의

diorizein 나누다, 분석하다

dipsan 목마르다

dipsos 목마름

dis kai tris to ge kalōs echon 훌륭
    한 것은 두 번이든 세 번이든

doxa 판단

doxazein 판단함

doxokalia 아름다움에 대한 자만

doxosophia 지혜에 대한 자만

dynamis 능력, 성질, 힘

dyschereia 엄격함

(ho) dyscherēs 엄격한 사람

ēchē 소리

eidos 종류

elpis 기대

elpizein 기대하다

emmetria 적도에 맞음

(to) emmetron 적도에 맞는 것

(to) emmetron kai hama symmetron
    적도 상태와 균형 상태

empeiria kai tribē 경험과 연습

emphrōn 분별 있는

emphronōs 분별 있게

(ta) enantia 대립되는 것들

endeia 결핍

ennoia 사유

entheis arithmon 수를 개입시킴으
    로써

epistēmē 기술, 지식

epithymia 욕구

epitropeuein 지배하다

eran 사랑하다, 욕망하다

erastēs 사랑하는 사람, 애호자

(to) ērema 유약함

eristikōs 쟁론적으로

erōs 사랑

eu zēn 잘 삶

eudaimōn 행복한

euporia 곤경 해소

eusebēs 경건한

exodos 상실

gegenēmenē ousia 생성된 존재

geloios 우스운

genesin eis ousian 존재로 생성되는
    것

genesis 부류, 생성

genna 종자

genos 부류, 유, 유형

geōmetria 기하학

(ta) gignomena kai apeira 생성하는
    무수한 것들

(to) gignomenon 생성되는 것

(to) mēte gignomenon mēte
    apollymenon 생성도 소멸도
    하지 않는 것

gnōsis 앎

gnōthi sauton 너 자신을 알라

goēteuma 마력

gramma 문자

grammateus 기록자

grammatikē 문자에 관한 기술

grammatikos 문법에 능통한 자

grammatistēs 기록자

hairein 택하다

hairetos 택함 직한

hamartanein 착오가 있다

harmonia 선법, 조화 상태

hēdonē 즐거움

hēdonē alēthēs kai kathara 참되고
    순수한 … 즐거움

hēdonē alypos 괴로움이 없는 즐거
    움들

hēdonēs bios 즐거움의 삶

hēdonēs dynamis 즐거움의 힘

(to) hēdy 즐거운 것

hen 하나(한 가지)

hē henas 하나인 것

hētton kai mallon 덜함과 더함

hexis 상태, 성향

hexis psychēs kai diathesis 혼의 성
    향이나 상태

hikanos 충족적

(to) holon 우주

holos ouranos 온 천구

homoios 닮은

hopoia 어떤 성격의

hoposa 얼마나(얼마만큼)

hormē 열의, 충동

horos 경계

hosios 경건한

hybris 방자함

hybristos 방자한

hygiainon 건강한 사람

hygieia 건강

hygieinos 건강에 좋은

hypomimnēskein 상기시키다

iatrikē 의술

idea 부류, 특성

(to) kairion 적시성

kakia 나쁜 상태

(ho) kakos 나쁜 사람들

kallos 아름다움

kallistē kai astasiastotatē meixis 가

장 아름답고 불화가 없는 섞임

kalon 아름다운 것

(to) kalon 아름다움

(to) kalōs echon 아름다운 것

kanōn 자

katameletan 단련하다, 익히다

katastasis 회복

(to) katharon 순수성

katharotēs 순수성

kenōsis 비워짐

(to) kenousthai 비워짐

kerannynai 혼합하다(섞다)

kineisthai 운동하다

kinēsis 운동

koinon 결합된 것

koinon genos 결합된 부류

(to) koinon pathēma 결합된 느낌

(ho) koinos bios 결합된 삶

koinōnia 결합

kosmein 질서 짓다

kosmos 우주, 질서 체계

krasis 혼합(섞임)

krēnē 샘

krisis 판정

kritēs 판정하는 자

ktēma 소유물

kyklos 원

lanthanein 감지하지 못하다

lēthē 망각

logismoi 산수

logismos 헤아림

logistikē 계산술

(to) logizesthai 헤아림

logos 개념 정의, 진술

logos alēthēs 참된 진술

lypē 괴로움

lypōn paula 괴로움의 멈춤

lysis 해체

(to) mallon kai enation 더함과 그
  반대되는 것

(to) mallon te kai hētton 더함과 덜함

mania 광기 상태

manthanein 배우는 것

mathēma 배운 것, 배움

mēden agan 무엇이나 지나치지 않
  게 하라

megethos hēdonēs 즐거움의 크기

(ho) meichtheis kalōs bios 훌륭하게
  혼합된 삶

meignynai 혼합하다(섞다)

meiktē kai gegenēmenē ousia 혼합
  되어 생성된 존재

(to) meikton 혼합된 것

(ho) meiktos bios 혼합된 삶

meixis 혼합(섞임)

memnēsthai 기억하다, 기억함

meros 부분

meson 중간

346

(to) meson 중간 음, 중간의 것

(ho) mesos bios 중간적인 삶

meta aphrosynēs 분별없이

metabolē 변화

metalambanein 관여하다

metechein 관여하다

metochos 관여하는

metrētikē 측정술

(to) metrion 적도

metriotēs 적도

metriotēs kai symmetria 적도와 균형

metron 도량(度量), 박자, 적도, 적정
　　지점, 척도

metron kai he symmetros physis 적
　　도와 균형성

mimeisthai 모방하다

mimēsis 모방

mnēmē 기억

moira 몫, 부류

monas 단위, 일자

morion 부분

morphē 형태

mousa philosopos 지혜를 사랑하는
　　무사

mousikē 음악

mousikos 음악에 능통한

mythos 이야기

noein 인식함

nomos 법칙

nosēma 질병

nosos 질병

nous 지성

(ho) tou nou bios 지성의 삶

odynē 아픔

oikēsis 거처

olethros 소멸

onoma 낱말, 이름

(to) on ontōs 참으로 있는 것

(ta) onta aei 언제나 있는 것들

ōpheleia 이로움

orgē 분노

orthē doxa 옳은 판단

orthē koinōnia 바른 결합

orthotēs 옳음

osmē 향기

ousia 본질적 상태, 재산, 존재

paideia 교육

paideuein 교육받다

paidia 놀이

paidika 소년 애인

(to) pan 우주

pan agathon 완전히 좋은 것

(to) pantapasin agathon 전적으로
　　좋은 것

pankalon 아름다운 것

pantēi 완벽하게

pantelōs 완벽하게

para melos 격조 없이

pathēma 겪은 것, 느낌, 상태
pathos 겪음, 느낌, 상태, 속성
pēgē 샘
peinē 굶주림, 배고픔
(to) peras 한도, 한정, 한정성, 한정자
(to) peras echon 한정을 가진 것
(hē) tou peratoeidous genna 한정의
    성격을 가진 종자
(hē) tou peratos genna 한정자의 종자
perichareia 지나친 기쁨
phantasma 그려진 상
philonikein 승리욕에 논쟁하다
philosophia 철학
(ho) philosophōn 철학하는 사람
phobos 무서움
phōnē 말소리, 모음(母音), 소리
phōnēen 모음(母音)
phōnēs oxytēs te kai barytēs 소리
    의 높낮이
phronein 분별하다
(to) phronein 분별함
(ho) tou phronein bios 분별함의 삶
phronēsis 분별
(ho) phronōn 분별 있는 사람
phthongos 소리, 탁한 음
phthonos 악의
phthonou dynamis 악의의 성질
phthora 소멸, 와해
physis 본성, 상태, 성질, 자연, 자연

상태
physis tou sklērou 단단함의 본성
plērōsis 채움, 채워짐
plēthos 다수
poikilon 다양한 것
(to) poioumenon 만들어지는 것
(to) poioun 만드는 것
polla 여럿
(hoi) polloi 다수의 사람
polys 여러
ponēra doxa kai chrēstē 나쁜 판단
    과 좋은 판단
ponēria 나쁨(나쁜 상태)
(ho) ponēros 못된 자들
posa 얼마나(얼마만큼)
(to) poson 일정한 양
pothos 그리움
pragmateia 탐구 방법
prosdokēma 예상
prosdokia 예상
prōton ktēma 첫째 소유물
pseudēs doxa 거짓된 판단
pseudēs hēdonē 거짓된 즐거움
pseudos 거짓
psōra 가려움
psychē 혼
rhythmos 리듬
saphēneia 명확성
(to) saphes 명확성

schēma 도형, 모양

sēmeion 징표

sōma 몸

sophia 지혜

sophos 식견 있는

(ho) sophos 식견 있는 자, 현자

(ho) sōphrōn 절제 있는 사람

(ho) sōphrōn bios 절제 있는 삶

(to) sōphronein 절제함

sōphrosynē 절제

sphaira 구

sphodra 강력하게, 강렬하게

(to) sphodra 강렬함

(hē) sphodra hēdonē 강렬한 즐거움

sphodrotatē hēdonē 가장 강렬한 즐
　　거움

(to) sphodron 강렬함

spoudē 열의, 진지함

statikē 중량 계량술

sterein 상실하다

stochasis 어림잡기

stochasmos 어림잡음

stochastikē 어림잡음

stochazesthai 어림잡다

stoicheion 자모

(ho) symmeichtheis koinos bios 혼
　　합되어 결합된 삶

symmeichteon 혼합해야 하다

symmeignynai 혼합하다(섞다)

symmeixis 혼합(섞임)

symmetria 균형

(to) symmetron 균형 (상태)

symmetros 균형을 이루는

(hē) symmetros physis 균형성

symphōnos 조화를 이루는

symphora 재난

synagein 모으다

synagōgē 모음

synesis 이해

syngenēs 동류인 것

synkerannynai 혼합하다(섞다)

synkrasis 혼합(섞임)

synkrateon 혼합해야 한다

syntattein 규제하다

systasis 구조

systēma 체계

taxis 질서

technē 기술

teknikos 기술다운

tektonikē 목공술

teleon 완전하게

(to) teleon kai pasin haireton 완전
　　하고 모두가 택함 직한 것

teleos 완전한

teleutē 끝

telos 끝

temnein 나누다

terpsis 유쾌함

theiotatos bios 가장 신적인 삶
theophilēs 신이 사랑하는 사람
theos 신
(hē) theos 여신
(ho) thēriōn erōs 짐승들의 사랑
thrēnos 비탄
ti symmisgomenon 혼합된 것
tithēnai … dichēi (둘로) 나누다
trophē 보육
xylourgikē 목공
zēlos 질투
zōgraphēma 그림
zōgraphos 화가

고유명사

고르기아스 Gorgias 58a, c
디오니소스 Dionysos 61b
무사 여신 Mousa 67b
아프로디테 Aphroditē 12b, c
오르페우스 Orpheus 66c
제우스 Zeus 30d
테우트 Theuth 18b
프로메테우스 Promētheus 16c
헤파이스토스 Hēphaistos 61c
호메로스 Homēros 62d

옮긴이의 말

역자가『필레보스』원문을 처음 접한 것은 석사과정 때였다. 당시 은사이신 박종현 선생님의 가르침을 받으며 한 학기 동안 이 대화편을 읽었다. 돌이켜 보면 그때만큼 흥미를 갖고 가슴 설레며 이 대화편을 읽었던 때도 없었던 것 같다. 그리스어 문장도 까다롭고 내용도 꽤나 난해한 대화편이지만, 당시는 오히려 그런 점이 역자의 학구열을 더 불타오르게 했던 것 같다. 그렇게 한 학기를 보내며 역자는 이 대화편을 완역한 초벌 번역본을 만들어 두었다. 그 후 기회 있을 때마다 번역문을 수정하곤 했는데, 이제 그 일련의 수정 과정에 마침표를 찍게 된 셈이다.

역자가 이 대화편에 큰 관심을 가져 온 것은 '좋은 것과 좋은 삶의 문제'란 주제와 이 주제에 대한 접근 방식의 특이성 때문이었다. 그는 이 대화편을 통해 좋은 삶의 문제와 관련해 논의의

새 지평을 열고자 했던 것으로 보인다. 이제 그는 중기 대화편에서처럼 좋음의 이데아를 문제 삼기보다는, "모든 사람이 행복한 삶을 영위할 수 있게 해 주는 혼의 상태"로서 좋은 것을 문제 삼는다. 그리고 대화편 말미에 좋은 삶을 위한 좋은 것으로 좋음의 이데아가 아니라 적도(適度)를 꼽으며, 이것을 인간과 우주에 있어 좋은 것으로 간주한다. 또한 좋은 삶의 실현은 좋음의 이데아를 본으로 삼는다거나 그 이데아에 관여함으로써 가능하다고 말하기보다는, 우주론적 고찰에 기초해서 우주에서의 좋은 것들은 물론이고 인간의 좋은 삶도 한정되지 않은 것과 한정자의 적도에 맞는 혼합을 통해 가능하다고 본다. 그러니까 플라톤은 그의 초기나 중기 대화편에서와는 달리, 『필레보스』에서는 좋은 삶을 살려면 좋음의 이데아를 알아야 한다는 원론적 견해를 넘어 그 이데아를 현실에 어떻게 구현해야 할지를 더 고심했던 것으로 보인다.

그런데 『필레보스』는 그다지 녹록지 않은 작품이다. 이 대화편에서는 여러 철학적 논의가 도입되는데, 그 각각의 논의 내용도 이해하기 힘들고, 그 논의들 간의 연관성도 파악하기 쉽지 않다. 그래서 일반 독자의 경우는, 이를테면 '하나와 여럿의 문제'(15b)와 같은 난해한 논의 부분은 가볍게 읽고 넘어가고, 대화편 전체를 통해 플라톤이 무엇을 말하려는 것인지를 주목해 보는 것이 좋을 것 같다. 그리고 난해한 점들은 추후 다시 읽으며 분석해 볼 것을 권하고 싶다. 그리고 한 가지 점을 더 언급해 두어야 할 것 같다. 역자는 『필레보스』의 출간을 위해 오래전에 박종현 선생님과 공동 번역 작업을 한 적이 있다. 당시 박종현 선생님은 역자의 초벌 번역을 수정하는 일을 하셨고, 역자는 주석을 다는 일을 맡았다. 그런데 역자의 개인적 사정으로 인해 22b2까지만 주석 작업을 하고 안타깝게도 공동 작업을 마무리할 수 없었다. 역자는 이전의 주석 내용 모두를 완전히 새롭게 작성할 수는 없어서 이번 번역본에 그 일부를 불가피하게 포함시켰다. 이 점에 대해 독자의 양해를 구해야 할 것 같다.

이 대화편이 나오기까지 정암학당의 공동연구와 번역 체제에 따라 『필레보스』 강독을 같이하고, 교열 독회 과정에서 날카로운 지적들을 해준 강성훈, 김인곤, 김유석, 김주일, 정준영, 한경자 선생님께 깊이 감사드린다. 그리고 쾌히 정암고전총서의 출판 결정을 해 주신 아카넷 출판사의 김정호 대표님께 감사의 마음을 전하고 싶다. 끝으로 이 대화편의 출간을 위해 번역문과 해설 등을 꼼꼼히 살펴준 편집진의 이하심 선생님께 깊이 감사 드린다.

2020년 8월
이기백

사단법인 정암학당을 후원해 주시는 분들

정암학당의 연구와 역주서 발간 사업은 연구자들의 노력과 시민들의 귀한 뜻이 모여 이루어집니다. 학당의 모든 연구는 시민들의 자발적인 후원을 바탕으로 하기 때문입니다. 그 결실을 담은 '정암고전총서'는 연구자와 시민의 연대가 만들어 내는 고전 번역 운동의 산물이라고 할 수 있습니다. 이 같은 학술 운동의 역사적 의미를 기리고자 이 사업에 참여한 후원회원 한 분 한 분의 정성을 이 책에 기록합니다.

평생후원회원

후원위원

강승민	강용란	강진숙	강태형	고명선	곽삼근	곽성순	길양란	김경현
김대권	김명희	김미란	김미선	김미향	김백현	김병연	김복희	김상봉
김선희(58)	김성민	김성윤	김수복	김순희(1)	김승우	김양희(1)	김양희(2)	김애란
김영란	김용배	김윤선	김정현	김지수(62)	김진숙(72)	김현제	김형준	김형희
김희대	맹국재	문영희	박미라	박수영	박우진	백선옥	사공엽	서도식
성민주	손창인	손혜민	손효주	송봉근	송상호	송순아	송연화	송찬섭
신미경	신성은	신재순	심명은	엄윤경	오현주	오현주(62)	우현정	원해자
유미소	유효경	윤정혜	이경진	이명옥	이봉규	이봉철	이선순	이선희
이수민	이수은	이승목	이승준	이신자	이정민	이지희	이진희	이평순
이한주	임경미	임우식	장미성	장세백	전일순	정삼아	정선빈	정현석
조동제	조문숙	조민아	조백현	조범규	조정희	조준호	조진희	조태현
주은영	천병희	최광호	최세실리아		최승렬	최승아	최정옥	최효임
한대규	허 민	홍순혁	홍은규	홍정수	황정숙	황훈성		

정암학당1년후원

문교경기〈처음처럼〉	문교수원3학년학생회	문교안양학생회
문교경기8대학생회	문교경기총동문회	문교대전충남학생회
문교베스트스터디	문교부산지역7기동문회	문교부산지역학우일동(2018)
문교안양학습관	문교인천동문회	문교인천지역학생회
방송대동아리〈아노도스〉	방송대동아리〈에사모〉	방송대동아리〈프로네시스〉
사가독서회		

개인 115, 단체 16, 총 131

후원회원

강경훈	강경희	강규태	강보슬	강상훈	강선옥	강성만	강성식	강성심
강신은	강유선	강은미	강은정	강임향	강주완	강창조	강 항	강희석
고경효	고복미	고숙자	고승재	고창수	고효순	곽범한	곽수미	구본호
구익희	권 강	권동명	권미영	권성철	권순복	권순자	권오성	권오영
권용석	권원만	권장용	권정화	권해명	김경미	김경원	김경화	김광석
김광성	김광택	김광호	김귀녀	김귀종	김길화	김나경(69)	김나경(71)	김남구
김대겸	김대훈	김동근	김동찬	김두훈	김 들	김래영	김명주(1)	김명주(2)
김명하	김명화	김명희(63)	김문성	김미경(61)	김미경(63)	김미숙	김미정	김미형
김민경	김민웅	김민주	김범석	김병수	김병옥	김보라미	김봉습	김비단결
김선규	김선민	김선희(66)	김성곤	김성기	김성은(1)	김성은(2)	김세은	김세원
김세진	김수진	김수환	김순금	김순옥	김순호	김순희(2)	김시형	김신태
김승원	김아영	김양식	김영선	김영숙(1)	김영숙(2)	김영순	김영애	김영준
김옥경	김옥주	김용술	김용한	김용희	김유석	김유순	김은미	김은심
김은정	김은주	김은파	김인식	김인애	김인욱	김인자	김일학	김정식
김정현	김정현(96)	김정화	김정훈	김정희	김종태	김종호	김종희	김주미

김중우	김지수⑵	김지애	김지유	김지은	김진숙(71)	김진태	김철한	김태식
김태욱	김태헌	김태희	김평화	김하윤	김한기	김현규	김현숙(61)	김현숙(72)
김현우	김현정	김현철	김형규	김형전	김혜숙(53)	김혜숙(60)	김혜원	김혜자
김혜정	김홍명	김홍일	김희경	김희성	김희준	나의열	나춘화	남수빈
남영우	남원일	남지연	남진애	노마리아	노미경	노선이	노성숙	노혜경
도종관	도진경	도진해	류다현	류동춘	류미희	류시운	류연옥	류점용
류종덕	류진선	모영진	문경남	문상흡	문영식	문정숙	문종선	문준혁
문찬혁	문행자	민 영	민용기	민중근	민해정	박경남	박경수	박경숙
박경애	박귀자	박규철	박다연	박대길	박동심	박명화	박문영	박문형
박미경	박미숙(67)	박미숙(71)	박미자	박미정	박배민	박보경	박상선	박상준
박선대	박선희	박성기	박소운	박순주	박순희	박승억	박연숙	박영찬
박영호	박옥선	박원대	박원자	박윤하	박재준	박정서	박정오	박정주
박정은	박정희	박종례	박종민	박주현	박준용	박지영(58)	박지영(73)	박지희
박진만	박진현	박진희	박찬수	박찬은	박춘례	박한종	박해윤	박헌민
박현숙	박현자	박현정	박현철	박형전	박혜숙	박홍기	박희열	반덕진
배기완	배수영	배영지	배제성	배효선	백기자	백선영	백수영	백승찬
백애숙	백현우	변은섭	봉성용	서강민	서경식	서동주	서두원	서민정
서범준	서승일	서영식	서옥희	서용심	서월순	서정원	서지희	서창립
서회자	서희승	석현주	설진철	성 엄	성윤수	성지영	소도영	소병문
소선자	손금성	손금화	손동철	손민석	손상현	손정수	손지아	손태현
손혜정	송금숙	송기섭	송명화	송미희	송복순	송석현	송엄만	송요중
송원욱	송원희	송유철	송인애	송태욱	송효정	신경원	신기동	신명우
신민주	신성호	신영미	신용균	신정애	신지영	신혜경	심경옥	심복섭
심은미	심은애	심정숙	심준보	심희정	안건형	안경화	안미희	안숙현
안영숙	안정숙	안정순	안진구	안진숙	안화숙	안혜정	안희경	안희돈
양경엽	양미선	양병만	양선경	양세규	양지연	엄순영	오명순	오서영
오승연	오신명	오영수	오영순	오유석	오은영	오진세	오창진	오혁진
옥명희	온정민	왕현주	우남권	우 람	우병권	우은주	우지호	원만희
유두신	유미애	유성경	유정원	유 철	유향숙	유형수	유희선	윤경숙
윤경자	윤선애	윤수홍	윤여훈	윤영미	윤영선	윤영이	윤 옥	윤은경
윤재은	윤정만	윤혜영	이건호	이경남⑴	이경남(72)	이경미	이경선	이경아
이경옥	이경원	이경자	이경희	이관호	이광로	이광석	이광영	이군무
이궁훈	이권주	이나영	이덕제	이동래	이동조	이동춘	이명란	이명순
이미란	이미옥	이민숙	이병태	이복희	이상규	이상래	이상봉	이상선
이상훈	이선민	이선이	이성은	이성준	이성호	이성훈	이성희	이세준
이소영	이소정	이수경	이수련	이숙희	이순옥	이승훈	이시현	이아람
이양미	이연희	이영숙	이영실	이영애	이영철	이영호(43)	이옥경	이용숙
이용웅	이용찬	이용태	이원용	이윤주	이윤철	이은규	이은심	이은정
이은주	이이숙	이인순	이재현	이정빈	이정석	이정선(68)	이정애	이정임

이종남	이종민	이종복	이주완	이중근	이지석	이지현	이진우	이철주
이춘성	이태곤	이평식	이표순	이한솔	이현호	이혜영	이혜원	이호석
이화선	이희숙	이희정	임석희	임솔내	임창근	임현찬	임환균	장모범
장시은	장영애	장영재	장오현	장지나	장지원(65)	장지원(78)	장지은	장철형
장태순	장홍순	전경민	전다록	전미래	전병덕	전석빈	전영석	전우성
전우진	전종호	전진호	정가영	정경회	정계란	정금숙	정금연	정금이
정금자	정난진	정미경	정미숙	정미자	정상목	정상준	정선빈	정세영
정아연	정양민	정양욱	정 연	정연화	정영목	정옥진	정용백	정우정
정유미	정은교	정은정	정일순	정재웅	정정녀	정지숙	정진화	정창화
정하갑	정해경	정현진	정호영	정환수	조권수	조길자	조덕근	조미선
조미숙	조병진	조성일	조성혁	조수연	조영래	조영수	조영신	조영호
조용수	조용준	조윤정	조은진	조정란	조정미	조정옥	조증윤	조창호
조현희	조황호	주봉희	주연옥	주은빈	지도영	지정훈	진동성	차경숙
차문송	차상민	차혜진	채수환	채장열	천동환	천명옥	최경식	최명자
최미경	최보근	최석묵	최선회	최성준	최수현	최숙현	최영란	최영순
최영식	최영아	최원옥	최유숙	최유진	최윤정(66)	최은경	최일우	최자련
최재식	최재원	최재혁	최정욱	최정호	최종희	최준원	최지연	최혁규
최현숙	최혜정	하혜용	한미영	한생곤	한선미	한연숙	한옥희	한윤주
함귀선	허미정	허성준	허 양	허 웅	허인자	허정우	홍경란	홍기표
홍병식	홍섬의	홍성경	홍성규	홍성은	홍영환	홍의중	홍지흔	황경민
황광현	황미영	황미옥	황선영	황예림	황유리	황은주	황재규	황정희
황주영	황현숙	황혜성	황희수	kai1100	익명			

리테라 주식회사　　　　　　문교강원동문회　　　　　　문교강원학생회
문교경기〈문사모〉　　　　　문교경기동문〈문사모〉　　　문교서울총동문회
문교원주학생회　　　　　　문교잠실송파스터디　　　　문교인천졸업생
문교전국총동문회　　　　　문교졸업생　　　　　　　　문교8대전국총학생회
문교11대서울학생회　　　　문교K2스터디　　　　　　서울대학교 철학과 학생회
(주)아트앤스터디　　　　　영일통운(주)　　　　　　　장승포중앙서점(김강후)
책바람

개인 681, 단체 19, 총 700

2020년 7월 31일 현재, 1,011분과 45개의 단체(총 1,056)가 정암학당을 후원해 주고 계십니다.

| 옮긴이

이기백

성균관대학교 철학과를 졸업하고 같은 대학교에서 『필레보스』를 중심으로 플라톤의 윤리학
과 우주론 및 방법론을 연구하여 박사학위를 받았다. 현재 성균관대학교 초빙교수이며 정암
학당 이사이다. 저서로는 『철학의 전환점』(공저), 『서양고대철학 1』(공저), 『아주 오래된 질문
들: 고전철학의 새로운 발견』(공저)이 있고, 역서로는 『소크라테스 이전 철학자들의 단편 선
집』(공역), 『히포크라테스 선집』(공역), 플라톤의 『크라튈로스』(공역), 『크리톤』, 『필레보스』, 『법
률 1, 2』(공역) 등이 있다.

정암고전총서는 정암학당과 아카넷이 공동으로 펼치는 고전 번역 사업입니다.
고전의 지혜를 공유하여 현재를 비판하고 미래를 내다보는 안목을 키우는
문화적 기반을 마련하고자 합니다.

정암고전총서 플라톤 전집

필레보스

1판 1쇄 찍음 2020년 8월 14일
1판 1쇄 펴냄 2020년 8월 28일

지은이 플라톤
옮긴이 이기백
펴낸이 김정호
펴낸곳 아카넷

출판등록 2000년 1월 24일(제406-2000-000012호)
주소 10881 경기도 파주시 회동길 445-3 2층
전화 031-955-9510(편집) · 031-955-9514(주문)
팩스 031-955-9519
www.acanet.co.kr

© 이기백, 2020

Printed in Paju, Korea.

ISBN 978-89-5733-687-8 94160
ISBN 978-89-5733-634-2 (세트)

도서의 국립중앙도서관 출판예정도서목록(CIP)은
서지정보유통지원시스템 홈페이지(http://seoji.nl.go.kr)와
국가자료공동목록시스템(http://www.nl.go.kr/kolisnet)에서 이용하실 수 있습니다.
(CIP제어번호: CIP2020029513)